Gero Herrendorff / Helge Seekamp
Regula Specht-Gloor (Hrsg.)

Endlich
leben!

Heilung
Veränderung
Gelassenheit

Das 12-Schritte-Programm
Ein Arbeitsbuch für Kleingruppen

BRUNNEN

VERLAG GIESSEN · BASEL

Titel der amerikanischen Originalausgabe:

The Twelve Steps – A Spiritual Journey
Copyright © 1988, 1994 RPI Publishing, Inc.

Published under arrangement with RPI Publishing, Inc., Julian, CA USA
All rights reserved
Aus dem Amerikanischen von: Helge Seekamp, Regula Specht-Gloor

Alle Bibelstellen sind entnommen aus der Übersetzung „Hoffnung für alle"
© 1983/1996 International Bible Society
Übersetzung: Brunnen Verlag Basel und Gießen
Alle Rechte vorbehalten

3. Auflage 2000
© der deutschen Ausgabe Brunnen Verlag Gießen
Umschlaggestaltung: Rüdiger Grob/Ralf Simon
© der Illustrationen: Max Spring, Erlaubnis zur Verwendung in 12-Schritte-Gruppen
Satz: Helge Seekamp
Herstellung: Ernst Kieser, Neusäss
ISBN 3-7655-6328-5

Hinweis zur deutschen Übersetzung der 12 Schritte: Die in diesem Buch verwendeten 12 Schritte sind nicht identisch mit dem Original-Wortlaut der von den Anonymen Alkoholikern autorisierten deutschen Version der 12 Schritte aus dem Jahre 1939.

Die 12 Schritte der Anonymen Alkoholiker lauten (vgl. Blaues Buch):
1. Schritt: Wir gaben zu, daß wir dem Alkohol gegenüber machtlos sind – und unser Leben nicht mehr meistern konnten.
2. Schritt: Wir kamen zu dem Glauben, daß eine Macht, größer als wir selbst, uns unsere geistige Gesundheit wiedergeben kann.
3. Schritt: Wir faßten den Entschluß, unseren Willen und unser Leben der Sorge Gottes – wie wir ihn verstanden – anzuvertrauen.
4. Schritt: Wir machten eine gründliche und furchtlose Inventur in unserem Inneren.
5. Schritt: Wir gaben Gott, uns selbst und einem anderen Menschen gegenüber unverhüllt unsere Fehler zu.
6. Schritt: Wir waren völlig bereit, all diese Charakterfehler von Gott beseitigen zu lassen.
7. Schritt: Demütig baten wir ihn, unsere Mängel von uns zu nehmen.
8. Schritt: Wir machten eine Liste aller Personen, denen wir Schaden zugefügt hatten, und wurden willig, ihn bei allen wiedergutzumachen.
9. Schritt: Wir machten bei diesen Menschen alles wieder gut – wo immer es möglich war –, es sei denn, wir hätten dadurch sie oder andere verletzt.
10. Schritt: Wir setzten die Inventur bei uns fort, und wenn wir Unrecht hatten, gaben wir es sofort zu.
11. Schritt: Wir suchten durch Gebet und Besinnung die bewußte Verbindung zu Gott – wie wir ihn verstanden – zu vertiefen. Wir baten ihn nur, uns seinen Willen erkennbar werden zu lassen und uns die Kraft zu geben, ihn auszuführen.
12. Schritt: Nachdem wir durch diese Schritte ein spirituelles Erwachen erlebt hatten, versuchten wir, diese Botschaft an Alkoholiker weiterzugeben und unser tägliches Leben nach diesen Grundsätzen auszurichten.
Für die Zwecke dieses Buches sind folgende Änderungen an den ursprünglichen 12 Schritten der AA-Tradition vorgenommen worden:
Der Begriff „Alkohol" in Schritt 1 ist durch „Abhängigkeiten und Probleme" ersetzt worden. Entsprechend wird das Wort „Alkohol" in Schritt 12 durch den Begriff „anderen" ersetzt. Die Einfügung „Gott – wie wir ihn verstanden" (Schritte 3 und 11) wird übersetzt mit: „Gott – soweit wir ihn verstanden." „Spirituell" übersetzten wir durch „geistlich" in Schritt 12.

Inhaltsverzeichnis

Einleitung

Das 12-Schritte-Programm

Nachwort

Vorwort der Herausgeber

Endlich ist sie da, die deutsche Ausgabe dieses christlichen 12-Schritte-Programms. Die amerikanische Originalfassung wurde seit ihrer ersten Auflage im Jahre 1988 bis zur revidierten Neufassung 1994 über 200.000 mal verkauft. Viele Menschen haben durch das Programm Hilfe und Veränderung erlebt.

Der Wert und die Bedeutung des 12-Schritte-Programms wurde uns dadurch bewußt, daß wir in eigenen Gruppen erlebt haben, daß Heilung, Veränderung und Gelassenheit in das Leben von Menschen kam, die solches bis dahin nicht kannten und sehnlichst danach suchten.

Unsere Erfahrungen mit dem 12-Schritte-Programm begannen 1994 in Lemgo (Deutschland) unter der Leitung von Pfarrer Helge Seekamp. Im Rahmen einer überkonfessionellen Arbeit erlebten Männer und Frauen zwischen 20 und 60 Jahren Veränderung und Hilfe. Etwa zur selben Zeit und unabhängig davon wurde in Bern (Schweiz) unter der Leitung von Gero Herrendorff mit demselben 12-Schritte-Programm gearbeitet. Auch dort wurden viele wertvolle und lebensverändernde Erfahrungen gemacht. Regula Specht-Gloor ist Psychologin. Sie arbeitete bei Gero Herrendorff als Assistentin bei den 12-Schritte-Gruppen mit und nahm die Übersetzung des Buches in Angriff.

Überzeugt von diesem Weg des 12-Schritte-Programms wollen wir darauf hinweisen, daß es eines von verschiedenen Instrumenten ist, um in einer Krisensituation Menschen zu helfen, mit sich zurechtzukommen.

Menschen mit ganz unterschiedlichen Problemen und Süchten fanden in unseren 12-Schritte-Gruppen Zuflucht und Hilfe. Das Buch richtet sich auch an Menschen, die aufgrund ihrer Lebenssituationen und Verhaltensmuster einsam sind. In einer individualistischen Gesellschaft ist das Angebot einer verbindlichen Gemeinschaft, wie sie eine 12-Schritte-Gruppe bietet, eine wichtige Alternative. Während der eine von seinen Problemen und Abhängigkeiten berichtet, findet sich der andere darin wieder. Welch eine Ermutigung für die Gruppenteilnehmer ist es festzustellen, daß sie nicht alleine sind mit ihren Schwierigkeiten. Hat jemand aus der Gruppe Veränderungen erlebt, wird dies zu einem ermutigenden Beispiel für die anderen. Es hat vielleicht Vorbildcharakter oder weckt die Hoffnung der anderen Gruppenteilnehmer. Der Wunsch und die Sehnsucht nach Veränderung werden in diesen Gruppen wach gehalten und Veränderungen konkret erlebt.

12 wichtige Schritte sind es, Schritt für Schritt kann etwas Neues beginnen. Ungesunde Beziehungsmuster sowie einengende Verhaltensmuster können zugunsten von neuen, angemessenen Lebensformen aufgegeben werden. Wer sich auf diesen abenteuerlichen Weg der Veränderung einlassen will, sollte eins mitbringen: die Bereitschaft zu lernen, wie man sich anderen Menschen in einer Gruppe anvertrauen kann. Unserer Erfahrung nach sind die Faktoren Ehrlichkeit, Echtheit und die innere Weite, Menschen in ihrer Unterschiedlichkeit vorbehaltlos anzunehmen, entscheidend. Auf ein Wort gebracht: Liebe. Ein bedeutender Schritt ist erreicht,

wenn jemand bereit ist, die eigene Machtlosigkeit wahrzunehmen und vor Gott einzugestehen. Dies ist der erste Schritt zu einem lohnenswerten Leben. Wie immer unsere spezifische Lebenssituation aussieht, es gibt Hoffnung auf Veränderung. Es fasziniert uns immer wieder, zu erleben, wie Gott sich auf individuelle Weise im Leben von Menschen offenbart. Er macht das scheinbar Unmögliche möglich, heilt vom Leben zerbrochene Menschen und verändert sie von innen her.

Wir wünschen allen, die sich auf das 12-Schritte-Programm einlassen, diese Heilung, Veränderung und Gelassenheit!

Gero Herrendorff, Helge Seekamp, Regula Specht-Gloor

Vorwort zur 2. Auflage

Es ist uns eine große Freude, bereits die 2. Auflage herausgeben zu können. Mit dieser zweiten, leicht bearbeiteten Auflage verbinden wir die Hoffnung, daß viele dieses Arbeitsbuch gebrauchen und Hilfe erfahren dürfen. Neu sind in dieser Auflage Cartoons, die wir bei Max Spring (Bern) in Auftrag gaben. Er hat einprägsame Zeichnungen geschaffen, die oft auf einen Blick charakteristische Aussagen zu dem jeweiligen Schritt machen.

Außerdem wurden einige Fehler korrigiert und aktuelle Entwicklungen im Nachwort ergänzt.

Erfahrungen mit diesem Buch zeigen uns, daß eine große Chance in verbindlichen Kleingruppen liegt. Unterschiedlichste Menschen mit unterschiedlichen Nöten, Problemen und unterschiedlichem Problemverständnis treffen aufeinander, helfen sich gegenseitig und lernen voneinander.

Wegen dieser Unterschiedlichkeit scheint noch ein Hinweis zu verschiedenen Einstiegs- und Anwendungsmöglichkeiten des Buches hilfreich zu sein:

- **Wer um seine Probleme bereits weiß,**
  dem sollen die Fragen dieses Arbeitsbuches helfen, sich wiederzufinden, zu sortieren, zu gewichten und zu verstehen, was an Gefühlen, Erlebnissen und Erfahrungen da ist.

- **Menschen mit diffusen, ihnen selbst verborgenen Problemen**
  können durch die Gruppengespräche sensibilisiert werden. Dort werden sie vielleicht mit der Frage konfrontiert sein: „Was muß ich aufgeben, damit ich weiterkomme?" „Was löst das in mir für Erfahrungen oder Ängste usw. aus?" So bekommen die Fragen im Arbeitsbuch konkreten Bezug und Gewicht.

- **Menschen, die sich selbst besser kennenlernen und in ihrer Persönlichkeit wachsen wollen, aber von keinem speziellen Problem her kommen,**
  helfen vielleicht die angegebenen Bibeltexte als Einstieg.
  Sie können dann die biblischen Hinweise als Ausgangspunkt ihrer Selbstreflexion nehmen und dabei auf die Herausforderung Gottes achten, die in ihnen Resonanz auslösen. Danach können Sie sich den Fragen stellen und Antworten dazu versuchen. Sie werden ihre Antworten dann schnell mit dem in Bezug bringen können, was durch die Bibelworte an Gedanken angestoßen wurde.

Gelassenheits-Gebet

Gott,
gib mir die Gelassenheit,
Dinge hinzunehmen, die ich nicht ändern kann.
Den Mut, Dinge zu ändern, die ich ändern kann.
Und die Weisheit, das eine vom anderen zu unterscheiden.

Laß mich den Tag ganz ausleben im Bewußtsein seiner Zeit.
Laß mich einen Augenblick ganz genießen
im Bewußtsein seiner Begrenzung.
Laß mich Not als einen Weg zum inneren Frieden akzeptieren können.
Laß mich – wie Jesus es auch tat – diese sündhafte Welt annehmen
wie sie ist, nicht, wie ich sie gerne hätte.
Laß mich Dir vertrauen, daß Du alle Dinge richtig machen wirst,
wenn ich mich Dir und Deinem Willen überlasse.
So kann ich wirklich glücklich werden in diesem Leben
und überglücklich mit Dir für immer im kommenden Leben.

Reinhold Niebuhr

Gesunde Persönlichkeiten werden

12 Schritte zum Leben

Warum gibt man die schlechten Gewohnheiten nicht einfach auf?

Arbeiten bis zum Umfallen ...

Nicht Nein sagen können, wo ein Nein Erleichterung brächte ...

Sich nicht abgrenzen können und vor lauter Helfen darunter zugrundegehen ...

Keine Hilfe annehmen können, obwohl einem alles über den Kopf wächst, und dabei alleine bleiben ...

Viele schlechte Gewohnheiten geben uns Sicherheit und sind uns vertraut. Und wir wollen nicht davon lassen. Wir binden uns an etwas in der falschen Hoffnung, es könnte uns helfen. Und irgendwann wachen wir auf und erkennen: So kann es mit uns nicht mehr weitergehen.

Und selbst wenn wir die Bindungen wirklich loswerden wollen – es geht nicht. Wir schlagen uns dabei nur mit den Symptomen herum. In diesem Buch werden wir erkennen, daß alles eine tiefere Wurzel hat. Das Problem betrifft die gesamte Persönlichkeit.

Wenn wir uns in unserer Umgebung umschauen, sehen wir: Die meisten schlagen sich mit ähnlichen Problemen herum und finden es ganz normal oder aber verstecken es vor den anderen.

Wir wollen uns nun gemeinsam auf den Weg machen, um endlich wirklich zu leben.

Es geht in diesem Buch also um sehr persönliche Dinge, darum sind wir zu dem Entschluß gekommen, das persönliche *Du* zu verwenden.

Wir haben einige Verhaltensmuster und Gewohnheiten aufgelistet. Vielleicht findest Du Dich in dem einen oder anderen von ihnen wieder. Möchtest Du einen Selbsttest durchführen?

Mit Hilfe der 12 Schritte haben viele von uns in ihrem Leben eine dauerhafte Veränderung erfahren. Wir wollen gemeinsam aus diesem selbstzerstörerischen Verhalten ausbrechen: Endlich leben! Aber wie geschieht diese Veränderung? Die 12 Schritte sind ein Werkzeug, ein Hilfsmittel, um Veränderungsprozesse zu begleiten.

Test-Fragebogen

Die folgenden Fragen sollen Dir aufzeigen, an wen sich das 12-Schritte-Programm richtet.

Trifft vielleicht die eine oder andere Einstellung oder Verhaltensweise auf Dich zu?

Entdeckst Du Muster, die Du aus Deinem eigenen Leben kennst?

Wir stellen Dir hier 13 persönliche Fragen.

Bist Du bereit?

1. Wir haben ein schwaches Selbstbewußtsein.

Die Folge ist, daß wir uns selbst und andere unbarmherzig beurteilen. Oft versuchen wir, dies durch Perfektsein, übertriebene Fürsorge oder durch kontrollierendes Verhalten zu überspielen. Eine Variante ist auch eine Haltung, in der wir andere verachten oder über sie klatschen und tratschen.

- Ich neige dazu, über meine Familie und meinen Bekanntenkreis zu reden. Oft erzähle ich anderen deren Fehler und Mängel.
- Wenn ich alleine über mich nachdenke, tendiere ich dazu, mich zu kritisieren. Manchmal fühle ich mich dumm, unfähig, häßlich oder wertlos.
- Ich fühle mich nicht wichtig. Ich versuche, anderen zu helfen, und hoffe, daß sie mich dadurch bemerken.
- Ich tratsche und meckere über die, die es mich fühlen lassen, wie machtlos ich bin.

Welche Verhaltensweisen hast Du entwickelt im Denken, Fühlen oder Handeln, um Dein schwaches Selbstwertgefühl zu kompensieren?

 *freundliches Verhalten,*

2. Wir neigen dazu, uns zu isolieren.

Wir fühlen uns unter Menschen allgemein unwohl, insbesondere aber in Gegenwart von Autoritätspersonen.

- Ich versuche gerne, bei der Arbeit unauffällig zu bleiben. Besonders mag ich es nicht, wenn mein Chef mich wahrnimmt.
- Ich fühle mich in den meisten Gesprächen unwohl; besonders, wenn alle auf mich konzentriert sind.
- Wenn ich mit jemandem spreche, der eine Autoritätsperson ist, habe ich Probleme, mich auszudrücken.
- Ich isoliere mich, weil das einfacher ist, als mit anderen umgehen zu müssen.

Beschreibe Beispiele, wie Du Dich von anderen isoliert hast:

Ausreden, um nicht irgendwo hinzugehen, um bestimmte Aktivitäten alleine Gartenarbeit

Welche Schwierigkeiten hast Du im Umgang mit Autoritätspersonen?

Fühle mich klein + dumm, kann mich nicht verbal gut ausdrücken

3. Wir suchen Anerkennung um jeden Preis.

Wir würden alles tun, um andere Menschen dazu zu bringen, uns zu mögen. Wir sind extrem treu. Im schlimmsten Fall halten wir sogar an einer Person fest, obwohl sie dabei ist, uns seelisch oder körperlich zu zerstören.

- Ich biete anderen an, ihnen einen Gefallen zu tun, oft sogar, bevor sie mich bitten.
- Ich zerbreche mir darüber den Kopf, was andere gerade über mich denken oder sagen könnten. Wenn Leute bei meinem Eintreten aufhören zu reden, nehme ich an, daß sie über mich geredet haben.
- Obwohl ich meinen Chef nicht leiden mag, verhalte ich mich angepaßt, weil ich fürchte, sonst abgelehnt zu werden.
- Ich finde es schwer zuzugeben, daß ich aus einer Familie stamme, in der alles durcheinanderging. Ich fühle mich schuldig zuzugeben, daß meine Eltern weit davon entfernt waren, perfekte Eltern zu sein.

In welcher Weise suchst Du Anerkennung von Deiner Familie oder Deinen Freunden?

durch Freundlichkeit + Hilfsbereitschaft

Gib ein Beispiel aus Deinem Leben, wo Du außergewöhnlich angepaßt warst, obwohl diese Anpassung objektiv gar nicht gerechtfertigt war:

im Labor aus Angst, daß mein Schwächens
Chef + Laborleiter abgelehnt werden würden.
Gemeinde - Angst vor Ablehnung => Nicht Nein

4. Wir lassen uns schnell einschüchtern.

Aggressive Menschen schüchtern uns ein. Menschen, die uns persönlich kritisieren, verunsichern uns. Der Umgang mit solchen kritischen und ärgerlichen Menschen verursacht in uns Angstgefühle. Wir reagieren überempfindlich auf solche Menschen.

- Ich finde es fast unmöglich, eine Schimpfkanonade anhören zu müssen.
- Wenn jemand mit einer festen Meinung mit mir spricht, teile ich ihm fast nie meine wahren Gefühle mit. Statt dessen sage ich, was der andere wohl gerne hören würde.
- Ich gerate in Panik, wenn jemand einen Fehler oder ein Problem bei meiner Arbeit aufdeckt.

Welche ersten Erinnerungen hast Du im Blick auf Situationen und Menschen, die Dich eingeschüchtert haben (weil sie z.B. wütend waren)?

Schuldgefühle, Verteidigung bes. bei Geld (schnell
eingehalten!), versuche mich anzupassen

Wie reagierst Du normalerweise auf persönliche Kritik?

von anderen: sachlich + schuldig, bei Gerd: verletzt + aggressiv

5. Wir wählen Beziehungen zu emotional eher instabilen Menschen.

Oft haben wir eher instabile Menschen um uns, z.B. Menschen, die selbst mit Suchtproblemen zu tun haben. Wir sind weniger angezogen von psychisch gesunden, liebevollen und ausgeglichenen Menschen, die stark wirken und Selbstvertrauen haben.

- Ich bin in einer Beziehung mit jemandem, der sich um nichts kümmert. Ich spüre, daß meine Probleme ihn nicht interessieren.
- Das Leben ist immer eine große Krise. Ich frage mich, wie es wohl wäre, ein ganz normales Leben zu führen.
- Andere und nicht ich selbst scheinen den Tagesablauf meines Lebens zu bestimmen.
- Manchmal habe ich das Gefühl, daß ich es verdiene, wenn ich der Versuchung nachgebe; besonders, nachdem ich gelitten und sehr viel für andere getan habe.

Beschreibe Deine Beziehungen zu süchtigen bzw. zwanghaften Persönlichkeitstypen (Alkoholiker, Arbeitssüchtige, Spieler, Raucher, Übergewichtige, religiöse Fanatiker, Menschen, die keine Grenze kennen):

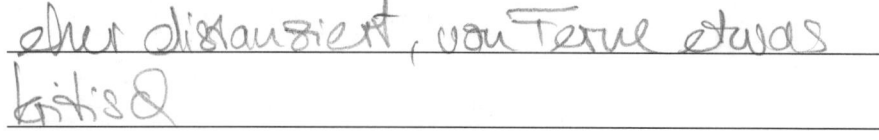
eher distanziert, von Terue etwas kritisch

Beschreibe die Beziehungen zu solchen Menschen, von denen Du aufgebaut wirst:

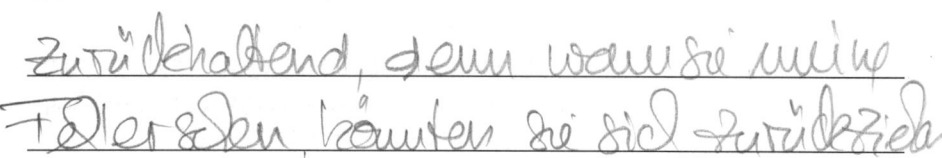
Zurückhaltend, denn wenn sie meine Fehler sehen könnten sie sich zurückziehen

6. Wir erleben uns eher als Opfer, denn als Täter.

Wir erleben uns häufig abhängig von Situationen, müssen re-agieren. Vieles scheint wie ein Schicksal über uns zu kommen. Wir haben eher Beziehungen zu anderen „Unfreien" in unseren Liebes- und Freundschaftsbeziehungen. Wir vermischen Liebe mit Mitleid und neigen dazu, Menschen zu mögen, die wir bemitleiden und retten können.
Wir verwechseln Liebe mit Mitleid.

- Ich scheine immer wieder das kleinste Stück vom Kuchen zu erwischen.
- Ich fühle mich immer gut, wenn ich etwas für andere tue. Jedoch habe ich aus Erfahrung gelernt, daß Menschen das nicht schätzen.

- Meine Freunde sagen über mich, daß ich ein guter Zuhörer bin, aber ich nehme immer wieder wahr, daß sie das Interesse verlieren, wenn ich ihnen etwas von mir erzählen will.
- Ich verbringe viel Zeit damit, die Probleme anderer festzuhalten.

Beschreibe in einem Beispiel, wie Du von jemandem in einer Situation oder in einer Beziehung „benutzt" wurdest:

jmd. bittet um Hilfe, will aber keine Hilfe, bin seelischer Müllabladeplatz

Liste Dinge auf, die Du für andere tust, durch die deutlich wird, wie Du versuchst, sie zu retten:

reagiere sofort auf Hilferufe (?!?), gebe Ratschläge.

7. Wir sind entweder übertrieben verantwortlich oder sehr unverantwortlich.

Das kann sich darin zeigen, daß wir ständig versuchen, die Probleme anderer Leute zu lösen, oder daß wir selbstverständlich von anderen erwarten, daß sie für uns verantwortlich zu sein haben. Dadurch verlieren wir den Blick für uns selbst und die Verantwortung für unser eigenes Leben.

- Ich werde in der Regel zu Hilfe geholt, wenn Familienmitglieder ein Problem haben.
- Niemand auf meiner Arbeitsstelle oder in meiner Kirchengemeinde kümmert sich so um die Dinge oder arbeitet so hart, wie ich es tue.
- Wenn Sachen zu Hause oder bei der Arbeit schief laufen, habe ich das Gefühl, daß ich irgend etwas falsch gemacht habe.

Oder:

- Andere verstehen einfach nicht, wie krank ich bin, und erwarten von mir viel zuviel.
- Ich warte gerade auf die Gelegenheit, wieder ins volle Leben hineingenommen zu werden.
- Ich warte darauf, daß Gott endlich positive Veränderungen in meinem Leben in Gang bringt.

Beschreibe solche Gebiete Deines Lebens, in denen Du Dich übertrieben verantwortlich oder besonders unverantwortlich fühlst:

Unverantwortlich: Gott ist für den Computer zuständig

8. Wir fühlen uns schuldig, wenn wir für uns selbst „aufstehen".

Wir meinen, das sei übertriebene Selbstbezogenheit und Selbstmitleid („Hab dich nicht so!"), wenn wir für uns selbst sprechen sollen. Lieber tun wir das für andere, statt für uns selbst zu sorgen und Verantwortung zu übernehmen.

- Wenn ich für meine eigenen Anliegen aktiv werde, fühle ich mich schuldig und vielleicht sogar etwas im Unrecht.
- Wenn ich mich bei einem Freund sicher fühle, erzähle ich ihm all meinen Groll über die gemeinen Menschen in meinem Leben.
- Ich fühle mich krank, wenn man mir sagt, daß bestimmte Leute mich sehen oder mit mir reden wollen.
- Ich speichere in mir großen Ärger, anstatt ihn angemessen auszudrücken. Manchmal heule ich, schlage Türen zu oder zerbreche Dinge, wenn niemand in der Nähe ist.

Beschreibe Situationen aus der letzten Zeit, in denen Du Angst hattest, Deine Wünsche oder Gefühle zu äußern, und in denen Du Dich statt dessen um andere gekümmert hast.

---

9. Wir verleugnen Gefühle und Erinnerungen aus unserer Kindheit.

Indem wir unsere Gefühle verneinen, negative Gefühle herunterspielen oder sie unterdrücken, sind wir unfähig, unsere Gefühle beim Namen zu nennen. Wir können Gefühle meist auch nicht ausdrücken und merken nicht einmal, wie unser Leben darunter leidet und wir uns zerstören.

- Es gibt Abschnitte in meiner Kindheit, an die ich mich einfach nicht erinnern kann.
- Manchmal reagiere ich mit überwältigender Panik, Angst oder Furcht in bestimmten Situationen und habe keinen blassen Schimmer, warum eigentlich.
- Ich kann mich sehr schwer richtig an Dingen begeistern. Manchmal sind andere verstimmt, wenn ich ihre Begeisterung nicht teilen kann.
- Wenn ich anfange, zu sehr Furcht oder Angst zu empfinden, oder wenn ich den Richter in mir urteilen höre, suche ich nach irgend etwas, was mich befreit oder den Schmerz abtötet.

Wie drückst Du Deine Gefühle aus und wie gibst Du sie zu, wenn in Deiner Arbeit oder in einer Beziehung Dich irgend etwas aufregt?

Ich raste manchmal aus, ohne hinterher diese Reaktion erklären zu können!

---

10. Wir sind unfrei und haben viele ungesunde Abhängigkeiten.

Wir leben in ständiger Angst, abgelehnt oder verlassen zu werden. Darum sind wir eher geneigt, in Berufen oder Beziehungen zu bleiben, obwohl sie schädlich oder nachteilig für uns sind. Unsere Furcht hindert uns auf der einen Seite, schmerzvolle Beziehungen aufzugeben, und hemmt uns auf der anderen Seite, gesunde und lohnende Beziehungen einzugehen.

• Wenn jemand, der mir nahe steht, ruhig oder gefühlsmäßig abwesend ist, gerate ich in Panik und fürchte das Schlimmste.

• Wenn meine Vorgesetzten anscheinend meine Arbeit nicht anerkennen, nehme ich an, daß sie ungehalten sind und kurz davor stehen, mich zu entlassen.

• Wenn ich mit einem Freund uneins bin, fürchte ich später, daß ich die Beziehung unwiederbringlich zerstört habe. Manchmal rufe ich sogar mehrmals an, um Dinge wieder geradezubiegen oder mich zu entschuldigen.

• Ich verbringe viel Zeit mit Tagträumen darüber, wie schön es wäre, einen anderen Beruf, einen anderen Ehepartner, Freund usw. zu haben.

In welcher Deiner augenblicklichen Beziehungen fürchtest Du Abweisung oder verlassen zu werden?

_____

_____

Wie gehst Du mit solchen oder ähnlichen Ängsten um?

_____

_____

11. Wir haben Schwierigkeiten mit engeren Beziehungen.

Wir sind unsicher und haben kein oder nur mangelndes Vertrauen zu anderen. Wir wissen nicht, welche Gefühle und Bedürfnisse gerechtfertigt sind. Uns sind deshalb unsere Grenzen nicht klar. Das hat zur Folge, daß wir uns in die Nöte und das Gefühlschaos des anderen einmischen und selbst verstricken.

• Wenn jemand, der mir nahesteht, ärgerlich ist, fühle ich mich sofort bedrückt, sogar wenn sein Ärger sich gegen eine andere Person oder äußere Umstände richtet.

• Ich kann zwar Sex mit meinem Partner haben, aber manchmal finde ich es schwierig, ihm wirklich innerlich nahe zu sein.

• Oft kritisiere ich mein Outfit (und wenn es nur mir selbst gegenüber ist) oder zweifle an meiner Attraktivität.

• Ich versuche, die Stimmungen meines Partners dadurch zu beeinflussen, indem ich ihm einige angenehme Aktivitäten vorschlage.

Wo bist Du ständig mit den Problemen und schlechten Gefühlen anderer beschäftigt und willst sie auflösen?

_____

_____

12. Wir haben es schwer, Projekte von Anfang bis Ende durchzuziehen.

Wir fangen viele Dinge an, ohne darüber nachzudenken, ob wir sie wohl zu Ende bringen können, und geben ziemlich genervt schon nach den ersten Schwierigkeiten wieder auf.

- Ich beende die meisten Projekte erst in der letzten Minute.
- Mein Schreibtisch ist voller großartiger Projekte, von denen ich einmal begeistert war, die ich jedoch nie angepackt habe.
- Ich habe mindestens einen Raum (oder mehr) in meiner Wohnung, von dem ich hoffe, daß nie ein Fremder ihn zu Gesicht bekommt.
- Ich fühle mich etwas schuldig, wenn ich an all die Zeit und den Aufwand denke, den ich an unausgegorene Ideen verschleudert habe.

Wenn ich eine Motivationsschwäche habe, habe ich folgende Gefühle …

_____

_____

_____

Welches letzte Projekt, welche Aufgabe hast Du nicht zu Ende geführt?

_____

_____

_____

13. Unser tiefstes Bedürfnis ist es, Kontrolle zu haben.

Wir reagieren übertrieben bei Veränderungen, über die wir keine Kontrolle haben. Wir reagieren mit Leugnung oder Isolation, wenn wir unangenehmen Dingen ausweichen wollen. Wir verstricken uns oft in falsche Schuldgefühle, was uns deprimiert und hilflos werden läßt.

- Ich möchte immer wissen, was mein Partner oder die Kinder gerade machen. Ich untersuche sogar ihre Privatsachen …

- Wenn andere für mich arbeiten, finde ich es schwierig, wenn sie ihrer eigenen Kreativität freien Raum geben. Ich möchte lieber, daß die Dinge so laufen, wie ich es geplant habe.
- Wenn wichtige Dinge jenseits meiner Kontrolle geschehen, gerate ich in Panik und lebe meine Frustration an anderen aus. Oder ich ergreife die Kontrolle durch einen immensen Aufwand an Aktivitäten.
- Ich finde es sehr schwer, auszuspannen oder zu schlafen. Andere sagen über mich, daß ich immer unter „Hochspannung" lebe.

Beschreibe die Symptome, die bei Dir vorherrschen:

_____

_____

_____

Solche und ähnliche Verhaltensmuster haben viele Menschen, mit denen Du täglich zusammen bist. Vielleicht ist es Dir bisher nur noch nicht aufgefallen. Du bist also nicht allein mit diesen Problemen.
Vielleicht hast Du fast schon die Hoffnung aufgegeben und meinst, es könnte sich nie etwas ändern in Deinem Leben. Keine Angst, Deine Lage ist nicht hoffnungslos. Zwar bist Du hilflos in den Fallen dieser Verhaltensmuster und findest keinen Ausgang aus dem Labyrinth. Das ist auch nicht einfach. Aber mit Hilfe der 12 Schritte, die wir miteinander gehen wollen, wirst Du langsam aus den Verwicklungen Deines Lebens herausfinden.
Es lohnt sich. Viele haben es vor Dir auch geschafft. Und vor allem: Habe Geduld mit Dir! Denn was Du in vielen Jahren antrainiert hast, kannst Du unmöglich von heute auf morgen ändern. Auch wenn Du es Dir noch so sehr wünschst. Es braucht Zeit.

Die 12 Schritte*

| 1 | Wir gaben zu, daß wir unseren Abhängigkeiten und Problemen gegenüber machtlos sind – und unser Leben nicht mehr meistern konnten. |

| 2 | Wir kamen zu dem Glauben, daß eine Macht – größer als wir selbst – uns unsere geistige Gesundheit wiedergeben kann. |

| 3 | Wir faßten den Entschluß, unseren Willen und unser Leben der Sorge Gottes – soweit wir ihn verstanden – anzuvertrauen. |

| 4 | Wir machten eine gründliche und furchtlose Inventur in unserem Inneren. |

| 5 | Wir gaben Gott, uns selbst und einem anderen Menschen gegenüber unverhüllt unsere Fehler zu. |

| 6 | Wir waren völlig bereit, alle diese Charakterfehler von Gott beseitigen zu lassen. |

| 7 | Demütig baten wir ihn, unsere Mängel von uns zu nehmen. |

| 8 | Wir machten eine Liste aller Personen, denen wir Schaden zugefügt hatten, und wurden willig, ihn bei allen wiedergutzumachen. |

| 9 | Wir machten bei diesen Menschen alles wieder gut – wo immer es möglich war –, es sei denn, wir hätten dadurch sie oder andere verletzt. |

| 10 | Wir setzten die Inventur bei uns fort, und wenn wir unrecht hatten, gaben wir es sofort zu. |

| 11 | Wir suchten, durch Gebet und Besinnung die bewußte Verbindung zu Gott – soweit wir ihn verstanden – zu vertiefen. Wir baten ihn nur, uns seinen Willen erkennbar werden zu lassen und uns die Kraft zu geben, ihn auszuführen. |

| 12 | Nachdem wir durch diese Schritte ein geistliches Erwachen erlebt hatten, versuchten wir, diese Botschaft anderen weiterzugeben und unser tägliches Leben nach diesen Grundsätzen auszurichten. |

* Die Formulierungen sind der Original-Wortlaut der Anonymen Alkoholikern aus dem Jahre 1939. Dies erklärt die alte und z.T. etwas schwerfällige Ausdrucksweise. Zur besseren Verständlichkeit könnten folgende Ergänzungen bzw. Änderungen durchgeführt werden. Zu Schritt 2: „Wir kamen zu dem Glauben, daß eine Macht – größer als wir selbst – uns ganzheitlich wiederherstellen kann." Zu Schritt 4: „Wir machten eine gründliche und mutige Inventur unseres Lebens."

Wie funktionieren die 12 Schritte?

Eine kurze Einführung in die Dynamik des 12-Schritte-Prozesses

Um die 12 Schritte und ihre wertvolle Hilfe zu verstehen, folgen hier kurze Erläuterungen der Vorgänge, die mit den Schritten verbunden sind:

1. Endlich am Ende

Wir gaben zu, daß wir unseren Abhängigkeiten und Problemen gegenüber machtlos sind – und unser Leben nicht mehr meistern konnten.

Endlich gibst Du zu, daß da wirklich ein Problem ist: Der erste Schritt hilft Dir, aus dem Kreislauf der Verleugnung auszubrechen und Dich der ungeschminkten Wahrheit zu stellen. Es gibt ein Problem in Deinem Leben, das Du nicht mehr mit Deinen bisherigen Strategien bewältigen kannst. Im Gegenteil! Das Problem bestimmt Dich, und Du fühlst Dich letztlich zu Verhaltensweisen gezwungen, die Dein Leben beeinträchtigen oder sogar zerstören .

2. Nie mehr allein

Wir kamen zu dem Glauben, daß eine Macht – größer als wir selbst – uns unsere geistige Gesundheit wiedergeben kann.

Du hast schon so viel ausprobiert. Mit Deiner Kraft bist du am Ende. Was nun? Alleine schaffst Du es erwiesenermaßen nicht mehr. Der Ausweg kommt von einer unerwarteten Seite: Es gibt eine größere Kraft, als du bisher je zu hoffen gewagt hast: Gott selbst!

3. Sich Gott geben

Wir faßten den Entschluß, unseren Willen und unser Leben der Sorge Gottes – soweit wir ihn verstanden – anzuvertrauen.

Viele bleiben stehen und kämpfen mit den Symptomen, statt sich in die Hand Gottes fallen zu lassen. Darum geht es in Schritt 3: Du bringst den Willen auf, dieses ungeheure Wagnis einzugehen, Dich Gott als der größeren Kraft, anzuvertrauen.

4. Endlich sich kennen

Wir machten eine gründliche und furchtlose Inventur in unserem Inneren.

Erst jetzt wächst Deine Bereitschaft, Dich selbst immer ehrlicher anzuschauen. Eine Inventur ist eine Bestandsaufnahme. Positives und Negatives kommen in den Blick. Das Leugnen bzw. vor sich selbst und den eigenen Problemen davonzulaufen, wird immer mehr aufgegeben.

5. Endlich dazu stehen

Wir gaben Gott, uns selbst und einem anderen Menschen gegenüber unverhüllt unsere Fehler zu.

Es bedeutet etwas, die Wahrheit über Dich selbst vor einem anderen Menschen und Gott auszusprechen. Damit wird diese Wahrheit greifbarer, und Du kannst Dir selbst nichts mehr vormachen. Der Grundsatz „Du bist so krank wie Deine verschwiegenen Geheimnisse" motiviert Dich zu diesem schweren Schritt.

6. Bereit für Veränderungen?

Wir waren völlig bereit, all diese Charakterfehler von Gott beseitigen zu lassen.

Das Geheimnis bleibt: Veränderungen im tiefsten Kern kannst Du nicht erzwingen. Zuerst muß die wirkliche Bereitschaft wachsen …

7. Die Verwandlung zulassen

Demütig baten wir ihn, unsere Mängel von uns zu nehmen.

… dann ist Dein Wille gefragt, Gott mit seinen Möglichkeiten an Dir arbeiten zu lassen. Schritt 3 wird auf diese Weise vertieft

8. Dinge in Ordnung bringen

Wir machten eine Liste aller Personen, denen wir Schaden zugefügt hatten, und wurden willig, ihn bei allen wiedergutzumachen.

Hier findest Du endlich die Aufmerksamkeit und die Kraft, um Beziehungen – soweit es an Dir liegt – wieder in Ordnung zu bringen. In einem ersten Schritt geht es grundsätzlich um die Bereitschaft dazu …

9. Endlich wieder gut

Wir machten bei diesen Menschen alles wieder gut – wo immer es möglich war –, es sei denn, wir hätten dadurch sie oder andere verletzt.

… Bei der Umsetzung in die Praxis wirkt die heilende und verändernde Kraft der Entschuldigung. Wichtig dabei ist eine furchtlose Konfrontation mit Deiner eigenen Vergangenheit, mit ungeklärten Beziehungen und ewig aufgeschobenen Konfliktherden.

10. Das „Sofort!-Konzept"

Wir setzten die Inventur bei uns fort, und wenn wir unrecht hatten, gaben wir es sofort zu.

Das „Sofort!-Konzept" gilt besonders im Blick auf unangenehme Gefühle und Erfahrungen bzw. Handlungen, die solche unangenehmen Begleiterscheinungen haben.

Durch Schritt 10 lernst Du, die drei Schwerpunkte immer und sofort im Blick zu haben: furchtlose Inventur, Vergebung und Entschuldigung. Um auf dem neuen Weg zu bleiben, ist es entscheidend, immer sofort zu reagieren, wenn Du in Deine alte, tief ausgetretene Spur zurückfällst.

11. Die Verbindung mit Gott halten

Wir suchten, durch Gebet und Besinnung die bewußte Verbindung zu Gott – soweit wir ihn verstanden – zu vertiefen. Wir baten ihn nur, uns seinen Willen erkennbar werden zu lassen und uns die Kraft zu geben, ihn auszuführen.

Was in Schritt 10 gelernt wird, muß durch Schritt 11 unbedingt ergänzt werden: Nur mit Gottes Hilfe bleibst Du wach genug, um „sofort" (Schritt 10) einzugreifen oder Dir „sofort" Gottes Liebe schenken zu lassen, wo es nötig ist. Hier wird die Ausrichtung auf Gott als entscheidende Lebensgrundlage eingeübt. Du lernst, Schritt 2 und 3 täglich konkret zu leben.

12. Zum Zeugen werden

Nachdem wir durch diese Schritte ein geistliches Erwachen erlebt hatten, versuchten wir, diese Botschaft anderen weiterzugeben und unser tägliches Leben nach diesen Grundsätzen auszurichten.

Wer diesen ganzen Weg durchschritten hat, brennt darauf, anderen die hilfreichen Erfahrungen weiterzugeben. Du wirst demütig von dem berichten, was an Dir geschehen ist. Zugleich ist Dir immer bewußt, daß Du Dein Leben lang auf diesem Weg bleibst und Dich nicht vor Rückfällen absichern kannst. Einzig Deine geistliche Wachsamkeit wird Dich rechtzeitig warnen. Dieses Wissen läßt Dich demütig bleiben.

Ein Sinn der Einrichtung von Kleingruppen ist der: Menschen, die Hilfe für sich selbst erfahren haben, können diese Erfahrungen überzeugend weitergeben. Auf diese Weise werden Kapazitäten für immer mehr Menschen frei, so daß sich die 12-Schritte-Gruppen vervielfältigen werden. Eine großartige Vision für die Veränderung unserer Welt: Menschen werden mehr und mehr heil und gelassen leben. So wie ihr Schöpfer sie gedacht hat.

Die Arbeit mit dem 12-Schritte-Programm

Die Arbeit mit diesem 12-Schritte-Programm teilt sich in zwei Bereiche auf:
1. Die persönliche Auseinandersetzung mit den 12 Schritten mit Hilfe des Arbeitsmaterials auf den folgenden Seiten
2. Die Gesprächsgruppen, in denen miteinander über die Ergebnisse der Hausarbeit und über alle auftauchenden Probleme und Fragen offen miteinander gesprochen wird

Die Gruppe trifft sich am besten wöchentlich zu ihrem 12-Schritte-Gruppenabend. Während der ersten 3 - 4 Treffen ist noch die Möglichkeit, neue Teilnehmer aufzunehmen bzw. wieder aufzuhören für die, die merken, daß das 12-Schritte-Programm nichts für sie ist.

Von dieser Zeit an sollte jeder Teilnehmer sich festlegen, ob er oder sie verbindlich mitmachen wird. Dann werden möglichst überschaubare Gruppen in der Größe von 5 - 9 Personen gebildet, die für die Dauer des Programms fest zusammenbleiben sollten. Diese kleinen Gruppen werden so etwas wie ein Familiengefühl entwickeln. Das ist ein äußerst wichtiger Lernprozeß für viele, die nie vertraute Beziehungen kennengelernt haben (oft nicht einmal in ihrer eigenen Familie!).

Die Treffen werden von einem Gesprächsleiter geleitet, der auf einen geordneten Ablauf achten soll (s. weiter unten zum Ablauf der Gruppen).

- In der Regel nehmen sich die Gruppen für jeden Schritt zwei Wochen Zeit. Das Arbeitstempo der Gruppe kann aber auch an die Gruppensituation angepaßt werden.
- Jedes Gruppenmitglied sollte das Arbeitsmaterial zu jedem Schritt in den sieben Tagen vor dem Gruppentreffen durchgearbeitet haben. Hilfreich ist es, sich selbst regelmäßig (am besten täglich) mit dem Programm zu beschäftigen. So sind für jeden Tag Fragen schriftlich zu beantworten.
- Die schriftlichen Antworten helfen Dir aus zwei Gründen:
  a) Du kannst Dich beim Nachdenken besser konzentrieren .
  b) Du kannst später in der Gruppe Dinge ansprechen, die Du sonst im Laufe der Woche vergessen würdest. In den Gruppentreffen kann auf Deine schriftlichen Antworten eingegangen werden.
- Vergiß bitte nicht: Du machst diese Hausarbeiten ausschließlich nur für Dich selbst und Deinen eigenen Wachstumsprozeß. Diese Notizen wird niemand lesen, Du wirst selbst entscheiden, was Du davon mitteilen wirst. Nimm Dir dafür Zeit, und Du wirst bald Erfolgserlebnisse haben. Bitte vergleiche Dich nicht mit den anderen. Jeder hat sein eigenes Tempo. Und stelle bitte keine unrealistischen Erwartungen an Dich selbst. Gib Dir Zeit zur Veränderung!

Methodischer Ablauf der Gruppe

Wie ein Treffen in der Gruppe gestaltet werden kann, sehen wir am Beispiel des folgenden Arbeitsblattes (siehe Grafik nächste Seite):

1. Ziel

Bei jedem Gruppentreffen (**1**) geht es um die im jeweiligen Schritt (**2**) erarbeiteten Inhalte und Prozesse. Weil nicht über alles, was in der Zwischenzeit prozeßhaft gelebt wurde, berichtet und ausgetauscht werden kann, muß jeder Teilnehmer auswählen, was ihm besonders wichtig ist.

2. Gebet

Bevor Kleingruppen gebildet werden, wird der Abend im Plenum mit Gebet eröffnet. Das Gelassenheitsgebet weist auf die Ausrichtung hin: Die Alltagssorgen werden Gott überantwortet, die Zukunftsängste bei ihm gelassen, um ganz präsent zu sein an diesem Abend und ganz im „Heute" zu leben. Dieser geistliche Beginn ist ein wesentliches Fundament für die gesamte Arbeit. Die Schritte 1-3 werden hier praktisch gelebt.

3. Gruppengespräch

Eine erste Gesprächsrunde ist eine thematisch offene Runde: „Welche Erfahrungen der letzten Woche sind Dir jetzt wichtig? Vielleicht passen Deine Erfahrungen und Prozesse zum Thema des jeweiligen Schritts?"
Jeder darf kurz von sich berichten, wie es ihm gerade geht und was ihn von der letzten Woche her – besonders auch im Hinblick auf seine Problematik – bewegt.
Eine nächste Runde beschäftigt sich mit dem Gruppenarbeitsblatt. Die Bibelstelle zum Schritt (**3**) wird manchmal in einer der drei Fragen aufgenommen.

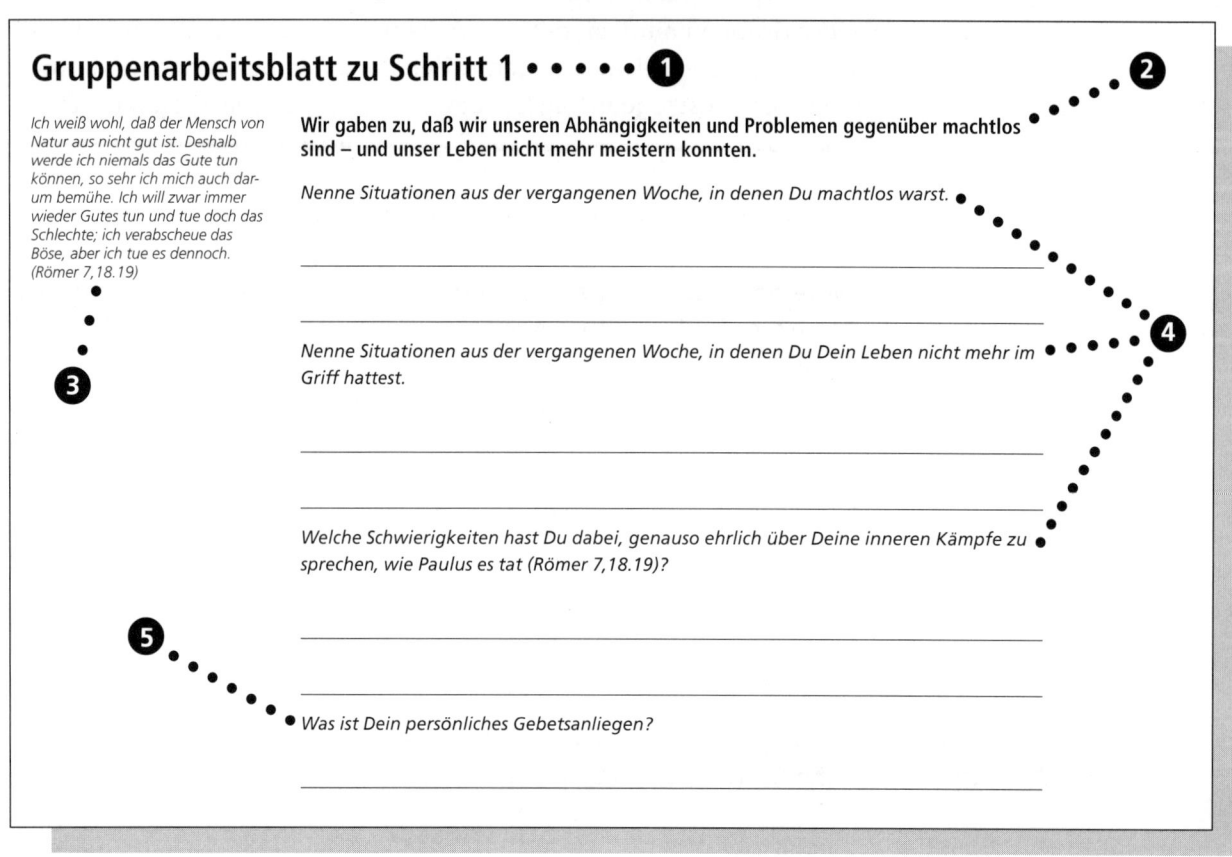

Gruppenarbeitsblatt zu Schritt 1 • • • • • **1**   **2**

Ich weiß wohl, daß der Mensch von Natur aus nicht gut ist. Deshalb werde ich niemals das Gute tun können, so sehr ich mich auch darum bemühe. Ich will zwar immer wieder Gutes tun und tue doch das Schlechte; ich verabscheue das Böse, aber ich tue es dennoch. (Römer 7,18.19)

3

Wir gaben zu, daß wir unseren Abhängigkeiten und Problemen gegenüber machtlos sind – und unser Leben nicht mehr meistern konnten.

Nenne Situationen aus der vergangenen Woche, in denen Du machtlos warst.

_____

_____

Nenne Situationen aus der vergangenen Woche, in denen Du Dein Leben nicht mehr im Griff hattest.

4

_____

_____

Welche Schwierigkeiten hast Du dabei, genauso ehrlich über Deine inneren Kämpfe zu sprechen, wie Paulus es tat (Römer 7,18.19)?

5

_____

_____

• *Was ist Dein persönliches Gebetsanliegen?*

_____

Es gibt 2 - 3 Fragen ❹), welche die wesentlichsten Schwerpunkte der Wochenarbeit zusammenfassen wollen. Diese Fragen sind als Gesprächsanstoß gedacht. Sie sollen helfen, bei der Arbeit am jeweiligen Schritt zu bleiben. Mit ihrer Hilfe können Verständnisfragen geklärt werden.

Es soll beim Austausch über die schriftliche Beantwortung der Fragen für jeden ungefähr gleich viel Zeit eingeräumt werden. Der Gruppenleiter achtet darauf und begrenzt deshalb die Zeit für den einzelnen.

Der Gruppenleiter erlaubt gegenseitige Ergänzungen und Kommentare erst, nachdem jeder Zeit hatte, seine Antworten mitzuteilen. So hat jeder Raum, ohne Bewertung angehört zu werden.

4. Abschluß des Abends

Für das persönliche Gebet in der Woche kann jeder den wichtigsten Gedanken des Abends für sich selbst notieren (❺).

Zum Abschluß sollte die Gruppe miteinander und füreinander beten. Um dieses Gebet vorzubereiten, kann es hilfreich sein, sich einen Gedanken für ein anderes Gruppenmitglied zu notieren. In die kommende Woche kann ein Gebet für jemanden aus der Gruppe mitgenommen werden. Dadurch bleiben die Mitglieder der Gruppe in einem gemeinsamen geistlichen Prozeß miteinander verbunden.

Regeln für die Gruppenarbeit

• **Jeder redet nur von sich!**

Z.B. sage nicht: „Man kann das nicht ...", sondern: „Ich kann das nicht."

• **Wir lassen einander in dem stehen, was wir sagen.**

Keine Korrektur, keine Belehrungen, keine Bewertungen!
Wir lernen, uns selbst auszuhalten und den anderen anzunehmen, zu achten und ihn damit zu lieben.

• **Wir geben keine „guten Ratschläge"!**

Jeder sollte für sich die Freiheit haben, das aus den Treffen mitzunehmen, was ihm hilft. Die Selbstverantwortung des einzelnen soll gefördert werden. Wir lernen dabei, dem anderen die Freiheit zuzugestehen, die Gott uns gegeben hat.

• **Was in der Gruppe gesprochen wird, bleibt dort!**

Verschwiegenheit nach außen hilft dem einzelnen, sich in der Gruppe zu öffnen, transparent und ehrlich zu sein. Eine Atmosphäre des Vertrauens ist ohne diese gegenseitige Zusicherung nicht möglich.

• **Konfessionelle Eigenarten werden stehengelassen!**

Wir wollen im Rahmen der Treffen nicht über konfessionelle Überzeugungen diskutieren. Wir gestehen einander zu, unterschiedliche Auffassungen und Stile in unserer Frömmigkeit zu haben.

Die 12 Schritte und Deine geistliche Reise

Jetzt geht es mit der konkreten Arbeit los! Dein 12-Schritte-Notizheft als Tagebuch und einen Stift … und dann kann's losgehen! Zuvor noch einige Informationen über das, was Dich erwarten wird:

Das 12-Schritte-Programm ist ein geistliches Programm

Obwohl das 12-Schritte-Programm nicht einer speziellen christlichen Kirche zuzuordnen ist, ist es ein geistliches Programm. Es bezieht sich nämlich auf biblische Traditionen, die allen Kirchen gemeinsam sind. In diesem Sinne ist es ein Programm einer geistlichen Bewegung, die sich in verschiedene kirchliche und geistliche Situationen einbringen läßt. Teilnehmer können deshalb aus unterschiedlichen geistlichen Prägungen oder aus unterschiedlichen Kirchen kommen oder auch ohne christliche Voraussetzung in den 12-Schritte-Prozeß einsteigen.

Niemand wird durch die verbindliche Teilnahme an einer der 12-Schritte-Gruppen in eine bestimmte Glaubensrichtung gedrängt oder dadurch Mitglied einer bestimmten Kirche.

Eine neue Selbsterkenntnis

Das Programm wird auf jeden Fall eines bewirken: Wir werden den geistlichen Teil unserer selbst entdecken, vertiefen und seine Wichtigkeit erkennen. Es hilft uns, unser Bedürfnis nach einer Beziehung zu Gott zu finden, uns mit diesem Bedürfnis auseinanderzusetzen und seine Wichtigkeit in unserem Leben festzustellen.

Wir alle lernen, unser Leben nicht unter eigener Regie, sondern unter der Leitung und der Kraft des Heiligen Geistes zu gestalten. Unter der Leitung des Heiligen Geistes werden die 12 Schritte ein äußerst hilfreiches Werkzeug, um unser Leiden an der Wurzel zu verändern (nicht nur die Symptome!), um unsere Leere auszufüllen und so schließlich Gottes Gegenwart in unserem Leben wahrzunehmen.

Schrittweise Veränderungen

Diese geistliche Reise wird unser Leben befreien, so daß eine bisher ungeahnte Energie, Liebe und Freude zum Vorschein kommen wird.

Mit diesem Programm wirst Du nicht in irgendein Schema gepreßt werden, sondern jeder wird nach seiner eigenen Art und Weise und in seinem Tempo mit Gottes Hilfe und mit dem Zuspruch der anderen Teilnehmer vorwärts kommen. Die einzige Voraussetzung ist eine aktive Offenheit: Vieles von dem, was geschieht, wird durch Gottes Wirken an uns getan. Wir werden plötzlich Veränderungen an uns selbst feststellen. So werden zum Beispiel unsere geistliche Wachheit, unsere Feinfühligkeit, auch unsere Liebesfähigkeit sowie unsere emotionale Reife zunehmen.

Das Entscheidende dabei wird uns von Gott geschenkt. Er kennt uns als unser Schöpfer am besten und weiß, was wir brauchen.

Eine tiefgehende Heilung

Das 12-Schritte-Programm ist somit ein Hilfsmittel für den menschlichen Reifungsprozeß. Wir werden erleben, daß seelische und geistliche Reife sich gegenseitig bedingen.

Dieses Programm bezieht sich auf biblische Erkenntnisse, um selbstzerstörerische Gewohnheiten zu verändern. Wenn wir unsere Probleme nicht mehr leugnen, sondern an ihnen arbeiten, und uns dabei auf die Kraft und Dynamik der 12 Schritte beziehen, werden wir Heilung erfahren. Unser körperliches, gefühlsmäßiges und geistiges Wohlergehen wird davon positiv beeinflußt werden.

Schwierigkeiten auf dem Weg

Um am Ende den 12-Schritte-Prozeß erfolgreich zu durchlaufen, ist nicht unsere eigene Aktivität entscheidend, sondern Gottes Führung. Er hat die eigentliche Sehnsucht, unser Leben zum Heil zu bringen. Er wird uns die Kraft geben, beim täglichen Durcharbeiten dranzubleiben, und um unsere Veränderung zu kämpfen.

Natürlich werden Gedanken und Gefühle aufkommen, die uns entmutigen wollen. Negative Gedanken und ein negatives Selbstbild sind ja oft die Ausgangslage. Wenn wir uns der Arbeit an jedem Schritt überlassen und dabei mit uns selbst einigermaßen geduldig umgehen, können wir Gottes Zuspruch wahrnehmen. Mit der Zeit werden wir erleben, wie unsere negativen Einreden (z.B. „Das schaffst du nie!", „Du bist ein elender Versager!") sich verringern.

Mache Dir klar: Du bist eine einmalige Person. Es gibt kein Richtig oder Falsch auf diesem Arbeitsweg. Deine „Erfolge" und „Mißerfolge" werden mit denen der anderen nicht vergleichbar sein. Wahrscheinlich wirst Du angebliche „Mißerfolge" oder „Abstürze" im Nachhinein als glückliche Fügungen und Hilfen zur Wahrheit und Veränderung bewerten können. Auch der Zeitfaktor wird für jede Person individuell bleiben. Entscheidend ist: Jeder wird Wachstum und hilfreiche Veränderungen an sich erfahren. Jeder auf seine individuelle und einzigartige Weise.

Die Gruppe als Übungsraum

Jeder könnte für sich alleine oder in einer Zweierbeziehung (z.B. in der Seelsorge) Gewinn aus dem Arbeitsprogramm ziehen. Aber die eigentliche Kraft bekommen die 12 Schritte erst durch die 12-Schritte-Gruppen. Die familiäre Atmosphäre ist wie ein Schutzraum, in der Vertrauen gelernt werden kann. Wenn einzelne Teilnehmer in großer Offenheit über ihre Lebensgeschichten berichten, wie sie zum Beispiel in bedrückenden Familienverhältnissen aufwuchsen, wird den Zuhörern deutlich, wie sehr sie selbst Heilung in ihrer Gefühlswelt brauchen. Denn sie entdecken durch den Vergleich und den ehrlichen Austausch ihre eigenen „Familiengeheimnisse", die sie bisher niemandem verraten durften. Endlich brauchen sie diese negativen Erlebnisse nicht mehr länger zu verstecken und beginnen so den Prozeß der liebenden Selbstannahme.

Wie verbindlich sind die Gruppentreffen?

Erfahrungsgemäß leben viele Teilnehmer oft in großer innerer Einsamkeit. An dem Gruppenaustausch teilzunehmen, gerade dann, wenn Du eigentlich nicht so „gut drauf" bist, ist ein wichtiger Schritt zur Überwindung Deiner Isolation. Gerade dieser Tendenz zur Einigelung in emotional kritischen Augenblicken gilt es, ein neues Verhalten entgegenzustellen. Dies muß eingeübt werden. Darum hat es sich als hilfreich erwiesen, daß jeder sich selbst äußerst verbindlich für eine Teilnahme an den Gruppen verpflichtet. Nur objektive Gründe sollten von der Teilnahme an der Gruppe abhalten. Die subjektive Verfassung („Ich bin heute abend so müde!" oder: „Ich habe einfach keine Lust!" oder: „Ich kann einfach nicht mehr!" oder: „Ich kann nichts Positives über die Woche erzählen, dann bleibe ich lieber weg...!") ist auf keinen Fall ein Hinderungsgrund. Ein wichtiger Lernprozeß für Dich ist es, das Gefühl der Sicherheit in der Gruppe kennenzulernen.

Wenn die Schritte gemeinsam in der 12-Schritte-Gruppe durchgegangen werden, kann es gelingen, lang unterdrückte Gefühle wie Scham, Ärger und Trauer an die Oberfläche kommen zu lassen und sie mit anderen offen zu besprechen. Wir lernen, das Leben zu genießen und gesunde Beziehungen aufzubauen. Die Einsamkeit wird Stück für Stück aufgegeben, innerhalb der Gruppe lernen wir, gesunde Beziehungen zu leben. Die Zuhörer haben auch großen Gewinn durch Deine Offenheit, weil sie darin Dein Vertrauen zu sich spüren.

Hilfreiche Regel – Abmelden

Jeder, der nicht zum Gruppentreffen kommen kann, meldet sich beim Leiter der Gruppe ab. Die 12-Schritte-Gruppe hilft mit dieser Regel den Teilnehmern, sich gegenseitig auf der geistlichen Reise zu ermutigen: heraus aus selbstzerstörerischer Isolation, hin zum Erlernen neuer Verhaltensweisen, die zum Leben führen.

Die Gruppe kann ein Ort sein, an dem einmal in der Woche wirklich ehrlich Gefühle ausgesprochen werden, Vertrauen gelebt wird und echtes Leben erfahren wird. Hier können gesunde Beziehungen gelernt werden. Beziehungen leben davon, daß ehrlich die Stärken wie die Schwächen geteilt werden. Dieses Miteinander in der Gruppe wird ein kraftvoller und verändernder Prozeß sein. Mit der Zeit entstehen in den Gruppen vertraute Beziehungen, ja sogar Freundschaften, die dem einzelnen helfen zu lernen, wie man einander näher kommt: durch Geben und Nehmen.

Die Gruppenteilnehmer sollten ermutigt werden, auch außerhalb der Gruppe in Kontakt zu kommen, sich gegenseitig anzurufen und noch andere Wege zu finden, außerhalb der regulären Treffen Gemeinschaft zu pflegen.

Selbstverpflichtung

Ich, _____, verpflichte mich dazu, mit den anderen Mitgliedern dieser Gruppe das 12-Schritte-Programm zu durchlaufen. Ich erkläre mich mit folgenden Punkten einverstanden:

- Ich werde mich bestmöglich einsetzen, an den wöchentlichen Treffen teilnehmen und mich auf die anderen Teilnehmer einlassen.

- Ich werde mich darum bemühen, zuverlässig zu sein, und vertraue dabei auch auf Gottes Hilfe und Heilung.

- Ich werde die Gruppenmitglieder dabei unterstützen, daß ich ihnen meine volle und ungeteilte Aufmerksamkeit schenke.

- Ich verpflichte mich in allem zur Ehrlichkeit.

- Ich will offen sein und auch meine unangenehmen Gefühle in Worte fassen und sagen, wenn mich jemand verletzt hat oder eine unangemessene Sprache spricht.

- Ich will mich dem Prozeß unterstellen und mein Bestes tun, negative Urteile zu vermeiden.

- Ich werde meine Zeit zwischen den Treffen so einteilen, daß ich das schriftliche Arbeiten an den Schritten so sorgfältig wie möglich erledigen kann.

- Ich nehme auch die Unannehmlichkeiten und die Schwierigkeiten an, die während des Arbeitens mit den 12 Schritten auftreten werden, und will mich damit auseinandersetzen.

- Ich werde mein Versprechen einhalten, regelmäßig zu den Treffen zu kommen.

- Ich werde meine Erfahrungen, meine neugewonnenen Stärken und meine Hoffnungen während der Treffen einbringen.

- Ich werde mein Bestes geben, meine Gefühle klar zu erkennen und mitzuteilen (z.B. Freude, Trauer, Bedrückung, Wut, Liebe, Haß, Schuld, Einsamkeit usw.), und mich damit zurückhalten, Situationen zu erklären und zu rechtfertigen.

Ort: Datum:

_____

Unterschrift:

_____

Selbstverpflichtung – Gruppenarbeitsblatt

*Was sind Dein Grund und Dein Ziel, daß Du Dich zum Arbeiten mit den
12 Schritten entschlossen hast?*

_____

_____

_____

_____

*Welche Ängste fühlst Du dabei, daß Du Dich zu den regelmäßigen
Treffen verpflichtet hast ?*

_____

_____

_____

_____

*Welche Anteile der Selbstverpflichtung fallen Dir leicht, hinter welche
Sätze kannst Du Dich leicht stellen?*

_____

_____

_____

_____

*Mit welchen Anteilen dieser Verpflichtung hast Du Mühe, und es fällt Dir
schwer, Dich dahinterzustellen?*

_____

_____

_____

Schritt 1   Endlich am Ende

Ich weiß wohl, daß der Mensch von Natur aus nicht gut ist. Deshalb werde ich niemals das Gute tun können, so sehr ich mich auch darum bemühe. Ich will zwar immer wieder Gutes tun und tue doch das Schlechte; ich verabscheue das Böse, aber ich tue es dennoch. (Römer 7,18.19)

Wir gaben zu, daß wir unseren Abhängigkeiten und Problemen gegenüber machtlos sind – und unser Leben nicht mehr meistern konnten.

Bin ich das wirklich?

Die Idee von Schritt 1 erscheint uns auf den ersten Blick erschlagend. Dies wird sich ändern, wenn wir unser Leben so zu sehen anfangen, wie es wirklich ist. Natürlich ist es bedrohlich, uns vorzustellen, wir könnten völlig ohne jede Kraft dastehen und nicht mehr in der Lage sein, unser Leben zu bewältigen. Zwar wissen wir aus der Erfahrung, daß unser Verhalten nicht immer Frieden und Zufriedenheit auslöst. Ursache bei einigen war ein durch Alkohol und zerrüttete Familienverhältnisse beeinflußter Hintergrund. Er untergrub unsere höchsten Ziele, Wünsche und Träume. Oft verursachte dieser Hintergrund, daß wir uns von Gott trennten und uns selbst verloren. Unser Leben ist erfüllt von Verhaltensweisen, wie wir sie uns überhaupt nicht gewünscht hätten. Mag sein, daß uns „fromm" beigebracht wurde, wir müßten nur glauben, daß Christus unser Herr und Retter ist, um vollkommen und zufrieden zu sein. Mag sein, daß dies gerade der Anreiz war, auf den wir unser Leben aufbauten. Und christliche Aussagen wie: „Ich bin von neuem geboren", „Das Alte ist vergangen", „Ich bin eine neue Kreatur", „Christus hat mich völlig verändert", haben einen faszinierenden Klang.

Leider können sie einigen von uns sogar dabei geholfen haben, negative Umstände ihres Leben zu leugnen und zu verdrängen. Christus kommt mit großer Gnade in unser Leben, wenn wir Christen werden – keine Frage –, aber trotzdem bleibt uns nicht die harte Arbeit zur Veränderung unserer Persönlichkeit, unserer Gewohnheiten und Ticks erspart. Es ist ein lebenslanger Prozeß, um diese Versöhnung in wirkliche Erfahrung umzusetzen.

Kämpfe gehören zum Glauben

Die Tatsache, daß wir oft noch Schmerzen aus der Vergangenheit spüren, ist weder ein Zeichen mangelnder Beziehung zu Gott, noch wird dadurch der Einfluß Gottes auf unser Leben kleiner. Es ist einfach ein Zeichen dafür, daß wir einen Heilungsprozeß dringend nötig haben. Das 12-Schritte-Programm wird uns dabei helfen. Wir sollten einfach Schritt für Schritt weitergehen und beten. Dann dürfen wir von Gott die notwendige Veränderung in uns erwarten. Probleme und Schmerzhaftes zugeben zu müssen, könnte wie ein Widerspruch zu unserem Glauben aussehen (nach dem

Motto: „Ein guter Christ hat doch nicht solche Probleme!"). Das stimmt aber nicht! Die Bibel ist voll von Berichten über Männer und Frauen, die unaufhörlich damit kämpften, frühere Fehler, eigene menschliche Schwächen und die alltäglichen Versuchungen des Lebens zu überwinden.

Machtlosigkeit – ein neues Konzept

Die Vorstellung, daß es in unserem Leben Gebiete gibt, denen wir machtlos ausgeliefert sind, ist für uns vielleicht neu. Es fällt uns leichter zu meinen, wir hätten die Macht und Kontrolle über unser Leben. Der Apostel Paulus schreibt in seinem Brief an die Römer über seine Machtlosigkeit und darüber, daß er sein Leben nicht im Griff hat. Er schreibt über sein selbstzerstörerisches Verhalten, das immer wieder durchbricht und das er als eine Folge seiner Trennung von Gott begreift (Römer 7,23). Trotz dieser negativen Selbsterfahrung bleibt er doch davon überzeugt, daß er nach Gottes Willen zu leben hat – und es auch will.

* Dr. Norbert Copray, S. 118 in: Immer mehr? Die Verführung zur Sucht, Kösel 1991

„Aber machtlos heißt nicht verantwortungslos. Die Ohnmacht etwa gegenüber dem Alkohol ist nicht die gleiche Ohnmacht, sein Leben nicht ändern zu können. Die Ohnmacht der Droge gegenüber ist keine grundsätzliche Ohnmacht, keine Berechtigung, sich ganz und gar als Opfer zu begreifen. Und eben dies ist die Leistung der ‚Zwölf Schritte' der Anonymen Süchtigen: Die Ohnmacht des Menschen wird eingegrenzt auf die gelernte Hilflosigkeit gegenüber der Droge; dadurch wird sie relativiert und dort angesiedelt, wo sie hingehört. Dadurch gewinnt der betroffene Mensch sein Vermögen im übrigen Leben zurück, lernt Schritte, sich von seiner Opferrolle zu befreien …"*

Aufgrund unserer eigenen Geschichte geht es uns oft genauso wie Paulus, und unser Eigenwille steht uns im Weg. Aber wir haben die Wahl, uns dafür zu entscheiden, auf Gott zu bauen. Das wird in der Bibel als „Glaube" beschrieben. – Diese Entscheidung werden wir im Schritt 2 einüben.

Wir gehören zu den Verlierertypen

Wir leben in einer Kultur, die großen Wert auf die persönliche Ausbildung legt. Die meisten von uns wurden bereits als kleine Kinder mit dem Ideal hochgesteckter Ziele bombardiert. Konkurrenz- und Wettkämpfe in Sport und Arbeit gehören als wichtige Bestandteile zu unserer Gesellschaft. An ihnen wird das Maß an Erfolg gemessen. Es wurde uns beigebracht, wenn wir nur hart genug kämpften, würden wir Gewinner sein und damit auch „gute Menschen". Wenn wir hingegen nicht erreichen, was man von uns erwartet, dann sind wir „schlechte Menschen". Aufgrund von mangelnden oder fehlenden Vorbildern und Modellen in unserer Kindheit sind viele von uns verwirrt und wissen nicht, wo sie hingehören. Wir machen unseren Selbstwert als Erwachsene davon abhängig, was wir tun und was andere Menschen von uns denken, und nicht davon, wer wir für Christus sind. Wenn wir auf unsere Vergangenheit zurückschauen, sehen wir uns selber weiterhin als Verlierer und Versager. Unser schwaches Selbstwertgefühl hindert uns, „Gewinner" zu werden. In diesem Spannungsfeld zu leben, erzeugt in uns extremen Streß und Angst.

Je älter wir dann werden, desto mehr spitzt sich die Lage zu: Das gestreßte Leben bringt uns keine Zufriedenheit, sondern verstärkt eher noch unsere Probleme. Unsere Ängste und Unsicherheiten nehmen zu und führen zeitweise zu einer Art Panik. Einige geben sich dann gemütsverändernden Substanzen hin – wie Drogen, Alkohol oder dem Essen –, um die Spannung zu verringern. In subtilerer Form vergraben wir uns in kirchlichen Aktivitäten, in Arbeit, in Beziehungen oder in irgendwelchen zwanghaften Verhaltensweisen und versuchen dadurch, die vorhandenen Ängste zu bekämpfen.

Endlich am Ende

Wenn wir das bei uns ungeschminkt wahrnehmen und begreifen, daß unser Leben wie eine große Achterbahnfahrt ist, dann erst machen wir uns bereit für den Schritt 1. Erst wenn wir keine Alternative mehr sehen können, werden wir zugeben, daß wir machtlos sind und unser Leben nicht mehr bewältigen können. Wenn wir nun anfangen, den Ernst der Lage zu begreifen, daß wir wirklich am Ende sind, schafft das zum ersten Mal die Möglichkeit, nach ungewohnter, bisher unerwarteter Hilfe Ausschau zu halten. Das ist die große Herausforderung des ersten Schrittes dieses 12-Schritte-Programms. „Endlich am Ende!" wird am Ende zu „Endlich Leben!"

Schritt 1 ist die Grundlage für alle weiteren Schritte

Die eigenen Grenzen, die Machtlosigkeit in bestimmten Lebensbereichen und die Unzulänglichkeiten zu erkennen und zu akzeptieren, ist kein leichter Schritt. Obwohl unser bisheriges Verhalten bloß Streß und Schmerzen verursacht hat, fällt es uns furchtbar schwer, uns loszulassen und zu vertrauen, daß alles gut ausgehen wird. Wir sind schon genug bedient von der bisherigen Verwirrung unseres Lebens. Wir erleben einerseits Schläfrigkeit und Trauer, andererseits Schlaflosigkeit oder Aufruhr. Das alles sind normale Reaktionen auf die schwierigen inneren Kämpfe, die wir durchmachen.

Dabei muß man eins wissen: Kapitulation, sich wirklich geschlagen geben, erfordern nervliche und emotionale Energien und ganze Entschlossenheit.

Persönliche Überlegungen

1. Tag

Im Schritt 1 beginnen wir, die Realität unseres Lebens und unseres Selbst zu erfassen. Vielleicht ist es das allererste Mal, daß wir unsere Niederlage zugeben und anerkennen, daß wir Hilfe brauchen. Schritt 1 beinhaltet zwei unterschiedliche Teile:

(1) Das Geständnis, daß wir in einer Unfreiheit leben. Das leugnen wir, indem wir versuchen, gewisse Dinge in unserem Leben zu manipulieren, um den inneren Schmerz der Trennung von Gott zu überspielen.

Leugnen ist eine wesentliche Quelle, die unsere süchtigen Denk-Strukturen speist. Sucht wird daran erkennbar, daß „es" uns im Griff hat und nicht wir „es" im Griff haben. Wir fühlen uns unserem Verhalten und unseren Handlungen, die wir eigentlich ablehnen wollen, ohnmächtig ausgeliefert.

(2) Das Geständnis, daß wir unser Leben bisher nicht bewältigen konnten und es auch in Zukunft nicht in den Griff bekommen, wenn wir weiter hartnäckig daran festhalten, eigenwillig und aus eigener Kraft alles im Griff haben zu wollen.

Was steht Dir im Weg, macht es Dir schwer, Deine Machtlosigkeit anzuerkennen und zuzugeben, daß Du in Deinem Leben versagt hast?

_____

_____

Welches Gebiet Deines Lebens macht Dich am meisten traurig?

_____

_____

2. Tag

Unser Stolz wehrt sich fast automatisch gegen die Vorstellung, machtlos zu sein. Die Tatsache, keine Kontrolle über das eigene Leben zu haben, scheint furchtbar zu sein. Wir waren gewohnt, für alles was in unserem Leben – und auch bei anderen – geschah, die volle Verantwortung zu übernehmen. Aufgrund der beeinträchtigten Umgebung, in der wir aufgewachsen sind, sind gewisse Denkmuster für uns normal: Einige übernahmen die Rolle des „Super-Verantwortlichen", andere zogen sich zurück und wurden „super-unverantwortlich". Bevor nicht eine unerträgliche Schmerzgrenze erreicht wird, sind wir in der Regel auch nicht bereit, diesen ersten Schritt in Richtung Befreiung und Erneuerung zu gehen. Wir müssen zuerst anerkennen, daß wir wirklich machtlos sind, um dann vor uns selbst zu kapitulieren und uns Gott ausliefern zu können.

In welchem Bereich Deines Lebens ist Dein Verhalten offensichtlich am destruktivsten?

_____

_____

Welches Ereignis in Deinem Leben hat Dir das Ausmaß Deines schmerz-bringenden Verhaltens bewußt gemacht?

_____

_____

* Himmel und Erde sind meine Zeugen, daß ich euch heute vor die Wahl gestellt habe zwischen Leben und Tod, zwischen Segen und Fluch. Wählt das Leben, damit ihr und eure Kinder nicht umkommt! Liebt den Herrn, euren Gott, und hört auf ihn! Haltet ihm die Treue! (5. Mose 30,19-20)

Schmerz ist ein Signal, das Deine Abhängigkeit, Dein zwanghaftes Verhalten auslöst. Ab heute kann Schmerz für Dich auch ein Signal dazu werden, Deine Machtlosigkeit anzuerkennen und „das Leben zu wählen".*

Welcher spezielle Schmerz ist in Deinem Leben das lauteste Signal?

_____

_____

3. Tag

Wenn wir anfangen, ehrlich vor uns zu werden und unseren wahren Zustand zu begreifen, ist unsere erste Reaktion normalerweise die: Wir sehen auf andere, um Lösungen zu finden. Wir fühlen uns wie schüchterne Anfänger und fragen uns, warum wir gerade diese Lebensqualität, nach der wir uns gesehnt haben, nie zu Gesicht bekommen haben.

Freunde werden uns vielleicht raten, mehr in der Bibel zu lesen oder mehr für unsere Probleme zu beten. Einige werden vorschlagen, mit unserem Pastor zu sprechen. Aber egal, an wievielen Stellen wir auch suchen werden, es wird keine Linderung und Erleichterung für uns geben, bis wir selbst für uns Verantwortung übernehmen und uns unsere Machtlosigkeit eingestehen. Dann erst – und nur dann – werden wir sehen und verstehen, daß dieser 1. Schritt der Anfang des Auswegs in ein neues Leben ist.

Warum ist es nötig, daß Du für Dich selbst feststellen mußt: „Ich bin wirklich machtlos!"?

_____

_____

_____

_____

Wenn sich einer einbildet, alles zu wissen, so zeigt das nur, daß er noch nicht weiß, worauf es wirklich ankommt. (1. Korinther 8,2)

Wie hat Dich der Gedanke, daß Dein Leben in Ordnung sei, davon abgehalten, die Realität und das Vorhandensein Deiner Probleme zu sehen?*

_____

_____

4. Tag

Schritt 1 ist nicht ein Ein-für-allemal-Geständnis. Wir müssen uns klar machen: Unsere schwierigen Wesenszüge, Gewohnheiten und Verhaltensweisen sind ein Teil von uns. Wir reagieren ganz unbewußt auf Streß und Belastungssituationen. Deshalb müssen wir uns selbst genau beobachten und uns besonders unsere destruktiven und zerstörenden Mechanismen bewußt machen. Wenn wir dann unsere eigene Machtlosigkeit erkennen und bei Gott Hilfe suchen, werden sich neue Wege und Möglichkeiten auftun.

Wo erlebst Du bei Dir selbst das größte Bedürfnis, Dich unter Kontrolle zu haben?

_____

_____

Was sind Konsequenzen Deiner selbstzerstörerischen Gewohnheiten?

_____

_____

5. Tag

Am Abend dieses Tages sagte Jesus zu seinen Jüngern: „Kommt, wir wollen ans andere Ufer übersetzen!" Sie schickten die Menschen weg und ruderten mit dem Boot, in dem Jesus saß, auf den See hinaus. Einige andere Boote folgten ihm. Da brach ein gewaltiger Sturm los. Hohe Wellen schlugen ins Boot, es lief voll Wasser und drohte zu sinken. Jesus aber schlief hinten im Boot auf einem Kissen. Da rüttelten ihn die Jünger wach und schrien voller Angst: „Herr, wir gehen unter! Merkst du das nicht?" Sofort stand Jesus auf, bedrohte den Wind und rief in das Toben der See: „Sei still! Schweige!" Da legte sich der Sturm, und tiefe Stille breitete sich aus. „Warum hattet ihr solche Angst?" fragte Jesus seine Jünger. „Habt ihr denn gar kein Vertrauen zu mir?" Voller Entsetzen flüsterten die Jünger einander zu: „Was ist das für ein Mann! Selbst Wind und Wellen gehorchen ihm!" (Markus 4,35-41)

Die Apostel hatten Angst; und es fehlte ihnen das Vertrauen – das war eine Folge ihrer Machtlosigkeit.

Wie und wo erlebst Du Angst und mangelndes Vertrauen im Zusammenhang mit Deiner Machtlosigkeit?

_____

_____

6. Tag

Der zweite Teil von Schritt 1 ist genauso schwierig, wie zu unserer Machtlosigkeit zu stehen. Es geht um das Geständnis, daß wir unser Leben bisher nicht bewältigen konnten und es auch in Zukunft nicht in den Griff bekommen, wenn wir weiter hartnäckig daran festhalten, eigenwillig und aus eigener Kraft alles im Griff haben zu wollen.

Wir können das daran beobachten, wie wir in der Vergangenheit all die Wahrheiten über uns selbst zu verstecken versuchten. Wir müssen absolut ehrlich werden, um diese Masken, die wir bisher trugen, abzulegen, und die Dinge so sehen, wie sie wirklich sind. Wenn wir aufhören, für unser Verhalten Entschuldigungen zu finden, ist das der erste Schritt zur Demut, die wir brauchen, um uns von Gott führen zu lassen. Und nur wenn wir uns vertrauensvoll der Führung Gottes überlassen, können wir und unser Leben wiederhergestellt werden.

In welchem Bereich Deines Lebens erlebst Du am meisten, nicht zurecht-
zukommen, obwohl Du Dir selbst eingeredet hast: „Ich habe es im
Griff!"?

_____

_____

Nenne spezifische Situationen, in denen Du Dein Verhalten oft vor Dir
selbst entschuldigst.

_____

_____

7. Tag

Ich bin der wahre Weinstock, und mein Vater ist der Weingärtner, der alle unfruchtbaren Triebe abschneidet. Aber die frucht-
baren Reben beschneidet er sorgfältig, damit sie noch mehr Frucht bringen. Ihr gehört schon zu diesen guten Reben, weil ihr
mein Wort angenommen habt. Bleibt fest mit mir verbunden, dann wird mein Leben in euch sein! Denn so wie eine Rebe nur
dann Früchte tragen kann, wenn sie am Weinstock ist, so werdet auch ihr nur Frucht bringen, wenn ihr mit mir verbunden
bleibt.
Ich bin der Weinstock, und ihr seid die Reben. Wer bei mir bleibt, in dem bleibt mein Leben, und er wird viel Frucht tragen.
Wer sich aber von mir trennt, kann nichts ausrichten. Wer ohne mich leben will, wird wie ein unfruchtbarer Trieb abgeschnit-
ten und weggeworfen. Die verdorrten Triebe werden gesammelt, ins Feuer geworfen und verbrannt. Wenn ihr aber fest mit
mir verbunden bleibt und euch nach meinem Wort richtet, dürft ihr von Gott erbitten, was ihr wollt; ihr werdet es erhalten.
Gott wird dadurch verherrlicht, daß ihr viel Frucht bringt und ihr euch so als meine wirklichen Jünger erweist.
(Johannes 15,1-8)

Welches fruchtlose und unproduktive Verhalten in Deinem Leben müßte
„weggenommen" werden?

_____

_____

Gruppenarbeitsblatt zu Schritt 1

Ich weiß wohl, daß der Mensch von Natur aus nicht gut ist. Deshalb werde ich niemals das Gute tun können, so sehr ich mich auch darum bemühe. Ich will zwar immer wieder Gutes tun und tue doch das Schlechte; ich verabscheue das Böse, aber ich tue es dennoch. (Römer 7,18.19)

Wir gaben zu, daß wir unseren Abhängigkeiten und Problemen gegenüber machtlos sind – und unser Leben nicht mehr meistern konnten.

Methode der Gruppenarbeit

Es soll beim Austausch über die Beantwortung der Fragen für jeden gleich viel Zeit eingeräumt werden. Bitte begrenze deshalb die Zeit für den einzelnen. Erlaube gegenseitige Ergänzungen und Kommentare erst, nachdem jeder einmal die eigenen Antworten mitgeteilt hat.

In welchen Bereichen Deines Lebens hast Du den Wunsch, Gutes zu tun, und tust es nicht?

_____

_____

Angenommen, Du hast die Wahl, freie Entscheidungen in Deinem Leben zu treffen; wo fühlst Du Dich machtlos, weil Du nicht so entscheidest, wie Du eigentlich willst?

_____

_____

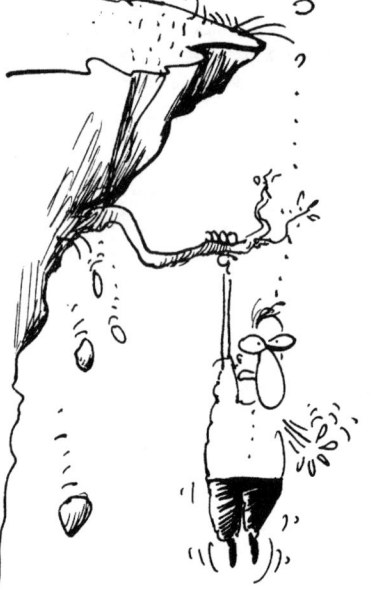

In welchem Bereich ist Paulus' innerer Kampf ähnlich wie Deiner? (Römer 7,19. Ich will zwar immer wieder Gutes tun und tue doch das Schlechte; ich verabscheue das Böse, aber ich tue es dennoch.)

_____

_____

Was ist Dein persönliches Gebetsanliegen?

_____

_____

Für wen betest Du, und was sind dessen Anliegen?

_____

_____

8. Tag

** „Warum hast du nach mir ge-
rufen?" fragte ihn Jesus. „Herr,
ich möchte sehen können!"*

Genauso wie körperliche Krankheiten zuerst erkannt und diagnostiziert
werden, bevor sie geheilt werden können, kann geistliche Heilung erst
beginnen, wenn das zugrundeliegende Problem eines quälenden und
zwanghaften Verhaltens erkannt ist. In Markus 10,51* war es offensichtlich, daß Bartimäus blind war. Trotzdem mußte er Christus bitten, ihn von
seiner Blindheit zu heilen. Bis wir nicht die Wahrheit erkennen, wird der
Weg zur Heilung blockiert sein. Die Heilung wird dann anfangen, wenn wir
bereit sind, unser Problem zu sehen.

*Bei welchen Deiner Verhaltensweisen hast Du Schwierigkeiten, sie als
Dein eigenes Problem anzuerkennen?*

_____

_____

** „Da kam er zur Besinnung: Bei
meinem Vater hat jeder Arbeiter
mehr als genug zu essen, und
ich sterbe hier vor Hunger. Ich
will zu meinem Vater gehen ..."
(Lukas 15,17f)*

Hier* geht es um die Geschichte eines jungen Mannes, der sich bewußt
entschied, ein selbstbezogenes Leben zu führen. Dieser Lebensstil brachte
ihn an die Grenzen seiner Kraft und verhinderte, daß er sein Leben im Griff
hatte.

Inwieweit ist Dein Leben vergleichbar mit dieser Situation?

_____

_____

9. Tag

Beim Durcharbeiten der 12 Schritte werden wir feststellen, daß wirkliche und anhaltende Veränderung nicht dadurch geschieht, daß die äuße-
ren Umstände sich verändern. Es ist natürlich eine Versuchung so zu denken, denn es wäre uns lieber und angenehmer! Aber äußere Veränderungen lösen nicht die Probleme, die in uns liegen. Erst wenn wir wirklich
die Überzeugung aufgeben, wir könnten unser Leben durch bessere
Organisation oder durch gründlichere Manipulation unserer Umgebung
verändern, erst dann geschieht tiefe grundlegende Heilung.

Der Wille und die Bereitschaft, Schritt für Schritt an uns zu arbeiten, sind
der Weg zu wirklicher Heilung, und der beginnt in uns.

*Was hast Du in der Vergangenheit versucht, um durch Manipulation
Deiner Umgebung Lebensumstände zu ändern?*

_____

_____

10. Tag

Ich weiß wohl, daß der Mensch von Natur aus nicht gut ist. Deshalb werde ich niemals das Gute tun können, so sehr ich mich auch darum bemühe. Ich will zwar immer wieder Gutes tun und tue doch das Schlechte; ich verabscheue das Böse, aber ich tue es dennoch. Wenn ich also immer wieder gegen meine Absicht handle, dann ist klar, daß es die Sünde in mir ist, die mich zu allem Bösen verführt.
(Römer 7,18-20)

Schreibe auf, wie und wo Du den Wunsch und die Absicht hattest, eigentlich Gutes zu tun, es aber doch nicht getan hast.

_____

_____

_____

_____

11. Tag

Wenn wir ehrlich diesen Heilungsweg gehen, werden wir feststellen, daß wir mit unseren Problemen nicht alleine sind. Unser Herr hat uns zugesagt, daß er uns nicht ohne Trost lassen wird. Denn er hat seinen Heiligen Geist gesandt. Es kommt eine Zeit, dann werden wir uns immer häufiger seiner Gegenwart bewußt werden. In dem Maße, wie wir uns danach ausstrecken, geistlich zu wachsen, werden wir Veränderung erleben. Im Augenblick bietet jeder Tag eine neue Gelegenheit, wahrzunehmen: Wir sind machtlos. Wir erleben, wie unfähig wir sind, Menschen, Ereignisse und Dinge in unserem Leben in den Griff zu bekommen.

Kannst Du wenigstens ansatzweise erkennen, daß Dich Gott tröstet und wie er Dir hilft, wenn Du Deine Machtlosigkeit annehmen kannst und zugibst: „Ich kann mein Leben nicht meistern"? Beschreibe Deine Gefühle und Deinen Zustand.

_____

_____

12. Tag

Aber er hat zu mir gesagt: „Verlaß dich ganz auf meine Gnade. Denn gerade wenn du schwach bist, kann sich meine Kraft an dir besonders zeigen." Darum will ich vor allem auf meine Leiden und meine Schwäche stolz sein. Dann nämlich wirkt die Kraft Christi an mir. Und so trage ich alles, was Christus mir auferlegt hat: alle Mißhandlungen und Entbehrungen, alle Verfolgungen und Ängste. Denn ich weiß: Gerade wenn ich schwach bin, bin ich stark durch Christus.
(2. Korinther 12,9-10)

Was bedeutet das für Dich: „Denn wenn ich schwach bin, dann bin ich stark"?

_____

_____

_____

13. Tag

Wenn wir diesen Heilungsweg gehen und mit dem 12-Schritte-Programm an uns arbeiten, werden alte Wahrheiten (die bisher vielleicht wie Floskeln auf uns wirkten) eine neue Bedeutung für uns bekommen. Wir werden verstehen, was es bedeutet, nie von der Liebe Gottes getrennt zu sein. Unser Vertrauen zu Gott und unser neugewonnenes Vertrauen zu uns selbst und zu anderen wird uns helfen, den Schmerz durchzustehen. Denn durch die schonungslose Selbstprüfung werden schmerzhafte Erinnerungen hochkommen. Aber das ist der einzige Ausweg. Der Wahrheit über sich selbst ins Gesicht zu sehen, ist auch der einzige Weg zu einem neuen Leben in Christus.

Was befürchtest Du, was an Leid und Schmerz auf Dich zukommen könnte, wenn Du Dich dieser „Selbstprüfung" – diesem Ehrlich-Sein Dir selbst gegenüber – unterziehst?

_____

_____

_____

_____

14. Tag

Wer sich nur auf seinen Verstand verläßt, ist ein Dummkopf. Gestalte dein Leben nach der Weisheit, die Gott gibt, dann bist du in Sicherheit! (Sprüche 28, 26)

Warum sind Vertrauen auf den eigenen Verstand und Selbstüberschätzung nicht weise? Bedenke noch einmal anhand eigener Erfahrungen den zweiten Teil von Schritt 1. Es geht dort darum: Die Illusion loslassen, alles irgendwie in den Griff zu bekommen.

_____

_____

_____

_____

Gruppenarbeitsblatt zu Schritt 1

Ich weiß wohl, daß der Mensch von Natur aus nicht gut ist. Deshalb werde ich niemals das Gute tun können, so sehr ich mich auch darum bemühe. Ich will zwar immer wieder Gutes tun und tue doch das Schlechte; ich verabscheue das Böse, aber ich tue es dennoch. (Römer 7,18.19)

Wir gaben zu, daß wir unseren Abhängigkeiten und Problemen gegenüber machtlos sind – und unser Leben nicht mehr meistern konnten.

Nenne Situationen aus der vergangenen Woche, in denen Du machtlos warst.

_____

_____

_____

Nenne Situationen aus der vergangenen Woche, in denen Du Dein Leben nicht mehr im Griff hattest.

_____

_____

_____

Welche Schwierigkeiten hast Du dabei, genauso ehrlich über Deine inneren Kämpfe zu sprechen, wie Paulus es tat (Römer 7,18.19)?

_____

_____

_____

Was ist Dein persönliches Gebetsanliegen?

_____

_____

_____

Für wen betest Du, und was sind dessen Anliegen?

_____

_____

_____

Schritt 2   Nie mehr allein

Er (Gott) selbst bewirkt ja beides in euch: den guten Willen und die Kraft, ihn auch auszuführen. (Philipper 2,13)

Wir kamen zu dem Glauben, daß eine Macht – größer als wir selbst – uns unsere geistige Gesundheit wiedergeben kann.

Nachdem uns bewußt geworden ist und wir zugegeben haben, daß wir selbst machtlos sind und unser Leben nicht im Griff haben, ist der nächste Schritt die Erkenntnis, daß es eine größere Macht gibt – ja geben muß – als unsere eigene.

An Gott zu glauben, beinhaltet nicht immer auch, an seine Größe und Macht zu glauben. Als Christen kennen wir Gott, aber wir leben oft trotzdem aus eigener und nicht aus seiner Kraft. Im Schritt 2 können wir Gott aus einer neuen Perspektive kennenlernen.

* Der Heilige Geist, den euch der Vater an meiner Stelle senden wird, er wird euch an all das erinnern, was ich euch gesagt habe, und ihr werdet es verstehen.

In Johannes 14,26* ist beschrieben, wie Jesus über den Heiligen Geist berichtet, der uns gegeben ist, um uns zu lehren und um uns an all das zu erinnern, was Jesus gelehrt hat. Mit Schritt 2 fangen wir an, unsere Beziehung zu Gott neu zu überdenken und festzumachen. Einige fangen zum ersten Mal an, eine Beziehung zu ihm zu entwickeln. Die Absicht dieses Schrittes ist es zu zeigen: Gott hat größere Macht, als wir uns vorstellen können, und er will im Alltag unser Begleiter sein.

Vielen bereitet dieser Schritt große Probleme

Wir sind so an unsere Einsamkeit gewöhnt, daß wir vollauf damit beschäftigt sind, mit unseren eigenen Kraftreserven unsere gegenwärtige Situation zu bewältigen.

Hinzu kommt: Wir trauen uns selbst und anderen nicht. Wir bezweifeln vielleicht sogar, daß Gott uns heilen kann oder zumindest, daß er überhaupt irgendein Interesse daran haben könnte uns zu heilen.

Tatsache ist aber: Wenn wir von unserem Mißtrauen nicht ablassen und nicht endlich anfangen, uns auf Gott zu verlassen, werden wir bei unserem ungesunden Verhalten bleiben. Und Chaos und Verwirrung in unserem Leben werden wahrscheinlich noch zunehmen.

Wut auf Gott

Durch unsere religiöse Erziehung wurde einigen von uns vielleicht beigebracht, Gott sei eine Autorität, vor der man Angst haben müsse. Wir haben ihn vielleicht nie als einen liebenden Gott kennengelernt. Als Kinder waren wir sehr ängstlich und fürchteten uns davor, Fehler zu machen. Uns wurde dann auch noch mit einem Gott gedroht, der uns bestraft, um unser kindliches Verhalten unter Kontrolle zu halten. Unsere Furcht, wir könnten Gott mißfallen, unterstützte damals die zunehmenden Schuld- und Schamgefühle. Bis heute fürchten wir uns auch als Erwachsene vor Autoritätspersonen, und oft überkommen uns schon wegen eines unbedeutenden Mißgeschicks Scham- und Schuldgefühle.

Vielleicht haben wir noch immer diese kindliche Wut auf Gott in uns, weil er uns so viele Male enttäuscht hat. Je nachdem wie gravierend unsere Erfahrungen waren, haben wir Gott abgelehnt, weil er unsere Schmerzen und unsere Not nicht gelindert und weggenommen hat. Das hat ein tiefes Mißtrauen gegenüber Gottes Güte geschaffen. Trotz unserer Überzeugung, daß Gott existiert, zweifeln wir in Momenten, in denen wir Angst haben, an seiner Gegenwart. Aber sogar solche, die mit ihren Problemen zurechtkommen und in Beziehung zu Gott leben, kennen Momente des Zweifels.

Das Ziel von Schritt 2 ist, die Gegenwart und Führung Gottes wirklich anzunehmen, um auf diese Weise die Reise zum inneren Frieden und zur Gelassenheit anzutreten.

Für einige von uns sind der Eigenwille („Ich habe es selbst im Griff!") und die Gewohnheit, unser Leben alleine zu bewältigen, alles, was sie besitzen. Wir verwerfen Gott als eine Krücke für Kinder und schwache Menschen, die unfähig sind, ihr Leben alleine zu bewältigen. Wenn wir nun aber anfangen, Gottes wirkliches Wesen zu erkennen, beginnt sich ein Gewicht von unseren Schultern zu lösen, und wir beginnen, das Leben aus einer anderen Perspektive zu sehen.

Freiheit durch Bindung

Einer der scheinbar größten Widersprüche des christlichen Glaubens ist folgende Vorstellung: Wir werden erst wirklich frei, wenn wir uns von Gott ganz abhängig gemacht haben.

* Ihr werdet die Wahrheit erkennen, und die Wahrheit wird euch befreien.

In Johannes 8,32* verspricht Jesus uns Freiheit! Nach christlicher Grundüberzeugung ist die Wahrheit eine Person, nämlich Jesus selbst. Und ihn zu erkennen bedeutet, sich vertrauensvoll auf ihn und auf seine Befreiungskraft einzulassen. Gleichzeitig werden wir uns selbst mit all unserem Unvermögen erkennen.

In Schritt 2 werden wir feststellen, daß Gott selbst die Macht und die Absicht hat, unseren Lebenskurs zu ändern. Die Bibel weist uns hin auf Gottes Gegenwart in uns. Sie spricht davon, daß Gott seinen Heiligen Geist in unsere Herzen ausgießt. Damit ermutigt uns die Bibel, daß durch Gott in uns alles das möglich ist, was wir aus eigener Kraft nicht bewirken könnten.

Wenn wir in Schritt 1 die Wahrheit über unsere eigene Verfassung angenommen haben und bereit werden, vor uns selbst zu kapitulieren, werden wir offen für den Gedanken, daß es eine größere Macht geben muß, die unser Leben in ihrer Hand hat. Sich an seine größere Macht hinzugeben, wird in Schritt 3 das Thema sein.

Schritt 2 führt uns zu dem Gedanken, daß es überhaupt eine solche größere Macht geben muß, und macht uns bereit, uns dieser Macht anzuvertrauen.

Schritt 2 ist deshalb der „Hoffnungs-Schritt". Die neuerwachte Ahnung
– es gibt Hilfe, und wir können uns nach Jesus Christus und nach Seiner
Kraft ausstrecken – gibt uns wieder neue Hoffnung. Hier bauen wir am
Fundament, auf dem unser geistliches Leben wachsen wird. Auf diese Weise werden wir endlich die Person, die wir immer sein wollten.

Alles, was von uns verlangt wird, ist der Wille zu glauben, daß eine größere Macht als wir selbst darauf wartet, unser persönlicher Retter zu werden.

**Als Auswirkung des gesamten 12-Schritte-Prozesses wird diese größere Kraft in unser
Leben kommen und uns schließlich befähigen, an Liebe, Gesundheit und Gnade zu wachsen.**

Persönliche Überlegungen

1. Tag

Dieser Glaube, daß es eine größere Macht als unsere eigene gibt, verlangt Vertrauen.

Bisher haben wir unser Vertrauen auf unser eigenes Können und unsere Fähigkeiten gesetzt, was sich aber als wertlos erwiesen hat. Auch das Vertrauen zu anderen Menschen hat uns eher enttäuscht als sich als gut erwiesen.

Jetzt sollen wir unser Vertrauen auf Jesus Christus setzen?* Das mag auf den ersten Blick unrealistisch erscheinen, unser Vertrauen auf eine Macht zu setzen, die wir nicht sehen. Und doch ist die Existenz des ganzen Universums ein Abglanz der Herrlichkeit, Macht, Liebe und Majestät dieses Gottes.

Schreibe einige Erfahrungen auf, die in Deinem Leben dazu beigetragen haben, das Vertrauen in Gott zu verlieren.

_____

_____

Was kann Dir helfen, diese größere Macht als Möglichkeit anzunehmen und ihr zu trauen?

Was kann dazu beitragen, daß Dein Vertrauen zu Gott wächst?

_____

_____

* In Hebräer 11,1-2 wird beschrieben, was ein solcher Glaube ist: „Was aber heißt: Glaube? Der Glaube ist die feste Gewißheit, daß sich erfüllt, was Gott versprochen hat; er ist die tiefe Überzeugung, daß die unsichtbare Welt Gottes Wirklichkeit ist, auch wenn wir sie noch nicht sehen können. Unsere Väter lebten diesen Glauben. Deshalb sind sie Vorbilder für uns."
Und für entmutigte Christen heißt es in Hebräer 10,35: „Werft nun euer Vertrauen nicht weg! Es wird sich erfüllen, worauf ihr hofft."

2. Tag

Danach befahl Jesus seinen Jüngern, in das Boot zu steigen und an das andere Ufer des Sees vorauszufahren. Er blieb zurück, um die Leute zu verabschieden. Dann ging er allein auf einen Berg, um zu beten.
Es wurde Nacht. Draußen auf dem See gerieten seine Jünger in Not. Ein Sturm war losgebrochen, und sie hatten große Mühe, das Boot vor dem Kentern zu bewahren.
Gegen vier Uhr morgens kam Jesus auf dem Wasser zu ihnen. Als sie ihn sahen, schrien die Jünger vor Entsetzen, weil sie dachten, es sei ein Gespenst. Aber Jesus sprach sie sofort an: „Ich bin es doch, habt keine Angst!" Da rief Petrus: „Herr, wenn du es wirklich bist, laß mich auf dem Wasser zu dir kommen." „Komm her!" antwortete Jesus.
Petrus stieg aus dem Boot und ging Jesus auf dem Wasser entgegen. Als er aber die hohen Wellen sah, erschrak Petrus, und im selben Augenblick begann er zu sinken. „Herr, hilf mir!", schrie er. Jesus streckte ihm die Hand entgegen, ergriff ihn und sagte: „Hast du so wenig Glauben, Petrus? Vertraue mir doch!"
Nachdem beide das Boot bestiegen hatten, legte sich der Sturm. Da fielen die anderen vor Jesus nieder und bekannten: „Du bist wirklich der Sohn Gottes!" (Matthäus 14,22-33)

Was kannst Du von der Erfahrung des Petrus lernen im Blick auf den Glauben an eine Macht, die größer ist als Deine eigene?

_____

_____

_____

_____

3. Tag

Glaube wächst durch Praxis und durch Ausprobieren. Jedesmal, wenn wir im Vertrauen an etwas festhalten und unsere Handlungen danach ausrichten, wird unser Glaube zunehmen. Jedesmal, wenn wir Jesus um Hilfe bitten und er uns antwortet, wird unser Glaube gestärkt. Nach mehreren guten Erfahrungen, die uns zeigen, daß unser Vertrauen berechtigt war, werden wir schließlich ganz akzeptieren, daß er verläßlich ist und uns nie im Stich läßt.

Alles, was für diesen Weg notwendig ist, ist ihn um Hilfe zu bitten und mit seiner Kraft zu rechnen.

Schreibe Erlebnisse oder Situationen auf, die zeigen, daß in Dir etwas von diesem Vertrauen stärker geworden ist.

_____

_____

4. Tag

„Weil ihr nicht wirklich glaubt", antwortete Jesus. „Wenn euer Glaube nur so groß wäre wie ein Senfkorn, könntet ihr zu diesem Berg sagen: ‚Rücke von hier dorthin!' und es würde geschehen. Nichts würde euch unmöglich sein!" (Matthäus 17,20)

Was lehrt Jesus über die Größe des Glaubens, und was hat das für Konsequenzen für Dich selbst?

_____

_____

_____

5. Tag

(Der Mann schrie:) „Hilf uns, wenn Du kannst!" „Wenn ich kann?" meinte Jesus verwundert. „Alles ist möglich, wenn du mir vertraust." Verzweifelt bat ihn der Mann: „Ich will dir ja vertrauen. Aber hilf mir doch, daß ich es kann!" (Markus 9,22-24)

Was hält Dich davon ab zu glauben, daß eine Kraft, die größer ist als Deine, Dir Heilung bringen kann?

_____

_____

_____

6. Tag

Eines der größten Geheimnisse, wie man Vertrauen einüben kann, liegt in der wunderbaren Verheißung begründet, daß uns der Geist Gottes immer und überall zur Verfügung steht. Das meint nicht, daß ich ihn kontrollieren und manipulieren kann, wie ich bisher vielleicht mit Menschen umgegangen bin. Aber Gottes größter Wunsch ist es, eine tiefe Beziehung zu uns zu haben. Er will und wünscht sich innig, uns so nah wie nur möglich zu sein, und das bedeutet so nah, wie wir es ihm erlauben. Schritt 2 fordert heraus: diese Nähe Gottes zu wollen.

Beschreibe Deine persönliche Beziehung zu Gott.

_____

_____

_____

_____

7. Tag

Der Herr ist denen nahe, die verzweifelt sind, und rettet jeden, der alle Hoffnung verloren hat. Zwar bleiben auch dem, der treu zu Gott steht, Schmerz und Leid nicht erspart; doch aus allem befreit ihn der Herr!
Vor schwerem Schaden bewahrt er ihn, kein Knochen soll ihm gebrochen werden.
(Psalm 34,19-21)

Wie stellst Du Dir vor, daß Deine Beziehung zu Jesus Christus dazu beiträgt, das Zerstörte und Verletzte in Dir zu verändern und wiederherzustellen?

_____

_____

_____

_____

Gruppenarbeitsblatt Schritt 2

Er (Gott) selbst bewirkt ja beides in euch: den guten Willen und die Kraft, ihn auch auszuführen. (Philipper 2,13)

Wir kamen zu dem Glauben, daß eine Macht, größer als wir selbst, uns unsere geistige Gesundheit wiedergeben kann.

Erzähle kurz Deine Geschichte. Erkläre den anderen Teilnehmern, weshalb Du in dieser Gruppe bist und am 12-Schritte-Programm teilnimmst.

_____

_____

_____

Was war in der letzten Woche, das Dein unvernünftiges, widersprüchliches Verhalten den anderen Gruppenmitgliedern veranschaulicht?

_____

_____

_____

Wie greift Christus in Dein Leben ein und wirkt in Dir? Wie es in Philipper 2,13 beschrieben ist?

_____

_____

_____

Was ist Dein persönliches Gebetsanliegen?

_____

_____

_____

Für wen betest Du, und was sind dessen Anliegen?

_____

_____

_____

8. Tag

Durch die Beziehung zu Jesus Christus – als der über uns wachenden göttlichen Macht – fangen wir an ihm zuzutrauen, daß er uns hilft, uns bewußt zu machen, wie kaputt unser eigener Zustand und unsere Umstände sind. Schritt 2 geht davon aus, daß wir daran leiden, geistig nicht gesund zu sein.

Unsere Definition von „geistig nicht gesund" meint folgendes: „Unfähig sein, seine eigenen Angelegenheiten zu ordnen und seine sozialen Pflichten zu erfüllen ... ohne die eigene Krankheit als solche anzuerkennen." In diesem Sinne ist unser Verhalten krank. Wir geben anderen um uns herum und den Situationen die Schuld für unseren Zustand und übernehmen keine Eigenverantwortung für unser Verhalten.

Beschreibe Dein Unvermögen, Deine Angelegenheiten auf eine gesunde Weise zu regeln.

_____

_____

Wir waren mit unseren Kräften am Ende und hatten schon mit dem Leben abgeschlossen. Unser Tod schien unausweichlich. Aber Gott wollte, daß wir uns nicht auf uns selbst verlassen, sondern auf ihn, der die Toten zu neuem Leben erweckt.
(2. Korinther 1,8b-9)

Wie und an welcher Stelle warst Du Dir sicher, daß Du vor Deiner Zeit sterben würdest?

_____

_____

9. Tag

Das sind Erfahrungen in der Kindheit, die uns tief innerlich verletzt haben.

Aufgrund unserer traumatischen Kindheitserlebnisse* wurden wir trotzig, grollend, empfindlich, erlagen Selbsttäuschungen und wurden Ich-Bezogene. Und diese Zustände zeigen, daß unser Leben wieder in eine Balance gebracht werden muß und wir stabiler und fester werden müssen. Wir können das nur bewirken, indem wir wirklich glauben wollen, daß nur eine Macht – größer als wir selbst – uns unsere geistige Gesundheit wiedergeben kann. Wenn wir es weiterhin alleine versuchen, stehen wir wieder in der Versuchung, die Probleme nach außen zu verlagern und die Ursache für unseren Zustand bei anderen oder bei den Umständen zu suchen. Mit Jesu Hilfe kann diese Verhaltensstruktur – nämlich die Verantwortung abzuwälzen – jedoch verändert werden.

Welche der oben angedeuteten Umstände haben bei Dir Dein unangemessenes Verhalten verursacht?

_____

_____

Er (Gott) selbst bewirkt ja beides in euch: den guten Willen und die Kraft, ihn auch auszuführen. (Philipper 2,13)

Wie erlebst Du, daß Gott Deine innere Heilung vorantreibt?

_____

_____

10. Tag

Einer der Wege, wie Christus uns hilft, unseren eigenen Zustand wirklich wahrzunehmen, ist durch Menschen, die ähnliches erlebt haben und die er uns zur Seite stellt. Wenn dann jeder aus seinem Leben berichtet, wird klar, daß es jedem ähnlich ergeht, daß er „emotionale Nüchternheit" nur von Zeit zu Zeit durchhalten kann. Wir sehen bald, daß Sorgen, Depression, Zwänge und anderes, was uns quält, ungesund sind. Und genauso wird deutlich, wie unrealistisch und dumm wir waren, als wir glaubten, wir könnten uns selbst im Griff haben und seien auf eine größere Macht und Hilfe nicht angewiesen.

Diese Erkenntnis hilft uns, darüber klarzuwerden, daß das bisherige destruktive Verhalten, das wir gegen uns selbst und gegen andere gerichtet haben, nicht mehr länger sein darf.

Wir erleben jetzt: Je mehr wir von unserer „größeren Kraft" – nämlich Gott – abhängig wurden, um so besser wurde die Qualität unseres Lebens.

Wie beeinträchtigen Sorgen und Zwänge Dein Leben und Deine Fähigkeit, normal zu funktionieren?

_____

_____

Was kannst Du tun, um „emotional nüchtern" zu bleiben?

_____

_____

Wir bilden uns nicht ein, aus eigener Kraft irgend etwas tun zu können. Was bei euch geschehen ist, das hat allein Gott getan. (2. Korinther 3,5)

Hat Deine Beziehung zu Gott dazu beigetragen, daß Du mit Deinem Leben besser zurechtkommst?

_____

_____

11. Tag

Als wir mit diesem Programm angefangen haben, haben wir vielleicht erwartet, daß sich sofort etwas verändert und schon bald sichtbare Ergebnisse zu sehen sind. Wir kennen das aus unserer Kindheit: Wenn etwas nicht „sofort" klappt, werden wir ungeduldig und wütend. In diesem Programm sind „sofortige" Veränderungen eher die Ausnahme und nicht die Regel. Veränderung und Besserung erfordern Geduld und Ausdauer.

Jeder von uns ist einzigartig, und bei jedem verläuft der Prozeß während des 12-Schritte-Programms auf eine andere Art, und Veränderung und Besserung treten zu verschiedenen Zeitpunkten auf. Einige werden sofort eine Erleichterung, Trost oder Hilfe erleben, andere werden erst bei späteren Schritten ermutigt werden. Es gibt dafür keine Faustregel. Dein Fortschritt wird aber zu dem für Dich richtigen Zeitpunkt kommen.

Was löst dieser Gedanke bei Dir aus, daß Veränderungen und Besserung nicht sofort eintreten werden, sondern Geduld und Ausdauer verlangt werden?

_____

_____

Wie hat der Herr, als Deine „größere Kraft", Dich gestärkt* und Dir Kraft gegeben?

_____

_____

* Begreift ihr denn nicht? Oder habt ihr es nie gehört? Der Herr ist der ewige Gott. Er ist der Schöpfer der Erde – auch die entferntesten Länder hat er gemacht. Er wird weder müde noch kraftlos. Seine Weisheit ist unendlich tief. Den Erschöpften gibt er neue Kraft, und die Schwachen macht er stark. Selbst junge Menschen ermüden und werden kraftlos, starke Männer stolpern und brechen zusammen.
Aber alle, die ihre Hoffnung auf den Herrn setzen, bekommen neue Kraft. Sie sind wie Adler, denen mächtige Schwingen wachsen. Sie gehen und werden nicht müde, sie laufen und sind nicht erschöpft. (Jesaja 40,28-31)

12. Tag

Schritt 2 verspricht: Es gibt Heilung. Den tatsächlichen Zustand Deiner Neigungen und Bedürfnisse zuzugeben, verlangt Demut. Bisher waren wir eher großspurig und hatten das „Master of Universe-Syndrom": Wir haben angeben wollen mit unserem angeblichen Durchblick. Unser Heilwerden fängt an, wenn wir uns in einem ruhigen und besonnenen Zustand wohlfühlen. Diese Haltung kann mit „Demut" übersetzt werden.

Wohlgemerkt: Demut ist eine Haltung, nichts nach außen Produziertes. Es ist eine Haltung, die Gott bewirkt. Demut wächst in einem sanften und um andere Menschen bedachten Charakter ohne Stolz und Aggressivität.

Für viele von uns trägt fehlende Demut zur gegenwärtig schwierigen Situation bei. Demütig zu werden ist und bleibt ein wichtiges Thema im 12-Schritte-Programm. Es hängt natürlich eng damit zusammen, daß wir unseren Stolz loslassen müssen. In Philipper 2,5 lernen wir: „Habt diese Gesinnung in euch, die auch in Christus Jesus war." Noch einmal: Es geht um eine Gesinnung, eine innere Haltung.

In welchen Bereichen Deines Lebens drückt sich eine aggressive Haltung aus?

_____

_____

In welchen Bereichen brauchtest Du mehr Sanftmut (die Haltung der Demut) und weniger Selbstbezogenheit?

_____

_____

Was hast Du für eine Beziehung zu Jesus Christus (vgl. Römer 8)? Wie könnte sie verbessert und vertieft werden?*

_____

_____

* Denn da bin ich ganz sicher: Weder Tod noch Leben, weder Engel noch Dämonen, weder Gegenwärtiges noch Zukünftiges, noch irgendwelche Gewalten, weder Himmel noch Hölle oder sonst irgend etwas können uns von der Liebe Gottes trennen, die er uns in Jesus Christus, unserem Herrn, bewiesen hat." (Römer 8,38-39)

13. Tag

* Römer 13,11 drückt es folgendermaßen aus: „… denn ihr wißt doch, daß es Zeit ist, aus der Gleichgültigkeit aufzuwachen."

Wenn wir bereit sind, unsere Machtlosigkeit und Hilflosigkeit zu akzeptieren und eingestehen, daß wir alleine unser Leben nicht mehr bewältigen können (Schritt 1), und wenn wir Jesus Christus und seine Macht, die größer ist als unsere eigene, annehmen und die Tatsache zugeben, daß wir „un-heil" sind (Schritt 2), dann sind wir innerlich bereit für Schritt 3: aktiv zu werden und unser Leben der Fürsorge Gottes auszuliefern. Es kommt nicht darauf an, möglichst schnell die Schritte zu durchlaufen; wichtig ist eine neue Wachheit, die uns bewußt leben läßt.*

Gehe vorwärts im Vertrauen, so wird es Dir möglich sein, die nächsten Schritte zu tun und vorwärts zu kommen.

In welchen Bereichen Deines Lebens (aus Schritt 1 und 2) hast Du noch immer Mühe, Christus in Dein Leben einzuladen?

_____

_____

Was kannst Du dagegen unternehmen?

_____

_____

14. Tag

* Fürchte dich nicht, denn ich bin bei dir; habe keine Angst, denn ich bin dein Gott! Ich mache dich stark, ich helfe dir, mit meiner siegreichen Hand beschütze ich dich! (Jesaja 41,10)

Welche Hilfe erwartest Du von Gott, wenn Du ihn um Kraft bittest? In welchen Bereich Deines Lebens soll er konkret eingreifen?*

_____

_____

*Denn Gott hat die Menschen so
sehr geliebt, daß er seinen einzi-
gen Sohn für sie hergab. Jeder,
der an ihn glaubt, wird nicht verlorengehen, sondern das ewige
Leben haben.
Gott hat nämlich seinen Sohn
nicht zu den Menschen gesandt,
um über sie Gericht zu halten,
sondern um sie vor dem Ver-
derben zu retten.
(Johannes 3,16-17)*

NOTIZEN

*Siehst Du die 12 Schritte als ein nützliches Hilfsmittel, um zur „Fülle des
Lebens"* zu gelangen, wie Gott sie uns verheißen hat?*

_____

_____

_____

_____

_____

_____

_____

_____

_____

_____

_____

_____

_____

_____

_____

_____

Ein paar Worte über den Austritt aus der Gruppe

Herzlichen Glückwunsch!

Du bist schon sechs Wochen dabei. Das ist eine stolze Leistung, weil Du mit diesem Programm bis zu dieser Stelle schon hart an Dir arbeiten mußtest. Du hast mutig durchgehalten, Dir selbst in die Augen zu sehen, so wie Du bist.
Du sollst wissen: So und nicht anders – so hat Dich Gott lieb, jetzt schon und immer!
Mach weiter auf Deiner Reise zur Veränderung. Es lohnt sich bestimmt.

Die Teilnehmer einer Gruppe sind natürlich frei, zu tun und zu lassen was sie wollen. Wenn jemand gehen will, dann kann er gehen; wenn jemand bleiben will, dann kann er bleiben. Jede Gruppe hat ihre eigene Dynamik, und jeder Teilnehmer erlebt sie anders. Vielleicht hast Du Schwierigkeiten in Deiner Gruppe, bist frustriert oder Du kannst Dich mit dem 12-Schritte-Programm nicht anfreunden, bist entmutigt oder hast Ängste. Vielleicht bist Du in Deine alten Muster und Lebensgewohnheiten zurückgefallen und findest den Anschluß nicht mehr. Insbesondere wenn keine verbindlichen Beziehungen zu den anderen Teilnehmern bestehen, kann es vorkommen, daß Du Dir überlegst, nicht mehr in die Gruppe zu kommen.

Durchdenke Deine wirklichen Austrittsmotive ehrlich, und mache Dir Deine Gründe klar, warum Du das 12-Schritte-Programm damals begonnen hast (S. 26, Frage 1).

Wie auch immer Deine Situation sein mag, wir legen Dir folgendes sehr ans Herz:

- Sprich jemanden aus Deiner Gruppe an, und teile ihm Deine Gefühle und Ängste mit, auch wenn es Dir wie ein großes Risiko vorkommt.
- Nimm Dir Zeit, die Sache gut durchzudenken; bitte Gott um Hilfe, und triff die Entscheidung, die für Dich die beste ist.

Wenn Du eine Entscheidung getroffen hast, so informiere die Teilnehmer der Gruppe darüber. Laß ihnen ihre eigenen Erfahrungen und Eindrücke. Laß ihnen ihre eigenen Reaktionen. Es ist wichtig, daß Du lernst, Deine Gefühle und Bedürfnisse auszudrücken, und daß Menschen da sind, die das unterstützen. Es ist wichtig, auch in diesem Sinne zu lernen Beziehungen zu leben, und es ist auch wichtig zu erleben, daß nicht alle Menschen gleich auf uns reagieren.

Gruppenarbeitsblatt zu Schritt 2

Er (Gott) selbst bewirkt ja beides in euch: den guten Willen und die Kraft, ihn auch auszuführen. (Philipper 2,13)

Wir kamen zu dem Glauben, daß eine Macht, größer als wir selbst, uns unsere geistige Gesundheit wiedergeben kann.

Beschreibe Deine Beziehung zu Gott, als Du ein Kind warst.

_____

_____

_____

Welche Ereignisse in Deinem Leben haben Deine Beziehung zu Gott zerstört und Dich von ihm weggebracht?

_____

_____

_____

Aus welchen Gründen hast Du Schwierigkeiten zu akzeptieren, daß nur Gott die Macht hat, Dich zu heilen und ganz gesund zu machen?

_____

_____

_____

Was ist Dein persönliches Gebetsanliegen?

_____

_____

_____

Für wen betest Du, und was sind dessen Anliegen?

_____

_____

_____

Schritt 3 Sich Gott geben

Weil ihr Gottes Barmherzigkeit erfahren habt, fordere ich euch auf, liebe Brüder, mit Leib und Leben für Gott dazusein. Seid ein lebendiges und heiliges Opfer, das Gott gefällt. Einen solchen Gottesdienst erwartet er von euch. (Römer 12,1)

Wir faßten den Entschluß, unseren Willen und unser Leben der Sorge Gottes – soweit wir ihn verstanden – anzuvertrauen.

Schritt 3 ist das Zentrum aller Schritte

Mit diesem Schritt treffen wir die Entscheidung, unseren Willen und unser Leben der Fürsorge Gottes zu übergeben. Schritt 3 ist ein wichtiger Eckstein, um ein produktives und friedvolles Leben aufzubauen. In den Schritten 1 und 2 haben wir die Basis für diesen dritten Schritt gelegt. Das Bekenntnis, das wir in Schritt 3 ablegen, müssen wir später immer wieder erneuern, denn in Wirklichkeit beginnen wir erst jetzt, Dinge wirklich Gott zu überlassen.

Wiederholtes Arbeiten an diesen ersten drei Schritten hilft uns, ein solides Fundament zu legen, auf dem das gesamte Programm aufgebaut werden kann.

Viele von uns kamen zur Gruppe mit sehr negativen Ansichten über die Welt, in der wir leben. Vielleicht hatte das seine Ursache in schmerzvollen Kindheitserlebnissen, einer schlechten Bildung oder einfach in einer großen Häufung negativer Erfahrungen. Aufgrund solcher oder anderer negativer Erlebnisse sehen wir Gott auch als einen lieblosen und richtenden Gott an. Und letztlich ist es gleichgültig, welche Erfahrungen dafür verantwortlich sind. Mit dieser Einstellung wird es uns schwerfallen, uns Gott anzuvertrauen und unsere Angst und unser Mißtrauen loszulassen. Wenn ein Kind extreme Ausdrucksformen von Gewalt erlebt hat, zieht es in der Regel den Schluß, daß man niemandem und nichts vertrauen kann – auch Gott nicht. In Schritt 3 entschließen wir uns nun, den Glaubenssprung zu wagen und unser Leben in Gottes Hand zu legen.

Gottes Willen achten trotz Widersprüchen?

Menschen in der Bibel waren oft widerspenstig, wenn sie Gott gehorchen sollten. Die Bibel zeigt uns auch einige Beispiele, wo es darum ging, Gott zu gehorchen, man aber auf den ersten Blick überhaupt keinen Sinn erkennen konnte. Erst am Ende der Geschichte zeigt sich, daß es doch besser war, Gottes Führung zu folgen.

Glaubensschritte machten

- Mose, als er das Volk Israel aus der Gefangenschaft führte
- Abraham, der bereit war, seinen Sohn Isaak zu opfern
- Noah, der trotz Spott und Verachtung die Arche baute

* Wörtlich: „Ohne Glauben aber
ist es unmöglich, ihm wohlzu-
gefallen; denn wer Gott naht,
muß glauben, daß er ist und
denen, die ihn suchen, eine Be-
lohnung sein wird."

Hebräer 11,6 beschreibt den Wert solchen Glaubens:
„Freude kann Gott aber nur an jemandem haben, der ihm fest vertraut.
Ohne Glauben ist das unmöglich. Wer nämlich zu Gott kommen will, muß
darauf vertrauen, daß es ihn gibt und daß er alle belohnen wird, die ihn
suchen und nach seinem Willen fragen."*

Leugnen als Fluchtmechanismus

* Das zeigt sich unterschiedlich:
z.B. in impulsivem, zwanghaftem
Verhalten, das wir nicht im Griff
haben.

Bis jetzt hat uns unsere verschobene Wahrnehmung der Realität dazu
gebracht, uns zwanghaft* zu verhalten. Für dieses unangemessene Verhalten selbst die Verantwortung zu übernehmen, fällt uns deshalb so schwer,
weil wir damit zugeben müssen, daß wir keine „guten Menschen" sind.
Daher verleugnen wir es lieber vor uns und anderen und machen uns Illu-
sionen über uns selbst.

Leugnen ist wie ein Schild, hinter dem wir uns verstecken, um die Realität nicht sehen zu müssen. Aber das Leugnen ist zugleich auch ein verdun-
keltes Fenster, das kein Sonnenlicht hereinläßt. In Schritt 3 geht es darum,
dieses Fenster wieder zu öffnen und Licht hereinzulassen. Unser Vertrauen
auf Gott ist der Schlüssel zu diesem Licht. Mit diesem Licht können wir nun
unser Verhalten überprüfen.

Ein Ja zum Leben sagen

Schritt 3 ist ein bejahender Schritt. Es ist an der Zeit, eine Entscheidung
für das Leben zu treffen.

In den ersten beiden Schritten ging es ja darum,
• uns unserer Lebensbedingungen bewußt zu werden und
• uns an den Gedanken zu gewöhnen, daß es eine Macht gibt, die größer
  ist als unsere eigene.

Wir haben erste Schritte auf Gott zu gemacht, um ihn kennenzulernen,
und haben angefangen, ihm zu vertrauen. Aber trotzdem mag es uns jetzt
schwerfallen, uns und unser Leben Gott ganz auszuliefern. Wenn wir uns
wirklich ganz ausliefern, hätte er einen Einfluß auf unser Leben. Vielleicht
fällt es uns leichter, uns Gott hinzugeben und auszuliefern, wenn wir uns
die Alternativen ansehen: Wir zerstören uns und unsere Familien weiter,
gefährden unseren Arbeitsplatz, unsere körperliche oder geistige Gesundheit. Vielleicht haben wir ja im Augenblick noch Beziehungen, die uns
wertvoll und bedeutsam sind. Die Gefahr besteht, daß wir sie aber immer
mehr durch unser süchtiges, zwanghaftes Verhalten kaputtmachen.

Wir brauchen keine Angst davor zu haben, die Wahrheit aufzudecken.
Lassen wir uns nicht entmutigen! Denn wir sind auf dem Weg zur Heilung.
In Schritt 4 wird es darum gehen, unser Fehlverhalten aufzuspüren. Laßt
uns daran denken, daß es wirklich Mut braucht, unsere Schwachheiten aus-
zuleuchten und alles Gott hinzuhalten, damit er es heilen kann.

Vertrauensvolle Hingabe an Gott verändert uns

Je mehr wir uns Gottes Willen ausliefern und ihm dadurch erlauben, in unser Leben einzugreifen, desto schwächer und unwirksamer werden auch unsere selbstzerstörerischen Verhaltensweisen. Oft halten uns Verwirrung und Trauer, die wir bei uns selbst und anderen auslösen, davon ab, erfolgreich an uns zu arbeiten und Schritt für Schritt vorwärtszukommen.

Wenn wir jetzt mit Schritt 3 eine Entscheidung treffen, diese Reise zur Heilung und Wiederherstellung unserer Persönlichkeit anzutreten, ist das eine Lebenswende.

Unser Leben Gott anzuvertrauen, ist ein Schritt, der unseren Willen voraussetzt. Wir sollten solch einen Schritt nicht im Zustand emotionaler Aufgewühltheit rein gefühlsmäßig vollziehen.

Mit Schritt 3 entschließen wir uns bewußt:

- unseren zerstörerischen Eigenwillen und unsere zwanghaften Verhaltensweisen,
- aber auch unsere Talente, Fähigkeiten und unsere bisherigen Ziele Gott hinzugeben.

Noch einmal: Das Geheimnis dieses Schrittes liegt darin, diese Entscheidung mit klarem, rationalem Verstand zu treffen; mit dem Willen sich zu verpflichten, zu dieser Entscheidung zu stehen und alles Weitere Gott zuzutrauen.

Vertrauen lernen – Mißtrauen ablegen

Dadurch, daß wir uns und unser Leben Gott hingeben und aufhören, die Lasten auf unseren eigenen Schultern zu tragen, werden wir uns auch wirklich erleichtert und besser fühlen. Je mehr wir lernen, Gott zu vertrauen, desto mehr werden wir auch lernen, uns selbst und auch anderen Vertrauen entgegenzubringen. Und diese Entscheidung, mit Gott vorwärts zu gehen, wird uns zur verschütteten Quelle des Lebens führen. Ein ermutigender Effekt wird sein: Wenn wir unser bisheriges negatives Verhalten hinter uns lassen, werden wir auch mit dem täglichen Leben besser zurechtkommen. Unsere Ungeduld und unsere Reizbarkeit werden verschwinden, wenn wir Seine Liebe mehr und mehr kennenlernen und es uns schließlich zum Bedürfnis wird, diese Liebe weiterzugeben. Unser Leben wird sich dahingehend verändern, daß wir in einer tiefen Beziehung mit Gott leben und der Mensch werden, den er sich ausgedacht hat – als Freund Gottes und Mitarbeiter in seinem Reich.

Persönliche Überlegungen

1. Tag

In Schritt 3 treffen wir eine wichtige Entscheidung. Wir bekennen unser Bedürfnis und unsere Sehnsucht nach Gottes Gegenwart und geben uns ihm hin. Wir entscheiden uns, unser Leben Gottes Herrschaft zu unterstellen: Er wird unser neuer Manager, und wir akzeptieren ein Leben unter seinen Bedingungen. Er bietet uns ein Leben an, das frei ist von den emotionalen Ausschweifungen unserer Vergangenheit. Es ist ein Leben voller Freude und neuen, erstaunlich positiven Erfahrungen. Durch Schritt 3 wird uns auch die Möglichkeit gegeben, uns von unserem alten Verhalten abzuwenden, das Sucht, Entmutigung, Krankheiten und Ängste mit sich brachte.

Beschreibe Deine Bereitschaft zu dieser Entscheidung, Dich und Dein Leben Gott hinzugeben und ihn für Dich sorgen zu lassen.

_____

_____

* Verlaß dich nicht auf deine eigene Urteilskraft, sondern vertraue voll und ganz dem Herrn! Denke bei jedem Schritt an ihn; er zeigt dir den richtigen Weg und krönt dein Handeln mit Erfolg. Halte dich nicht selbst für klug; gehorche Gott und meide das Böse. Das heilt und belebt deinen ganzen Körper, du fühlst dich wohl und gesund. (Sprüche 3,5-8)

Was wird durch Gottes Hilfe konkret in Deinem Leben verändert? Was ist Deine Aufgabe dabei, daß er Deine Wege „richtig führt"*?

_____

_____

2. Tag

Viele von uns begeben sich mit Schritt 3 auf den Weg, indem sie zwar die Entscheidung treffen, ihr Leben Gott zu übergeben, aber sie übergeben in Wirklichkeit nur einige Teilbereiche an Gott. Wir sind zwar schnell bereit, unsere schwierigsten Probleme Gott hinzugeben, weil wir merken, wie sehr sie uns im Weg stehen. Aber andere Bereiche behalten wir lieber für uns, weil wir denken, daß wir mit ihnen schon zurecht kommen werden. Doch mit Gott können wir nicht handeln!

Gott will unseren ganzen Willen und alle Bereiche unseres Lebens, damit er uns vollständig heilen kann.

Wenn wir bereit sind für eine völlige Kapitulation, hat unsere Reise zur Heilung bereits angefangen.

In welchen Bereichen Deines Lebens bist Du am meisten bereit, sie Gott zu übergeben?

_____

_____

Welche Bereiche Deines Lebens vertraust Du ihm ungern an? Inwiefern hält Dich Dein Eigensinn davon ab?

_____

_____

* Weil ihr Gottes Barmherzigkeit erfahren habt, fordere ich euch auf, liebe Brüder, mit Leib und Leben für Gott dazusein. Seid ein lebendiges und heiliges Opfer, das Gott gefällt. Einen solchen Gottesdienst erwartet er von euch. (Römer 12,1)

Weil Du angefangen hast, „Gottes Erbarmen"* zu erfahren, folge nun dieser Aufforderung, entschieden Dein Leben Gottes Sorge zu übergeben. Welcher Streß wird dann in Deinem Leben nachlassen?

_____

_____

3. Tag

Im ersten Augenblick vermittelt uns Schritt 3 das Gefühl, wir müßten unsere Identität verlieren. Vielleicht haben wir sogar das Gefühl, alles zu verlieren. Nicht zu wissen, was auf uns zukommen wird, macht uns Angst. Die meisten von uns haben verzweifelt versucht, ihr Umfeld zu kontrollieren. Diese Verhaltensstruktur wurde bei vielen bereits in der Kindheit entwickelt und ist ein direktes Ergebnis der Atmosphäre, in der wir aufgewachsen sind. Oft sitzt tief in unserem Inneren ein ängstliches, zitterndes Kind, das sich vor Ärger, Kritik und Drohungen oder vor Gewalt fürchtet. Als Kind haben wir versucht, alles Erdenkliche für die Personen um uns herum zu tun, damit diese uns nur ja nicht verlassen (schließlich ist ein Kind existentiell auf seine Bezugspersonen angewiesen). Zu oft erlebten wir gebrochene Versprechen und zerstörte Hoffnungen.

Kennst Du solche Ängste und Erinnerungen aus Deiner Kindheit, die Dich noch immer beeinflussen? Inwiefern und wie beeinflussen Dich diese Kindheitserlebnisse?

_____

_____

Die ihn aber aufnahmen und an ihn glaubten, denen gab er das Recht, Kinder Gottes zu sein. Das wurden sie nicht, weil sie zu einem auserwählten Volk gehörten, auch nicht durch menschliche Zeugung und Geburt. Dieses neue Leben gab ihnen allein Gott. (Johannes 1,12-13)

Wie würdest Du Deine Beziehung zu Gott in Deiner Kindheit beschreiben?

_____

_____

_____

4. Tag

Oft halten uns die Umstände, in denen wir aufgewachsen sind, davon ab, Gott vertrauen zu können:

• Vielleicht sind unsere dringlichsten Gebete unbeantwortet geblieben.

• Vielleicht haben wir Erlebnisse durchlitten, und wir haben uns nicht vorstellen können, wie ein liebender Gott so grausam zu uns sein konnte.

Schritt 3 bietet die Möglichkeit eines Neuanfangs. Wenn wir die Schritte durcharbeiten und mit dem vergessenen Kind in uns in Berührung kommen, erfahren wir, daß Gottes heilende Liebe die Zerstörung, die damals geschehen ist, wiedergutmachen und heilen will.

Jesus hat gesagt, daß wir wie Kinder werden müssen, um ins Königreich Gottes zu kommen. Diese Aussage hilft uns, einen Zusammenhang festzustellen: Unser Bemühen, ein Kind Gottes zu werden, bringt uns gleichzeitig dahin, uns mit dem verletzten Kind unserer Vergangenheit auseinanderzusetzen. Das wird uns wieder ermöglichen – vertrauensvoll wie ein Kind –, Liebe zu empfangen und zu geben. Wie sehr wünscht sich dieses verletzte Kind in uns, bedingungslos geliebt zu werden und endlich die Liebe und Pflege zu bekommen, die es immer vermißt hat.

Gott gibt seine Liebe ohne Bedingung. Das ist das Geheimnis der Gnade.

Wie kann Schritt 3 eine Möglichkeit eines Neuanfangs sein und die Beziehung zum vergessenen und verlassenen Kind in uns wiederherstellen?

_____

_____

5. Tag

Wenn wir lernen, Gott zu vertrauen und seine Hilfe und Unterstützung anzunehmen, wird unsere Lebensqualität sich steigern. Wir werden spüren, daß wir unsere Lasten nicht mehr selber tragen müssen, sondern daß da einer ist, der sie uns tatsächlich abnimmt und trägt. Ein großer Teil des Schmerzes unserer Vergangenheit war das Gefühl, völlig alleingelassen zu sein. Durch das Wissen um seine ständige Gegenwart wird unser Selbstwertgefühl gefestigt werden, und wir werden endlich erkennen, daß wir wertvolle Menschen sind. Unsere Fähigkeit, Liebe anzunehmen und zu geben, wird zunehmen, und Gemeinschaft und Austausch mit anderen Menschen bekommen dadurch für uns eine neue Bedeutung und werden uns sehr wertvoll.

Wie wirst Du feststellen, daß Dein Selbstwertgefühl stärker und gefestigter wird?

_____

_____

(Jesus ruft:) „Kommt alle her zu mir, die ihr euch abmüht und unter eurer Last leidet! Ich werde euch Frieden geben. Nehmt meine Herrschaft an und lebt darin! Lernt von mir! Ich komme nicht mit Gewalt und Überheblichkeit. Bei mir findet ihr, was eurem Leben Sinn und Ruhe gibt. Ich meine es gut mit euch und bürde euch keine unerträgliche Last auf. (Matthäus 11,28-30)

6. Tag

Es ist viel besser, bei dem Herrn Schutz zu suchen, als sich auf Menschen zu verlassen.
Es ist viel besser, bei dem Herrn Schutz zu suchen, als mit denen zu rechnen, die mächtig und einflußreich sind. (Psalm 118,8-9)

Wie wird Schritt 3 (zu Christus kommen und ihm die Führung zu überlassen) Dir Deine Lasten erleichtern? Bedenke, was Jesus verspricht!

_____

_____

_____

Wo bist Du verletzt worden, weil Du Dich auf Menschen verlassen und gestützt hast?

_____

_____

_____

Gruppenarbeitsblatt zu Schritt 3

Weil ihr Gottes Barmherzigkeit erfahren habt, fordere ich euch auf, liebe Brüder, mit Leib und Leben für Gott dazusein. Seid ein lebendiges und heiliges Opfer, das Gott gefällt. Einen solchen Gottesdienst erwartet er von euch. (Römer 12,1)

Wir faßten den Entschluß, unseren Willen und unser Leben der Sorge Gottes – soweit wir ihn verstanden – anzuvertrauen.

Welche Bereiche Deines Lebens müßten Gott übergeben werden? Erkläre, warum:

_____

_____

_____

Was erwartest Du davon, Dein Leben der Fürsorge Gottes anzuvertrauen?

_____

_____

_____

Welche Gedanken von Römer 12,1 erklären, was der Schritt 3 bedeutet?

_____

_____

_____

Was ist Dein persönliches Gebetsanliegen?

_____

_____

_____

Für wen betest Du, und was sind dessen Anliegen?

_____

_____

_____

7. Tag

Jesu Leben zeigt uns, wie er immer wieder alle Sorgen an Gott abgab, „ihm übergab", indem er den Willen des Vaters vollkommen akzeptierte. Dieser Gehorsam brachte ihn schließlich ans Kreuz, und er schenkte den Sieg der Auferstehung – nicht nur für ihn, sondern für alle, die an ihn glauben. Seine Liebe zu uns führte ihn unentwegt in Auseinandersetzungen mit den Mächten des Bösen. Er war stark und ausdauernd, allein weil er sein Vertrauen auf seinen himmlischen Vater setzte. Auch wir werden stark sein in Zeiten, in denen wir angefochten werden und der Versuchung ausgesetzt sind, weil wir wissen, daß unser himmlischer Vater uns nie im Stich lassen wird.

Nachdem er (Jesus) einige Schritte weiter gegangen war, warf er sich auf die Erde und betete: „Mein Vater, wenn es möglich ist, so bewahre mich vor diesem Leiden! Aber nicht mein Wille soll geschehen, sondern dein Wille." (Matthäus 26,39)

Was sind in Deinem Leben Situationen, in denen Du bereit bist, den Willen des himmlischen Vaters zu tun?

_____

_____

_____

Wie stellt dieses Ereignis im Leben von Jesus den Schritt 3 dar?

_____

_____

_____

8. Tag

In unserem Leben haben wir auch „Kreuze" zu tragen. Einige von uns werden immer wieder von der eigenen Vergangenheit und dem früheren Verhalten eingeholt. Was auch immer unsere Süchte sind – Drogen, zerstörerische Beziehungen, Sex, Alkohol, Arbeit, Geld oder Essen –, wir hatten geistlich wie auch physisch mit dem Tod „gespielt". Als wir uns endlich von diesen Versuchungen abwenden konnten, nahmen wir Gottes Angebot an, unsere Lasten auf ihn zu werfen.

Was ist Dein Kreuz, das Du mit Dir herumträgst, das Dich dahin bringt, auf Gottes Fürsorge zu vertrauen?

_____

_____

_____

Jetzt habe ich ein neues Leben! Es wird nicht mehr von meinem alten Ich bestimmt, sondern von dem auferstandenen Christus, der in mir lebt.* Mein Leben auf dieser Erde erhält seinen Sinn durch den Glauben an Jesus Christus, den Sohn Gottes, der mich geliebt und sich in seiner Liebe für mich geopfert hat. (Galater 2,20)

* Wörtlich: „Ich bin mit Christus gekreuzigt, und nicht mehr lebe ich, sondern Christus lebt in mir.“

9. Tag

Wie erlebst Du, daß Christus in Dir lebt? Wie hilft Dir seine Gegenwart, Deinen Alltag zu bewältigen?

_____

_____

_____

_____

Es ist wichtig, uns heute einmal bewußt zu werden, daß das tägliche Umsetzen des dritten Schrittes deutliche Veränderungen bringt. Wir werden ruhiger, fühlen uns nicht mehr für alles und jeden verantwortlich. Wir erleben Frieden und Gelassenheit wie nie zuvor. Uns sind die Augen geöffnet worden, und wir erleben einen Neuanfang in unserem Leben. Wir spüren immer deutlicher, daß Gott uns führt. Und vielleicht nehmen auch Menschen um uns herum wahr, daß wir vertrauenswürdiger und zuverlässiger geworden sind.

Welche Veränderungen nimmst Du bei Dir selbst wahr, die Du dem Arbeiten mit den 12 Schritten zuschreiben würdest?

_____

_____

* Vertraue Gott deine Pläne an, er wird dir Gelingen schenken.“ (Sprüche 16,3)

Wie ist es möglich, daß Pläne gelingen werden, wenn wir sie Gott überlassen, sie ihm „anvertrauen“*?

_____

_____

10. Tag

* Siehe das Arbeitsblatt: „Nur für heute …“, in Schritt 10.

Egal, wie weit wir in unserem Heilungsprozeß schon fortgeschritten sind, wir müssen immer wieder dabei bleiben, unser Leben der Fürsorge Gottes anzuvertrauen und wachsam zu sein. Es wäre töricht zu denken, daß wir keine Rückfälle erleiden könnten. Wir müssen dazu stehen, daß so etwas vorkommen kann, und unseren Willen nur für diesen einen Tag einsetzen: „Nur für heute …“* Es ist vor allem wichtig, Schritt 3 immer wieder anzuwenden – nicht nur darüber nachzudenken! Denke daran: Deine vom Willen getragene Entscheidung, Gott vertrauen zu wollen, ist die Basis für den Sieg über Deine Niederlagen.

Wie planst Du Schritt 3 in Deine Alltagsroutine ein, so daß Du ihn umsetzen und täglich anwenden kannst?

_____

_____

11. Tag

* Eins ist sicher: Wer an mich glaubt, wird die gleichen Taten vollbringen wie ich, ja sogar noch größere; denn ich gehe zum Vater. Worum ihr in meinem Namen bitten werdet, das werde ich euch geben, damit durch die Taten des Sohnes die Herrlichkeit des Vaters sichtbar wird. Was ihr also in meinem Namen erbitten werdet, das werde ich tun. (Johannes 14,12-13)

Jesus verspricht seinen Nachfolgern, daß er in ihrem Leben mit seiner göttlichen Macht wirken wird*. Ein Weg wird der sein, daß wir ihn im Gebet bitten, und er wird sicher antworten.

Wo und wie siehst Du positive Veränderungen in Deinem Leben als Folge davon, daß Du Dich Gottes Willen hingibst?

_____

_____

12. Tag

* Denn ich allein weiß, was ich mit euch vorhabe: Ich, der Herr, werde euch Frieden schenken und euch aus dem Leid befreien. Ich gebe euch wieder Zukunft und Hoffnung. Wenn ihr dann zu mir betet, will ich euch erhören. Wenn ihr mich sucht, werdet ihr mich finden. Ja, wenn ihr mich von ganzem Herzen sucht, will ich mich von euch finden lassen. (Jeremia 29,11-14a)

Welche Art liebender Zuwendung* können wir erwarten, wenn wir uns Gottes Fürsorge überlassen?

_____

_____

_____

_____

13. Tag

* Merkst du es denn nicht? Noch stehe ich vor deiner Tür und klopfe an. Wer jetzt auf meine Stimme hört und mir die Tür öffnet, bei dem werde ich einkehren. Gemeinsam werden wir das Festmahl essen. (Offenbarung 3,20)

Diesen Weg, den zu gehen Du im Begriff bist, gingen schon zahllose andere Menschen, die sich danach sehnten, Frieden, Gelassenheit und Gemeinschaft mit Gott zu erfahren. Unser Anteil daran ist, Gott täglich darum zu bitten, die Führung zu übernehmen. Christus kommt in unser Leben, indem wir ihn einladen. Er läßt uns wissen, daß er darauf wartet.*

Folgendes Gebet kann uns auf diesem Weg – „nur heute ..." – in unserem Alltag stärken.

**Herr Jesus, ich übergebe dir mein Leben,
damit du mich formst
und mit mir das tust, was du willst.**

Ich vertraue dir, daß du meine Schritte lenkst,
deshalb gehe ich voller Hoffnung in die Welt.
So kann ich deinen Willen besser tun als bisher.

Ich heiße deinen Heiligen Geist willkommen,
seine Macht, seine Liebe und seine Führung erwarte ich
in allem, was ich tue.

Amen

Es ist wichtig, eine Art Tagebuch über Deinen Weg zu führen. Es gehört zu dem geistlichen Prozeß dazu, geistliche Erfahrungen wahrzunehmen und festzuhalten.
Die folgenden Seiten sind dafür gedacht, Deinen Heilungsweg und zentrale Erlebnisse
mit Gott schriftlich festzuhalten. Du kannst immer, wenn Du etwas wahrnimmst, hier
einen Eintrag machen. Fange jetzt schon einmal an!

_____

_____

_____

_____

_____

_____

_____

_____

_____

_____

_____

_____

Gruppenarbeitsblatt zu Schritt 3

Weil ihr Gottes Barmherzigkeit erfahren habt, fordere ich euch auf, liebe Brüder, mit Leib und Leben für Gott dazusein. Seid ein lebendiges und heiliges Opfer, das Gott gefällt. Einen solchen Gottesdienst erwartet er von euch. (Römer 12,1)

Wir faßten den Entschluß, unseren Willen und unser Leben der Sorge Gottes – soweit wir ihn verstanden – anzuvertrauen.

Beschreibe Situationen, in denen Dein Entschluß, alles dem Willen und der Sorge Gottes anzuvertrauen, durch Deine eigene Initiative und Deinen Eigenwillen blockiert wurde.

_____

_____

_____

Beschreibe Situationen der vergangenen Woche, wo Du mit Schritt 3 Erfolg hattest.

_____

_____

_____

Nehmt nicht die Forderungen dieser Welt zum Maßstab, sondern ändert euch, indem ihr euch an Gottes Maßstäben orientiert.* Nur dann könnt ihr beurteilen, was Gottes Wille ist, was gut und vollkommen ist und was ihm gefällt. (Römer 12,2)

* Wörtlich: „... ändert euch durch Erneuerung eures Denkens". D.h., unsere Vernunft soll von der neuen Wirklichkeit des geistgewirkten Lebens bestimmt werden.

Wie sehen deine bisherigen Maßstäbe aus, an denen Du Dich orientiert hast?

_____

_____

_____

Was ist Dein persönliches Gebetsanliegen?

_____

_____

_____

Für wen betest Du, und was sind dessen Anliegen?

_____

_____

_____

Schritt 4   Endlich sich kennen

*Nehmt nicht die Forderungen
dieser Welt zum Maßstab, sondern ändert euch, indem ihr
euch an Gottes Maßstäben
orientiert. Nur dann könnt ihr
beurteilen, was Gottes Wille ist,
was gut und vollkommen ist und
was ihm gefällt. (Römer 12,2)*

Wir machten eine gründliche und furchtlose Inventur in unserem Inneren.

Die Wachstumsschritte beginnen

Im Schritt 4 überprüfen wir unser Verhalten und lernen uns selber besser kennen. Das Abenteuer, sich selbst zu entdecken, beginnt hier und geht weiter bis zum 7. Schritt. Während dieser Phase werden wir eine persönliche Inventur vorbereiten, die Erkenntnisse mit den anderen besprechen und schließlich Gott bitten, unsere Mängel zu ersetzen.

Wahre Selbsterkenntnis ist der Schlüssel

Oft haben wir ein völlig falsches Bild von uns selbst und kennen unser Fehlverhalten nicht. Bestimmte Einstellungen sind in uns eingebrannt und prägen die Wahrnehmung unserer Umwelt und unsere Reaktionen. Wenn wir nur die ersten drei Schritte vollzögen, würden wir immer wieder (zwanghaft) die selben Fehler wiederholen, uns über uns selbst ärgern, uns selbst verdammen und schließlich resignieren. Viele hatten die Erwartung: Wenn ich nur richtig glaube, wird sich alles andere automatisch ändern. Das ist ein Wunschtraum. In Wirklichkeit verändern wir uns durch einen beständigen Prozeß der Selbsterkenntnis, der jetzt im folgenden eingeleitet wird.

Es wird uns Mut machen, wenn wir erleben, daß Gott uns mit seiner großen Macht zur Seite steht, wenn wir uns radikal verändern wollen (Schritt 6 und 7).

Die Gruppe als Schutzraum

Eine der wichtigsten Veränderungen hat schon begonnen: Wir lernen, uns anderen Menschen ehrlich mitzuteilen. Die bisherige Isolation wird damit erstmals durchbrochen.

Eine verfrühte oder zu hastige Erforschung der vergangenen Lebensgewohnheiten kann uns auch überfordern und unsere Nüchternheit gefährden. Darum werden wir in den Gruppen nichts ans Licht zerren, was noch nicht reif ist, aufgedeckt zu werden. Jeder bestimmt selbst, wieviel er von sich einbringen will.

Aber dadurch, daß wir in den Treffen sehr offen über unsere augenblicklichen und früheren Probleme sprechen, helfen wir einander bei unserem Selbsterkennungsprozeß. Deshalb ist die Gruppe so wichtig. Wir werden immer an Grenzen stoßen, wenn wir die Illusion haben, wir könnten die Inventur ganz für uns alleine machen.

Keine Angst vor der Angst

Unsere Inventur soll so gründlich wie möglich sein – ohne perfektionistisch zu werden.

Unsere Inventur soll so ehrlich wie möglich sein – ohne Furcht vor dem, was wir zu Gesicht bekommen werden.

Meist bemerken wir mit Schritt 4 erst, wieviel Furcht wir wirklich hatten, uns ehrlich ins Gesicht zu sehen. Darum werden sich Ängste oder Furcht nicht vermeiden lassen, aber wir brauchen die Furcht nicht mehr zu fürchten.

Im Schatten lebt mehr, als wir uns bewußt waren

Schritt 4 hilft uns mit unserem „Schatten" in Berührung zu kommen, dem Teil in uns, den wir lange Zeit versteckt hielten – unsere unterdrückte (vor uns selbst verleugnete) wahre Natur. Bei unserer Inventur werden wir unser Verhalten endlich verstehen lernen. Wir werden sehen, daß unser „Schatten" ein Teil von uns ist, den wir nicht abspalten und ausschließen können, sondern als zu uns gehörig anerkennen müssen.

Dieser Teil unseres Selbst birgt in sich unseren Groll, unsere Ängste und andere unterdrückte Gefühle. Wenn wir Stück für Stück von uns selbst aufdecken und unseren Charakter akzeptieren, werden wir sehen, daß viele unserer bisher üblichen Verhaltensweisen bereits in unserer Kindheit angelernt wurden und damals Überlebensstrategien waren.

Was früher richtig war, bringt uns heute um

Damals in unserer Kindheit war das Verhalten nötig, um überleben zu können; jetzt im Erwachsenenalter ist dieses Verhalten nicht mehr der neuen Situation angemessen. So verhalten wir uns dysfunktional: Wir funktionieren aber immer noch nach denselben Mustern. Nur, was damals vielleicht hilfreich war, drückt uns jetzt den Atem ab und nimmt uns den Lebensraum. Es ist fast so, als hätten wir als Kinder eine Ritterrüstung angezogen, die uns damals vor Verletzungen schützen sollte. Über die Jahre sind wir gewachsen und stecken nun in einer viel zu engen Rüstung, die uns alles Leben abschneidet und immer mehr handlungsunfähig macht. Einerseits wäre das die beste Nachricht: „Wir dürfen die alte Rüstung ablegen!" Doch andererseits haben wir uns so sehr daran gewöhnt, sie zu tragen und glauben immer noch an ihren Schutz.

Eine Inventur, die ehrlich die Vor- und Nachteile unserer Verhaltensweisen beleuchtet, wird uns am Ende in die Freiheit führen.

Ein Beispiel für eine „Rüstung"

Leugnen ist solch ein Überlebensmechanismus, den wir schon früh in unserer Kindheit gelernt haben. Er hemmt unser Gefühlswachstum und hält uns in einer Scheinwelt gefangen. Wir ließen uns gerne täuschen, daß unsere Situation angeblich besser wäre, als sie in Wirklichkeit war. Das

Leugnen schützte uns auf diese Weise vor unseren Gefühlen und half uns, den Schmerz zu unterdrücken: z.B. Schmerz über unser familiäres Umfeld oder über Enttäuschungen. Oft waren es Scham und Schuldgefühle, die uns dazu brachten zu schweigen, statt ehrlich zu sein.

Aber wir fürchten uns, uns unserer Angst zu stellen. Wir fürchten, ausgelacht zu werden. Und genau dieser Überlebensmechanismus – die Leugnung – hindert uns, zu reifen und uns zu emotional gesunden Erwachsenen zu entwickeln.

Schritt 4 gibt uns also die Möglichkeit, zu erkennen, daß gewisse Fertigkeiten, die wir in der Kindheit erworben haben, im Erwachsenenleben nicht mehr angemessen sind.

Unsere Aufgabe wird sein, kindische Reaktionen abzulegen wie:
• andere für unser Unglück zu beschimpfen,
• unsere Verantwortung für eigenes verletzendes Verhalten zu verweigern,
• die Wahrheit zu leugnen.

Solche Verhaltensmuster werden vom verletzten Kinder-Ich her gesteuert und müssen abgelegt werden.

Charakterschwächen – unsere selbstgewählte Schutzhaut

Diese Verhaltensweisen haben wir früh in unserem Leben gelernt, und sie sind zu einem Teil unseres Charakters geworden, sozusagen zu unserer zweiten Haut. Da diese Verhaltensweisen uns und unsere Beziehungen zerstören, nennen wir sie „Defekte" oder „Charakterschwächen". Sie zu erkennen, kann äußerst schmerzhaft sein: Schmerzliche Erinnerungen können wiederkehren, und wir werden uns an Dinge erinnern, die wir für vergessen gehalten haben. Unsere Entscheidung, ehrlich zu sein, wird uns helfen, das, was wir entdecken, nicht gleich wieder zu verdrängen. Das ist für unsere Heilung unumgänglich. Ziel ist es, unser von Gott geschenktes Sein, unsere erste Haut, anzunehmen und zu lieben.

Dadurch, daß wir mit Schritt 4 uns selbst gegenüber ehrlich werden, lernen wir verstehen, welche zerstörerische Rolle das Leugnen in unserem Leben spielte. Im ersten Schritt haben wir die ersten Steine der Mauer der Leugnung eingerissen, indem wir unsere Machtlosigkeit ehrlich zugaben. Nun geht es an die restlichen Steine dieser furchtbaren Mauern, die unser Leben einengten und uns isolierten.

Groll und Furcht

Bevor wir mit unserer „Inventur" anfangen können, müssen wir noch zwei Problemkreise behandeln: Groll und Furcht.

Groll gegen Menschen, Situationen und Dinge, die uns geschädigt haben, hält uns gefangen. Wir können nicht mehr unbeschwert im Jetzt leben. Wir sind eher geneigt, verbittert in der Vergangenheit fixiert zu bleiben.

Groll kommt daher, daß wir den Schmerz unterdrückt haben und die bitteren Verletzungen, die unser Leben getrübt haben, leugnen. So steigen Ärger, Frustration und Niedergeschlagenheit in uns auf, und wir können uns selbst nicht verstehen. Wenn solche Grollgefühle nicht aufgelöst werden, riskieren wir als Folge unter Umständen schwere physische und seelische Krankheiten. Furcht schränkt unser Fähigkeit ein, vernünftig zu sein.

Wenn wir uns fürchten, ist es schwierig, die Situationen so zu sehen, wie sie wirklich sind. Furcht ist die Wurzel für andere unterdrückte und schmerzvolle Gefühle. Furcht hindert uns immer wieder daran, uns ehrlich auszudrücken und angemessen auf bedrohliche Situationen und Umstände zu reagieren.

Wenn wir unser Verhalten ändern wollen, müssen wir zuerst unseren Ängsten ins Gesicht sehen und sie dann annehmen. Wenn wir merken, was für ein Angsthase wir sind, wird das vorübergehend dazu führen, daß unser Selbstwertgefühl noch tiefer sinkt. Unsere Selbstachtung wird stabiler, wenn wir nicht der Versuchung nachgeben, weiter unseren jeweiligen Gefühlszustand zu verleugnen, und anfangen, uns auf Gott zu verlassen (Schritt 3).

Uns mit Gottes Augen sehen lernen

Als Vorbereitung auf unsere „Inventur" ist es notwendig, daß wir auf Gott schauen und wahrnehmen, wie er uns sieht: Er verdammt uns nicht, sondern sieht uns mit liebevollen Augen an. Er wird seinen Finger vorsichtig auf schmerzhafte Punkte legen. Deshalb wollen wir uns von ihm in unserer Inventur führen lassen. Noch einmal: Es nützt uns nichts, wenn wir gewaltsam und lieblos Dinge ans Licht zerren.

Nachdem wir in Schritt 2 und 3 unsere Beziehung zu Gott erneuert und vertieft haben, bitten wir ihn nun konkret um Hilfe. Wir werden intensiv unsere Lebensgeschichte betrachten und auch akzeptieren, was wir dort sehen.

Wenn wir uns dabei bewußt machen, daß Gott bei uns ist und uns sehr liebevoll ansieht, wird uns diese Aufgabe leichter fallen. Mit seiner Hilfe können wir mutig unsere Stärken und Schwächen betrachten. Und wenn der Prozeß fortschreitet, werden wir mehr und mehr sehen, wie bitter nötig wir Veränderung haben.

Zur Methode der Inventur

Wenn wir Schritt 4 durcharbeiten, ist es wertvoll und nötig, unsere Gedanken zu Papier zu bringen. Durch das Aufschreiben können wir unsere umherwandernden Gedanken sammeln und uns auf das konzentrieren, was wirklich vorgeht. Dieser Schritt bringt unterdrückte Gefühle an die Oberfläche und verhilft uns zu einem tieferen Verständnis über uns selbst und über unser Verhalten. Die Inventur gibt uns auch Einsicht über unsere Stärken und nicht nur über unsere Schwächen.

Statt uns selbst zu verurteilen, müssen wir lernen anzunehmen, was immer wir entdecken und dabei ist es wichtig zu wissen, daß jede noch so schmerzhafte Entdeckung ein weiterer Schritt auf dem Weg zu einem gesunden Leben ist. Um erfolgreich zu sein, müssen wir also ehrlich und gründlich sein. Mit Gottes Hilfe und unserem Willen dranzubleiben, dürfen wir viel Gutes erwarten.

Persönliche Überlegungen

1. Tag

Unser „Leugnen" stammt aus der Zeit unserer Kindheit. Damals waren wir nicht in der Lage, unsere Umgebung zu kontrollieren. Es war unsere Schutzreaktion auf familiäre Verwirrung, auf unberechenbares Verhalten der Umgebung und auf seelische oder körperliche Gewalt seitens der erwachsenen Bezugspersonen. Wir versuchten uns zu erklären, was da geschah, und erfanden annehmbare Gründe für ihr nicht annehmbares Verhalten. Dadurch setzten wir uns über manches Chaos hinweg und leugneten einfach die unüberwindbaren Probleme, die uns zu schaffen machten. Als wir älter wurden, hat unser Leugnen uns weiterhin davor beschützt, uns der Realität stellen zu müssen. Auf diese Weise hielten wir uns hinter unseren Täuschungen und in Phantasiewelten versteckt.

Nenne Beispiele, die aufzeigen, wie Du Dich vor der Realität versteckst.

_____

_____

* Das „Herz" im biblischen Verständnis meint die Personenmitte und das Willenszentrum.

Nichts ist so undurchschaubar wie das menschliche Herz, es ist unheilbar krank. Wer kann es ergründen? Ich, der Herr, durchschaue es; ich kenne jeden Menschen ganz genau und gebe ihm, was er für seine Taten verdient. (Jeremia 17,9-10)

Wie hat Dein „menschliches Herz"* Dich darin unterstützt, Deinen Zustand zu leugnen?

_____

_____

_____

2. Tag

Die Macht des Leugnens wird in der Bibel am Beispiel von Petrus illustriert, als er Jesus verleugnete. Aufgrund seiner großen Liebe zu Jesus hielt er es für ausgeschlossen und unvorstellbar, ihn zu verleugnen. Aber in der Situation selbst war es für Petrus leichter, Christus zu verleugnen als zuzugeben, daß er ein Nachfolger Christi sei, und die zu erwartenden Konsequenzen zu tragen. Als ihm dann klar wurde, was er getan hatte, war er am Boden zerstört. In sehr ähnlicher Weise werden wir Selbsthaß empfinden, wenn wir begreifen, was das Leugnen in unserem Leben bewirkt hat.

Dieses Verhaltensmuster kommt häufig in folgender Variation vor: Wir glauben, wir wären imstande immer zu lieben. Wenn wir unsere Liebe in konkreten Fällen nicht durchhalten, leugnen wir dieses Verhalten und verteidigen unsere Meinung, wir würden immer lieben. Leugnung ist damit ein Selbstschutz vor der Erkenntnis, in der Liebe versagt zu haben. Unser Inneres aber durchschaut dieses Muster und reagiert mit Selbsthaß (den wir wiederum verleugnen wollen oder der uns dazu führt, uns selbst irgendwelchen Schaden zuzufügen). Wir müssen uns diesem Selbsthaß stellen und ihn auf diese Weise auflösen.

Nenne Bereiche Deines Lebens, wo Dir solches Leugnen Schmerzen bereitet hat.

_____

_____

3. Tag

Petrus war immer noch unten im Hof. Eine Dienerin des Hohenpriesters sah ihn am Feuer sitzen. „Du gehörst doch auch zu diesem Jesus von Nazareth!" Erschreckt behauptete Petrus: „Ich weiß nicht, wovon du redest!" Und schnell ging er hinaus in den Vorhof. Da krähte ein Hahn.
Aber auch hier erkannte ihn das Mädchen und sagte laut vor allen: „Das ist auch einer von den Leuten, die bei Jesus waren!" Heftig bestritt es Petrus auch diesmal. Doch nach einer Weile sagten auch die Umstehenden: „Natürlich gehörst du zu seinen Freunden; du kommst doch auch aus Galiläa!" Petrus begann, sich zu verfluchen. „Ich kenne diesen Menschen überhaupt nicht, von dem ihr da redet! Das kann ich beschwören!"
Da krähte der Hahn zum zweiten Mal. In diesem Augenblick erinnerte sich Petrus, daß Jesus gesagt hatte: „Ehe der Hahn zweimal kräht, wirst du mich dreimal verleugnen." Und er fing an zu weinen. (Markus 14,66-72)

Nenne ein Beispiel aus Deinem Leben, wo Du eine Beziehung verleugnet hast, um negativen Konsequenzen aus dem Wege zu gehen.

_____

_____

4. Tag

Leugnen hat viele Gesichter und kann leicht maskiert werden.
Leugnen erscheint auf verschiedene Weise und arbeitet nach verschiedenen Modellen. Einige erkennbare Formen sind folgende:

Direkte Leugnung

Vorgeben, daß etwas nicht existiert, obwohl es in Wirklichkeit da ist (z.B. Nichtberücksichtigen von körperlichen Symptomen, die auf vorhandene Probleme hinweisen könnten).

Verkleinern

Das Problem anerkennen, aber die Ernsthaftigkeit nicht sehen wollen (z.B. Entfremdung in einer Beziehung zuzugeben, wenn es sich in Wirklichkeit um offenkundige Untreue handelt).

Anklagen

Jemand anderem die Schuld für das Problem zuschieben. Das Verhalten wird nicht geleugnet, aber die Ursache dafür wird jemand anderem zugeschoben, indem man ihn dafür anklagt (z.B. den Eltern die volle Verantwortung für sein Verhalten heute zuzuschieben).

Entschuldigen

Entschuldigungen, Alibis, Rechtfertigungen oder andere Erklärungen für das eigene Verhalten oder auch das eines anderen vorbringen (z.B. angeben, der Partner sei krank, wenn der wahre Grund seiner Abwesenheit Trunkenheit ist).

Verallgemeinern

Über die Probleme auf einer allgemeinen Ebene sprechen und persönliches oder emotionales Sich-Einlassen auf die Situation oder auf Umstände vermeiden (z.B. die Symptome eines Freundes auf Grippe zurückführen, wenn man doch von seiner Drogenabhängigkeit weiß).

Ausweichen

Das Thema wechseln, um bedrohlichen Punkten aus dem Wege zu gehen (z.B. sich durch allgemeines „Geplauder" zu informieren).

Angreifen

Ärgerlich und reizbar reagieren, wenn bestimmte Punkte angerührt werden, um unangenehmen Dingen aus dem Wege zu gehen (z.B. nicht bereit sein, seine Gefühle mitzuteilen).

Wann und in welcher Form kommt Leugnung in Deinem Leben am häufigsten vor?

_____

_____

_____

5. Tag

Wer sich einbildet, besser zu sein als die anderen, der betrügt sich selbst. Darum soll jeder sein eigenes Leben sehr genau überprüfen. Dann wird er nämlich erkennen, wie unberechtigt es ist, sich über andere zu erheben. Denn jeder ist für sein eigenes Tun vor Gott verantwortlich. Das ist schon schwer genug! (Galater, 6,3-5)

Inwiefern hindert Dich Dein „Stolz"*, ehrlich zu Dir selbst zu sein?

_____

_____

_____

6. Tag

Eine persönliche Inventur zu machen, ist so ähnlich, wie einen Schrank aufzuräumen und zu putzen: Wir machen uns klar, was vorhanden ist, überlegen, was wir behalten wollen, und räumen aus, was nicht mehr nützlich und passend ist.

Es muß nicht alles auf einmal getan werden, aber um Ordnung zu haben, müssen wir durch alles durch. Wenn wir uns jedesmal kleine Teilgebiete vornehmen, ist die Säuberung gründlich und die Ergebnisse sind auf lange Sicht beständiger.

Wie z.B. alte Kleider die Erinnerung an die Vergangenheit wachrufen können, kann unsere Inventur gleichermaßen gute wie auch schlechte Erinnerungen wecken. Es ist nicht Zweck der Inventur, bei der Vergangenheit stehenzubleiben. Häufig besteht das Mißverständnis darin, daß man meint, es hätte allein schon einen therapeutischen Sinn, sich mit der Vergangenheit zu beschäftigen. Unsere Inventur hat das Ziel, unsere jetzigen Verhaltensweisen zu verstehen, um sie im „Heute" verändern zu können. Worum es uns mit Schritt 4 immer nur geht, ist, daß es in Zukunft besser wird. Auf keinen Fall dürfen wir die Inventur als Entschuldigung für unsere Charakterschwächen heranziehen.

Welche Ängste hast Du im Blick auf Deine Erinnerungen an die Vergangenheit?

_____

_____

* Kommt, wir wollen unser Leben prüfen und dann zurückkehren zum Herrn! (Klagelieder 3,40)

Wie wird das genaue Betrachten Deiner „Wege"* Dir helfen, „zum Herrn umzukehren"?

_____

_____

7. Tag

In Schritt 4 werden wir uns mit Verhaltensweisen und Haltungen auseinandersetzen, die wir schon seit unserer Kindheit kennen. Wenn wir uns darüber bewußt werden, wie wir aufgewachsen und erzogen worden sind, werden wir mehr und mehr verstehen, daß unsere heutigen Verhaltensweisen verständliche Auswüchse einer Not sind. Als Kinder brauchten wir sie, um überleben zu können. Als Erwachsene sind wir jetzt in der Lage, einen anderen Lebensstil für uns selbst zu wählen. Wir können lernen, uns so zu verhalten, daß wir innerlich genährt werden und wachsen können. Wenn wir auf unsere Stärken und Schwächen blicken, werden wir die Bereiche unseres Lebens erkennen, die gestärkt werden müssen. Wir können uns bei der Inventur entscheiden, welche Gebiete unseres Lebens verändert werden müssen und welche unserer Meinung nach in Ordnung sind.

Erkläre, in welcher Form Deine gegenwärtigen Verhaltensweisen Deinem Leben am meisten schaden.

_____

_____

_____

_____

* Durchforsche mich, o Gott, und sieh mir ins Herz, prüfe meine Gedanken und Gefühle! Sieh, ob ich in Gefahr bin, dir untreu zu werden, dann hole mich zurück auf den Weg, der zum ewigen Leben führt!
(Psalm 139,23-24)

Wie kann Deine Bitte an Gott, Dich zu „erforschen"* und Dein „Herz zu prüfen"*, Dir helfen, Deine Fehler zu sehen und Dich zu einem besseren Leben zu bewegen? Beschreibe die Aussage in der Bibel, und beziehe sie auf Dich selbst:

_____

_____

_____

_____

Gruppenarbeitsblatt zu Schritt 4

Nehmt nicht die Forderungen dieser Welt zum Maßstab, sondern ändert euch, indem ihr euch an Gottes Maßstäben orientiert. Nur dann könnt ihr beurteilen, was Gottes Wille ist, was gut und vollkommen ist und was ihm gefällt. (Römer 12,2)

Wir machten eine gründliche und furchtlose Inventur in unserem Inneren.

In welchen Gebieten Deines Lebens hast Du Dinge verdrängt, verleugnet oder rechtfertigende Erklärungen und Beschönigungen gefunden?

_____

_____

_____

In welcher Form möchtest Du von Deiner Gruppe Unterstützung, um Dir bei der Bewältigung von Schritt 4 zu helfen (z.B. Telefonanrufe, Dich außerhalb der regelmäßigen Treffen mit anderen treffen)? Sprich Deinen Wunsch heute aus! Niemand kann Deine Gedanken lesen.

_____

_____

_____

(Jesus sagt:) „Bleibt wach und betet, damit ihr die kommenden Tage übersteht könnt. Ich weiß, ihr wollt das Beste, aber aus eigener Kraft könnt ihr es nicht erreichen." (Matthäus 26,41)

Wieso können wir uns nach einer ehrlichen und gründlichen Selbstprüfung ändern? Mache Dir die Antwort in Römer 12,2 klar!

_____

_____

_____

Was ist Dein persönliches Gebetsanliegen?

_____

_____

_____

Für wen betest Du, und was sind dessen Anliegen?

_____

_____

8. Tag

Unsere nächste Aufgabe ist es, auf Groll zu achten und zu erkennen, wie sehr er uns schadet: Er beeinträchtigt Beziehungen zu Mitmenschen und zu uns selbst.

Er ist der Missetäter Nummer eins, und er ist ein häufiger Grund für unsere geistlichen Blockaden. Groll entstand aus unserem Selbsthaß (die oben beschriebene Reaktion auf unsere Unfähigkeit ehrlich zu sein). Sehnsüchtig erwarteten wir von anderen Menschen Liebe als Bestätigung, liebenswert zu sein. Wenn diese Liebe ausblieb, leugneten wir unseren eigenen Mangelzustand. Der Mechanismus der Leugnung setzte ein (wir taten so, als wäre alles in Ordnung). Damit bekam der Selbsthaß wieder Nahrung. Beim geringsten Anlaß gaben wir unserer Umgebung Schuld an unserem Zustand. Deren Überreaktionen erzeugten wieder unsere eigene Reaktion: Groll!

Wenn wir aufschreiben werden, worüber wir uns ärgern, werden wir feststellen, wie es unsere Selbstachtung, unser Wohlbefinden und unsere persönliche Beziehungen angegriffen und beeinflußt hat. Wenn wir an Grollgefühlen festhalten, entstehen daraus Streß, Angst und unkontrollierbare Gefühle von Zorn. Und wenn diese nicht aufgelöst werden, können sie schwerwiegende emotionale und physische Folgen nach sich ziehen. Wo Groll herrscht, kann auch tiefe Niedergeschlagenheit entstehen und uns schließlich zerstören.

Nenne den größten Groll in Dir. Welchen Einfluß und welche Auswirkungen hatte er bisher auf Dein Leben?

_____

_____

Nenne Situationen, in denen Du als Folge deines Grolls zornig* wurdest.

_____

_____

_____

* Denkt daran, liebe Brüder: Seid immer sofort bereit, jemandem zuzuhören; aber überlegt euch genau, bevor ihr selbst redet. Und hütet euch vor unkontrolliertem Zorn! Denn im Zorn tun wir niemals, was Gott gefällt. Deshalb trennt euch ganz entschieden von allem Gemeinen und Bösen. Nehmt vielmehr bereitwillig Gottes Wort an, das er wie ein Samenkorn in euch gelegt hat. Es hat die Kraft, euch zu retten. (Jakobus 1,19-21)

9. Tag

Furcht ist der zweite große Missetäter. Das Gefühl „Furcht" nehmen wir am stärksten dann wahr, wenn wir auf uns selbst fixiert sind. Wenn Furcht da ist, wächst in uns das Verlangen zu leugnen, zu verdrängen und der Realität auszuweichen. Denn unsere unrealistische Sichtweise macht sich übertrieben breit und läßt uns emotional überreagieren. Die Furcht kann sich bis zur Panik steigern. Sie greift uns auch physisch an: Wir werden vielleicht nervös, es wird uns übel, oder wir verlieren jegliches Orientierungsgefühl.

Wenn wir unsere Furcht genauer betrachten, werden wir feststellen, daß sie das direkte Ergebnis unserer Unfähigkeit ist, neue Entscheidungen zu treffen.

Oder wir glauben vielleicht, daß alles ganz anders wäre, wenn wir nur die richtige Entscheidung treffen könnten.

Nenne Deine größte Angst. Welchen Einfluß und welche Auswirkungen hatte sie bisher auf Dein Leben?

_____

_____

Wirkliche Liebe ist frei von Angst. Ja, die Liebe vertreibt sogar die Angst. Wer sich also fürchtet und vor der Strafe zittert, der beweist damit nur, daß er wirkliche Liebe noch nicht kennt.* (1. Johannes 4,18)

* Wörtlich:„... der ist nicht vollendet in der Liebe."

Welche Ängste tauchen bei Dir auf, wenn Du Dir klar machst, daß Gott alle Deine Fehler kennt?

_____

_____

_____

10. Tag

Uns unseren Grollgefühlen und Ängsten zu stellen, erfordert viel Mut. Unsere bisherige Methode war es, solche Gefühle zu unterdrücken. Jetzt fangen wir an, Gebiete unseres Lebens zu betrachten, die wir vorher noch nie beachtet haben. Es ist dabei wichtig zu wissen, daß Gott uns zur Seite steht und uns bei jedem Schritt unseres Weges hilft. Als Christen dürfen wir wissen, daß der Herr unseren Kampf versteht und mit uns leidet. Mit Gottes Hilfe und Beistand wird der Schmerz auszuhalten sein und geringer werden.

Welche besondere Hilfe im Umgang mit Deinen Grollgefühlen und Deiner Furcht gibt Dir Dein Christsein?

_____

_____

_____

Prüfet euch! Stellt selbst fest, ob euer Glaube noch lebendig ist! Oder ist bei euch nichts mehr davon zu merken, daß Jesus Christus unter euch lebt? Dann allerdings hättet ihr diese Prüfung nicht bestanden. Ich hoffe aber, ihr werdet erkennen, daß wir diese Probe bestanden haben. (2. Korinther 13,5-6)

Nenne Situationen, die zeigen, daß Du im Glauben stehst und Christus in Dir wohnt*.

_____

_____

_____

11. Tag

Als Teil der Schritt-4-Inventur schauen wir auf unsere Charakterzüge und sehen unsere Stärken und Schwächen.

- Unsere Stärken werden sichtbar in Verhaltensweisen, die auf uns und andere positive Auswirkungen haben.
- Unsere Schwächen zeigen sich im Verhalten, das uns und anderen Schaden zufügt.

Bevor wir unsere wirklichen Probleme korrigieren können, müssen wir Stärken und Schwächen akzeptieren und genauer betrachten. Verstehen beginnt damit, daß wir erkennen, wie wir zu dem Menschen wurden, der wir heute sind – warum wir die Überzeugungen und Haltungen gewonnen haben, die unser jetziges Verhalten bestimmen.

Was ist Deine größte Stärke? Wie unterstützt sie Dich?

_____

_____

Was ist Deine größte Schwäche? Wie schadet sie Dir?

_____

_____

Mit Bitterkeit, Jähzorn, Wut, gehässigem Gerede oder anderen Gemeinheiten sollt ihr nichts mehr zu tun haben.
(Epheser 4,31)

Wie kann Dir Schritt 4 helfen, Deine Bitterkeit, Wut und andere Arten* von Bosheiten und Groll in Dir zu erkennen?

_____

_____

12. Tag

Wenn Du Deine Inventur in Angriff nimmst, wirst Du auf einige Schwierigkeiten stoßen.

Falls Du an irgendeinem Punkt blockiert bist, kann es sein, daß Leugnung im Spiel ist. Halte dann einen Augenblick inne und überlege, was Du gerade zu tun versuchst. Nimm Dir Zeit, Deine Gefühle wahrzunehmen und zu verstehen. Bitte dabei Gott um Hilfe.

Gerade in Augenblicken, in denen unannehmbare Gefühle in uns aufsteigen, brauchen wir die liebevolle Gegenwart Gottes. Es hilft uns, den Schmerz der Selbsterkenntnis auszuhalten, wenn wir uns bedingungslos von Gott geliebt wissen.

Was ist Dein innerer Widerstand gegen die „Inventur"? Beschreibe es:

_____

_____

Meine Not ist groß, ich habe keine Heimat mehr. Schon der Gedanke daran macht mich krank. Und doch denke ich ständig daran und liege am Boden. Aber eine Hoffnung bleibt mir noch, an ihr halte ich fest: Die Güte des Herrn hat kein Ende, sein Erbarmen hört niemals auf. (Klagelieder 3,19-22)

Glücklich ist der zu nennen, der die Bewährungsproben* besteht und im Glauben fest bleibt. Gott wird ihn mit dem Siegeskranz, dem ewigen Leben, krönen. Das hat er allen versprochen, die ihn lieben. (Jakobus 1,12)

* Das wörtliche „Anfechtung" ist hier als Bewährungsprobe verstanden.

Wie bringt Dich die Erinnerung an Deine Not* dazu, Dich niedergeschlagen zu fühlen?

_____

_____

_____

Wie bereit bist Du, den Mut und die Kraft aufzubringen*, die Du brauchst, um das neue Leben zu erlangen, das Gott für Dich bereithält?

_____

_____

_____

13. Tag

Die Inventur, die wir vorhaben, wird zu unserem eigenen Nutzen sein. Sie wird uns helfen, uns selbst anzunehmen, und sie wird uns auf dem Weg der Heilung ein großes Stück weiterbringen. In den Schritten 5, 6 und 7 werden wir sehen, wie wir auf diesem Weg wirklich weiterkommen. Wir werden die Wahrheit über uns selbst erkennen, wir werden mit anderen darüber sprechen, und wir werden schließlich Gott bitten, unsere Unzulänglichkeiten wegzunehmen.

Mache Dir klar: Was ist Dein Hauptziel bei Deiner Inventur?

_____

_____

Also trennt euch ganz entschieden* von allen selbstsüchtigen Wünschen, wie sie für diese Welt kennzeichnend sind! Trennt euch von Sittenlosigkeit und Unmoral, von Leidenschaften und Lastern, aber auch von der Habgier, die den Besitz für das Wichtigste im Leben hält und ihn zu ihrem Gott macht! Wer diese Dinge in seinem Leben duldet, wird Gottes gerechten Zorn zu spüren bekommen.
Auch ihr habt früher so gelebt. Doch das ist jetzt vorbei. Laßt euch nicht mehr von Zorn und Haß beherrschen. Schluß mit aller Bosheit! Schluß mit dem gotteslästerlichen Reden und Fluchen! Hört auf, euch gegenseitig zu belügen. Ihr habt doch euer früheres Leben mit allem, was dazugehörte, wie alte Kleider abgelegt. Zieht jetzt neue Kleider an, denn ihr seid neue Menschen geworden! (Kolosser 3,5-10a)

* Wörtlich: „Tötet nun eure Glieder, die auf der Erde sind ..."

Wie hat Deine persönliche Inventur Dir während des Heilungsprozesses bisher weitergeholfen?

_____

_____

Überlebensstrategien erkennen

Ein spezieller Inventurführer

Das vorliegende Material unterscheidet sich etwas von „Inventur-Führern" aus anderen 12-Schritte-Programmen. Wir konzentrieren uns besonders auf Gefühle und Verhaltensweisen solcher Erwachsener, die ihre Kindheit in Familien verlebt haben, in denen z.B. Alkoholismus, andere Drogen oder vergleichbar schädliches Verhalten vorherrschend waren. Aber auch in einer nach außen hin völlig „normalen" Familie entstehen vergleichbare Fehlhaltungen und Charakterschwächen, wenn die Familiensituation aus irgendeinem Grund gestört war. Diese Verhaltensmuster sind in unserer Kindheit überlebenswichtig gewesen, um uns vor dem Chaos zu Hause zu schützen. Diese Überlebensstrategien prägen unserer erwachsenes Verhalten, obwohl sie eigentlich überflüssig sind, ja sogar zerstörerisch wirken.

Wenn Du Deine Inventur durchführst, so wähle Dir die Verhaltensmuster und Themen aus, die Dich besonders ansprechen. Gehe dabei auch nicht alles auf einmal an. Fange bei den Erlebnissen an, die Dir noch am nächsten sind, und erinnere Dich so genau wie möglich an Worte, Handlungen, Gedanken, Gefühle usw.

Es kann sein, daß wichtige Themen oder Verhaltensmuster nicht vorkommen, mit denen Du Dich aber beschäftigen müßtest. Dann informiere Dich mit Hilfe anderer Bücher, oder beschreibe Deine Themen selbst, so wie Du sie erlebst. Gib ihnen eine aussagekräftige Überschrift, und erkläre Dir, was Du an Deinem Verhalten beobachtest.

Klarheit gewinnen über sich selbst

Viele haben Angst, wenn sie sich verändern sollen. Mit Schritt 4 wollen wir auf keinen Fall Menschen in bestimmte Normen pressen, als müßten sie jetzt ihre Persönlichkeit aufgeben. Jeder Mensch hat durch viele Faktoren geprägte Charakterzüge. Sie sind Merkmale seiner Persönlichkeit. Wir wollen mit Schritt 4 Schwächen bestimmter Charakterzüge erkennen und verändern lernen. Das kann natürlich so mißverstanden werden, als sollten wir unsere Persönlichkeit völlig aufgeben. Im Gegenteil! Es geht nur darum, unsere ungesunden Lebensstrategien loszulassen, die unsere Persönlichkeit an einer reifen Entfaltung gehindert haben. Wir werden neue, heilsame Verhaltensweisen lernen, die unsere Persönlichkeit aufbauen.

Unsere tiefste Sehnsucht soll gestillt werden: Endlich leben!

Versuche, Dich einzuschätzen

Wenn Du mit Hilfe einer Skala von 1-7 beurteilst, wie stark oder schwach der jeweilige Charakterzug bei Dir ausgeprägt ist, bekommst Du einen ersten Eindruck davon, wo Du besonders gefährdet bist bzw. wo Du stabil und stark bist. In Schritt 10 wird diese Inventur besonders unter dem Aspekt Deiner (neugewonnenen) Stärken noch einmal vertieft.

Keine Angst vor der Inventur

Dieser Prozeß, sich ehrlich ins Gesicht zu sehen, kann viel Angst in uns auslösen. Besonders wenn die Mängel und zerstörerischen Denkstrukturen deutlich in den Blick kommen. Gott wird uns auf dieser schwierigen Wegstrecke durchtragen, egal, wie sehr wir uns davor fürchten. Darum hilft es Dir, wenn Du diesen Weg im intensiven Gespräch mit Gott gehst. Bitte Gott um seine Hilfe beim Nachdenken und Schreiben. Fürchte die Furcht nicht! Nimm sie zwar wahr, aber höre nicht auf sie! Deine Inventur ist wichtiger.

Nimm Dich und Deine Beobachtungen ernst

Mache die Inventur in Deinem Zeitrhythmus: Es ist besser, einige wenige Punkte sorgfältig und gründlich durchgearbeitet zu haben, als alle oberflächlich.

Die Inventur beginnt mit den bereits erwähnten Gefühlen Groll und Furcht, dann kommen verschiedene andere Gefühle und Verhaltensweisen, die überprüft werden sollen. Diese Überlegungen sollen Dich auf Schritt 5 vorbereiten. Du selber trägst am meisten Nutzen davon, wenn Du so echt und ehrlich wie möglich Deine Inventur in Angriff nimmst.

Es ist auf jeden Fall wichtig, daß Du die Falle vermeidest, Verallgemeinerungen aufzulisten – es geht hier um Dich!

Sei also so genau und konkret wie möglich. Wenn Du Beispiele aufführst, dann überlege Dir: „Wer, wann, wo, was."

• Gib nach Möglichkeit die Namen der an der Situation beteiligten Personen an (wer);
• gib an, wann es vorgekommen ist (wann);
• gib an, wo es vorgekommen ist (wo);
• und schließlich beschreibe das Gefühl oder das Verhalten (was).

14. Tag

Arbeite an den beiden grundlegenden Gefühlsmustern, die in Dir durch Leugnung unterdrückt wurden. Solche unangenehmen Gefühle wie Groll oder Furcht werden lieber versteckt, so daß wir sie wirklich nicht mehr fühlen können. Versuche jetzt, Dir und Deinen tiefsten Gefühlen auf die Spur zu kommen, wenn Du die beiden Übungen durcharbeitest.

Groll-Übung

Bei Groll ...
- *fühlen wir uns verletzt*
- *fühlen wir uns ange-griffen*
- *fühlen wir uns über-gangen*
- *empfinden wir nur gerin-gen Selbstwert*
- *empfinden wir Ärger, Bitterkeit oder Rache-gefühle*

Groll ist die tiefere Ursache vieler Arten von seelischen Blockaden und Problemen. Unsere seelischen und körperlichen Behinderungen und Krank-heiten sind häufig das direkte Ergebnis dieses ungesunden Zustandes. Ein wichtiger Teil unseres Heilungsprozesses ist zu lernen, mit Groll in einer gesunden Art und Weise umzugehen. Groll zeigt sich darin, daß wir bitter und wütend gegen diejenigen reagieren, die wir als Bedrohung unserer Sicherheit oder unseres Wohlbefindens wahrnehmen. Wenn Groll nicht aufgelöst wird, verhindert er unser ganzheitliches Wachsen und Weiter-kommen.

Nenne Situationen, in denen Groll ein Problem für Dich darstellt, und be-antworte dabei folgende Fragen:

- *Gegen was oder wen hast Du Groll (z.B. Personen, Institutionen, Prinzi-pien)?*
- *Warum hast Du Groll (z.B. was geschah, das diesen Groll bei Dir ausge-löst hat)?*
- *Wie hat dieser Groll Dich angegriffen (z.B. durch Beeinträchtigung Deines Selbstwertgefühls, den Verlust Deiner Arbeit, Schwierigkeiten in Beziehungen, körperliche Schmerzen oder Bedrohungen)?*
- *Welcher Charakterzug kommt dabei zum Tragen (z.B. Suche nach Anerkennung, Kontrolle, Angst verlassen zu werden, Isolation usw.)?*

Beispiel

Ich habe Groll gegen meinen Chef, weil er mir nicht zuhört, wenn ich er-kläre, wieso ich niedergeschlagen bin.
Das verletzt meine Selbstachtung.
Das aktiviert wiederum unausgesprochenen Ärger.
Das läßt mich so fühlen: Ich erlebe größere Niedergeschlagenheit

Ich habe Groll gegen _____

_____

_____

_____

_____

_____

_____

Furcht-Übung

Bei Furcht ...
- **fühlen wir uns bedrückt**
- **wehren wir uns gegen Veränderung**
- **empfinden wir Ablehnung**
- **kämpfen wir ums Überleben**
- **nehmen wir Verluste vorweg**
- **beschäftigen wir uns mit unserem Tod**

Furcht ist die tiefere Ursache vieler Arten von seelischen Blockaden und Problemen. Eine ganze Reihe von seelischen und physischen Krankheiten sind häufig das direkte Ergebnis dieses ungesunden Zustands. Furcht bewirkt nämlich, daß es zur Ausschüttung von Adrenalin im Körper kommt, und dies führt im Extremfall dazu, daß der Körper in Spannungszustände gerät, die zu streßbedingten Krankheiten führen können.

Furcht kommt als erste Reaktion, wenn wir merken, daß wir etwas nicht mehr im Griff haben. Darum fürchten wir uns auch so sehr vor Veränderungen. Wir scheinen schon genug Probleme mit der Normalität zu haben. Furcht macht uns oft blind für angemessene Reaktionen. Ein wichtiger Teil unseres Heilungsprozesses ist es zu lernen, mit Furcht in einer gesunden Art und Weise umzugehen.

Nenne Situationen, in denen Furcht ein Problem für Dich darstellt, und beantworte dabei folgende Fragen:

- *Was oder wen fürchtest Du (z.B. Personen, Institutionen, Prinzipien)?*
- *Warum hast Du Angst (z.B. was geschah, das diese Angst bei Dir ausgelöst hat)?*
- *Wie hat diese Angst Dich überwältigt (z.B. durch Beeinträchtigung deines Selbstwertgefühls, den Verlust Deiner Arbeit, Schwierigkeiten in Beziehungen, körperliche Schmerzen oder Bedrohungen)?*
- *Welcher Charakterzug kommt dabei zum Tragen (z.B. Suche nach Anerkennung, Kontrolle, Angst, verlassen zu werden) ?*

Beispiel

Ich fürchte, mein Mann/meine Frau würde mich verlassen,
weil ich das Gefühl habe, ihm/ihr nie gefallen zu können.
Das verletzt meine Selbstachtung und meine Rolle als Frau/als Mann.
Das wiederum aktiviert meine Angst vor dem Verlassenwerden.
Das läßt mich so fühlen: Ich bin wertlos und werde wütend.

Ich fürchte _____

_____

_____

_____

_____

_____

Gruppenarbeitsblatt zu Schritt 4

Nehmt nicht die Forderungen dieser Welt zum Maßstab, sondern ändert euch, indem ihr euch an Gottes Maßstäben orientiert. Nur dann könnt ihr beurteilen, was Gottes Wille ist, was gut und vollkommen ist und was ihm gefällt. (Römer 12,2)

Wir machten eine gründliche und furchtlose Inventur in unserem Inneren.

Beschreibe kurz, wie es Dir bei der Schritt-4-Inventur ergangen ist. Erwähne dabei auch die Schwierigkeiten, die Du hattest.

_____

_____

_____

Berichte über Deinen tiefsten Groll und Deine größte Angst? (Nimm bei Bedarf die Groll- und Furcht-Übung zu Hilfe.)

_____

_____

_____

Wie kannst Du Dich orientieren, wenn Du die richtige Richtung suchst (vgl. Römer 12,2)?

_____

_____

_____

Was ist Dein persönliches Gebetsanliegen?

_____

_____

_____

Für wen betest Du, und was sind dessen Anliegen?

_____

_____

_____

Ärger leugnen oder übertreiben

Wenn wir Ärger leugnen oder unangemessen ausdrücken, erleben wir ...
- **Groll**
- **Selbstmitleid**
- **Eifersucht**
- **Angst**
- **Depression**
- **Traurigkeit**
- **Streß**
- **körperliche Symptome**
- **Krankheiten**

* „Erwachsen" könnte der genannt werden, der gelernt hat, nüchtern und sachlich mit Gefühlen umzugehen, ohne sie zu verdrängen. Wenn die Gefühle jedoch ständig das Verhalten diktieren, redet man von „kindischem" Verhalten.

Ärger ist die Hauptquelle vieler Probleme im Leben von Erwachsenen*, die in schwierigen Verhältnissen aufwuchsen.

Ärger ist ein Gefühl, das wir oft unterdrücken, weil es unangenehme Gefühle mit sich bringt, wenn wir dazu stehen. In unserer Herkunftsfamilie ging es früher oft so chaotisch zu, daß wir unseren Ärger entweder verleugnet oder ihn in unangemessener Weise ausgedrückt haben. Wir hielten es für sicherer, uns selbst zu schützen und zu schweigen, und hofften einfach, unsere negativen Gefühle würden wieder verschwinden. Wir wußten nicht, daß unterdrückter Ärger zu Groll oder Depressionen oder zu einer allgemeinen Unzufriedenheit führen kann. Er führt manchmal sogar zu körperlichen Störungen bis hin zu streßbedingten Krankheiten.

Ärger zu leugnen oder unangemessen auszudrücken, führt auch zu Beziehungs-Problemen, weil man die Gefühle nicht mehr ehrlich ausdrükken kann und ständig etwas vorspielen muß.

Nenne konkrete Verhaltensweisen, die zeigen, inwieweit Ärger ein Problem für Dich darstellt.

Beispiel

Ich drücke Ärger unangemessen aus gegen meinen Sohn,
weil ich durch sein Verhalten besorgt bin.
Das verletzt meine Selbstachtung.
Das aktiviert wiederum meine Furcht vor Ablehnung.
Das läßt mich so fühlen: Ich erlebe mich als unfähiges Elternteil.

Ich habe/unterdrücke Ärger gegen _____

_____

_____

_____

_____

_____

_____

_____

Hinweis zur Selbstwahrnehmungsübung

Auf dieser Skala kannst Du eintragen, wie Du Dich in bezug auf den jeweiligen Charakterzug selbst einschätzt. Kreuze eine entsprechende Zahl an. (Die höchste Zahl zeigt z. B. an, daß dieses Verhalten in Deinem Leben sehr häufig vorkommt.)

1	2	3	4	5	6	7

*sehr   wenig   mittel   oft   sehr
selten   oft*

Süchtig nach Anerkennung

Wenn wir das Bedürfnis nach Anerkennung haben, können wir ...

- *gefallsüchtig sein*
- *Furcht vor Kritik haben*
- *Angst vor Mißerfolg haben*
- *das Gefühl haben, wertlos zu sein*
- *unsere eigenen Bedürfnisse mißachten*
- *mangelndes Selbstvertrauen haben*

* Wir müssen lernen, nicht nur kritische Verdammung über uns auszusprechen, sondern uns selbst aufzubauen. Z.B.: „Das habe ich wirklich gut gemacht!"

Viele von uns fürchten Tadel und Kritik. Als Kind wünschten wir uns verzweifelt Anerkennung von unseren Eltern, Großeltern, Geschwistern und von anderen für uns wichtigen Leuten. Selten jedoch bekamen wir diese Anerkennung. Die Folge davon ist, daß wir ständig auf der Suche nach unserem eigenen Wert sind.*

Das zwanghafte Bedürfnis nach Anerkennung setzte sich bis ins Erwachsenenalter fort und hat nun Einfluß auf unser Leben und auf unsere Einstellung gegenüber Bedürfnissen anderer. Statt in einer positiven Art nach Zustimmung Ausschau zu halten, suchen wir verzweifelt nach Anerkennung und Bestätigung.

Wir bringen Leute dahin uns zu lieben, damit wir besser über uns selber denken können. Dies hindert uns, unsere eigenen Gefühle und Wünsche zu erkennen und unsere wirklichen Bedürfnisse ernstnehmen zu können. Wir konzentrieren uns auf die Reaktion der anderen und versuchen, ihren Eindruck von uns zu beeinflussen. Wir sind dauernd darauf aus, jedem zu gefallen, und verharren oft in Beziehungen, die uns kaputtmachen.

Nenne typische Verhaltensweisen, die zeigen, daß Deine Suche nach Anerkennung anderer zum Problem wird.

Beispiel

Ich bin süchtig nach Anerkennung im Blick auf meine Freunde,
weil ich mich selbst einfach besser fühlen möchte.
Das verletzt die Beziehungen zu meinen Freunden.
Das aktiviert wiederum meine Furcht vor Ablehnung.
Das läßt mich so fühlen: Ich erlebe mich als völlig unwichtig.

Ich bin süchtig nach Anerkennung im Blick auf _____

_____

_____

_____

_____

_____

_____

_____

1	2	3	4	5	6	7

sehr   wenig   mittel   oft   sehr
selten   oft

Sich die Probleme anderer aufhalsen

Als solche, die sich Probleme anderer aufhalsen und sich so ständig um andere kümmern, können wir ...

- *uns selbst unabkömmlich machen*
- *Menschen retten*
- *unsere eigenen Bedürfnisse ignorieren*
- *unsere Identität verlieren*
- *uns „überverantwortlich" fühlen*
- *co-abhängig* werden*

* Der Begriff der „Co-Abhängigkeit" ist ausführlich in verschiedenen Büchern beschrieben (vgl. Literaturverzeichnis).

Solange wir für andere sorgten, ihre Probleme lösten und ihre Bedürfnisse erfüllten, mußten wir uns nicht mit uns selbst auseinandersetzen. Uns blieb vor lauter Problemen auch gar keine Zeit dazu! Wenn dieser Charakterzug uns deutlich wird, befürchten wir zuerst, wir würden unsere Identität verlieren.

Als Kind übernahmen wir die Verantwortung für die Sorgen und Probleme anderer um uns herum, was uns natürlich völlig überforderte. Als Folge davon konnten wir nicht wie andere Kinder unbeschwert unsere Kindheit ausleben.

Die unrealistischen Anforderungen, die an uns gestellt wurden, das Lob, das wir dafür erhielten, kleine Erwachsene zu sein, das alles ließ uns glauben, wir hätten gottähnliche Fähigkeiten. Das Sorgen für andere stärkte unsere Selbstachtung und gab uns das Gefühl, unabkömmlich zu sein. Es gab unserem Leben Sinn. Als „Sorgenträger" sind wir auch vertraut mit chaotischen Situationen, die uns versichern, daß wir gebraucht werden. Obwohl wir es anderen verübeln, daß sie nur nehmen und nicht geben, sind wir unfähig zuzulassen, daß sich andere um uns sorgen. Wir erlauben uns selbst die Freude nicht, uns um uns selbst zu kümmern.

Nenne typische Verhaltensweisen, die zeigen, daß Du Dir die Probleme anderer aufhalst, die zum Problem für Dich selbst werden.

Beispiel

Ich habe übertriebene Sorge um die finanziellen Probleme meines Freundes/meiner Freundin,
weil ich möchte, daß er/sie mich mehr liebt.
Das verletzt meine eigene Finanzsituation: Ich lebe über meine Kosten.
Das aktiviert wiederum Groll und Rückzugstendenzen in mir.
Das läßt mich so fühlen: Ich fühle mich sehr einsam.

Ich habe übertriebene Sorge um _____

_____

_____

_____

_____

_____

1	2	3	4	5	6	7

sehr   wenig mittel oft   sehr
selten   oft

Alles im Griff haben wollen

Durch unser Bedürfnis nach Kontrolle, können wir ...

- *auf Veränderung über-reagieren*
- *kein Vertrauen haben*
- *Fehler und Mißerfolge fürchten*
- *selbstgerecht und ge-setzlich sein*
- *hart und intolerant sein*
- *andere manipulieren*

Als Kind hatten wir wenig bis gar keine Kontrolle über unsere Umgebung oder über Ereignisse, die in unserem Leben stattfanden. Waren die Erlebnisse, keine Kontrolle zu haben, bedrohlich, entwickelten wir als Erwachsene dann besonders das starke Bedürfnis, unsere Gefühle und unser Verhalten und auch die Gefühle und das Verhalten anderer zu kontrollieren.

Wir werden hart und unfähig, spontan zu sein. Wir trauen es ausschließlich uns selbst zu, eine Aufgabe zu erfüllen oder mit einer bestimmten Situation umgehen zu können. Wir manipulieren andere, um ihre Anerkennung zu erhalten.

Daß wir die Kontrolle behalten, gibt uns ein Gefühl von Sicherheit. Wir fürchten das Schlimmste, wenn wir unsere „Ich-habe-alles-im-Griff"-Position aufgeben müßten. Wir fühlen uns gestreßt und ängstlich, wenn unsere Autorität bedroht ist.

Nenne typische Verhaltensweisen, die zeigen, daß Du versuchst, Leute oder Situationen zu kontrollieren oder zu manipulieren.

Beispiel

Ich kontrolliere meinen 19jährigen Sohn,
weil ich Angst habe, ich könnte ihn verlieren.
Das verletzt meine Kommunikation mit ihm.
Das aktiviert wiederum Furcht verlassen zu werden.
Das läßt mich so fühlen: Ich bin sehr ängstlich und ohne Energie.

Ich kontrolliere _____

_____

_____

_____

_____

_____

_____

_____

1	2	3	4	5	6	7

sehr wenig mittel oft sehr
selten   oft

Angst, verlassen zu werden

Wenn wir Angst haben verlassen zu werden, können wir ...

- *uns unsicher fühlen*
- *die Sorgen anderer auf uns laden*
- *es vermeiden, alleine zu sein*
- *uns übermäßig sorgen*
- *uns schuldig fühlen, wenn wir für uns selbst einstehen*
- *co-abhängig werden*

Angst, verlassen zu werden, ist eine Reaktion auf Streßerfahrungen, die wir in unserer Kindheit gemacht haben. Als Kind erlebten wir bei den für uns verantwortlichen Erwachsenen unvorhersehbares Verhalten. Wir wußten nie, ob unsere Eltern da waren oder nicht, und viele von uns fühlten sich in Wirklichkeit oder auch emotional allein gelassen.

Je mehr die Verlassenheitsgefühle zunahmen oder real Verlassensein erlebt wurde, desto mehr sank auch das Vertrauen in die Eltern. Wir gewannen die Überzeugung: Als Kinder existierten wir einfach nicht.

Als Erwachsene sind wir – so widersinnig das klingt – dann geneigt, genau den Partner zu wählen, mit dem wir dieselbe Furcht wieder erleben werden.

- Wir versuchen dann, möglichst perfekt zu sein und alle Bedürfnisse des Partners zu erfüllen, um den Schmerz des Verlassenwerdens nicht noch einmal zu erfahren.
- Wir sind ständig bemüht, die Möglichkeit verlassen zu werden, nach Kräften auszuschließen, und verwenden mehr Energie darauf, Konflikten aus dem Weg zu gehen als sie zu lösen. Dies schafft in der Regel eine gespannte Umgebung mit wenig Kommunikation.

Nenne typische Verhaltensweisen, die anzeigen, daß Du Angst hast verlassen zu werden.

Beispiel

Ich habe Angst, von meinem Mann *verlassen zu werden* ,
weil er mir nicht viel Aufmerksamkeit schenkt.
Das verletzt meine innere Sicherheit und Gelassenheit.
Das aktiviert wiederum, daß ich mich übertrieben um ihn kümmere und versuche, ihn zu manipulieren.
Das läßt mich so fühlen: Ich bin sehr verängstigt und verletzbar.

Ich habe Angst, verlassen zu werden von _____

_____

_____

_____

_____

_____

1	2	3	4	5	6	7

sehr wenig mittel oft sehr
selten oft

Furcht vor Autoritätspersonen

**Furcht vor Autoritäts-
personen kann uns dazu
führen ...**

- *Zurückweisung zu fürchten*
- *Dinge persönlich zu nehmen*
- *anmaßend zu sein, um unsere Schwächen zu vertuschen*
- *uns mit anderen zu vergleichen*
- *mehr zu reagieren als zu agieren*
- *das Gefühl zu haben, nicht zu genügen*

Furcht vor Autoritätspersonen kann das Ergebnis davon sein, daß unsere Eltern unrealistische Erwartungen an uns stellten, die wir nie hätten erfüllen können (z.B. wenn sie wünschten, daß wir mehr darstellten, als wir eigentlich sein konnten).

Wir erwarten nun, daß alle Autoritätspersonen dieselben unrealistischen Erwartungen an uns stellen, und fürchten, ihnen nicht zu genügen. Mit Menschen, die wir in Machtpositionen glauben, können wir deshalb nicht umgehen. Wenn andere sich einfach Geltung verschaffen wollen, meinen wir bereits, er oder sie seien ärgerlich auf uns. Wir fühlen uns eingeschüchtert und reagieren überempfindlich. Durch unser Vergleichen mit anderen schließen wir daraus – egal, wie kompetent wir sind –, daß wir nicht genügen. Und als Folge davon setzen wir immer wieder unsere Ehrlichkeit aufs Spiel, um Konfrontationen und Kritik zu vermeiden.

Nenne typische Verhaltensweisen, die zeigen, daß Du Dich vor Autoritätspersonen fürchtest.

Beispiel

Ich fürchte mich vor meinem Chef,
weil ich nicht möchte, daß er merkt, wie unfähig ich mich fühle.
Das beeinträchtigt mein Verhalten, wenn er in der Nähe ist.
Das aktiviert wiederum meine Isolationstendenzen – ich versuche mich unsichtbar zu machen, so daß er mich nicht bemerken kann.
Das läßt mich so fühlen: Ich bin kindisch und unreif.

Ich fürchte mich vor _____

_____

_____

_____

_____

_____

_____

_____

1	2	3	4	5	6	7

sehr   wenig mittel oft   sehr
selten   oft

Eingefrorene Gefühle

***Wenn wir eingefrorene Ge-
fühle haben, können wir ...***

- ***unsere Gefühle nicht
  wahrnehmen***
- ***verdrehte Gefühle haben***
- ***unsere Gefühle unterdrücken***
- ***depressiv sein***
- ***körperliche Symptome
  oder Krankheiten ent-
  wickeln***
- ***kein Schmerzempfinden
  haben***

Viele von uns haben Mühe damit, Gefühle auszudrücken oder überhaupt zu merken, welche Gefühle sie haben. Aber tief in uns wohnen der
Schmerz und ein Gefühl von Schuld und Scham.

Als Kind stießen unsere Gefühle oft auf Ablehnung, Ärger oder Zurückweisung. Und um überleben zu können, lernten wir, unsere Gefühle zu ver-
bergen oder sie ganz zu unterdrücken. Als Erwachsene haben wir dann gar
keinen Zugang mehr zu unseren Gefühlen. Um sicherzugehen, erlauben
wir uns nur noch, „allgemein akzeptierte" Gefühle zu haben. Unsere wahre Natur ist verformt, um uns vor der (u.U. bedrohlichen) Wirklichkeit zu
schützen.

Verdrehte und unterdrückte Gefühle verursachen Groll, Ärger und
Selbsthaß, und nicht selten kommt es auch zu körperlichen Krankheits-
symptomen.

*Nenne typische Verhaltensweisen, die zeigen, daß Du Deine Gefühle
nicht fühlst bzw. nicht ausdrückst.*

Beispiel

Ich unterdrücke meine Gefühle gegenüber meiner Frau,
weil ich nicht verletzt werden möchte.
Das beeinträchtigt meine Handlungsweisen und begrenzt meine Fähigkeiten, mit ihr zu kommunizieren.
Das aktiviert wiederum Isolationstendenzen und führt dazu, daß ich von
ihr angeklagt werde, unsensibel und ohne Gefühlsregungen zu sein.
Das läßt mich so fühlen: Ich bin sehr isoliert und einsam.

Ich unterdrücke meine Gefühle gegenüber _____

_____

_____

_____

_____

_____

_____

_____

1	2	3	4	5	6	7

*sehr   wenig mittel oft   sehr
selten   oft*

In Isolation fliehen

Wenn wir uns isolieren, können wir ...

- **voller Angst vor Zurückweisung sein**
- **einsam sein**
- **zaudernd sein**
- **uns besiegt fühlen**
- **nicht zur Geltung kommen**
- **uns als „anders" als den Rest der Welt erleben**

In vielen unangenehmen Situationen empfinden wir es als sicherer uns zurückzuziehen. Dadurch, daß wir uns isolieren, hindern wir andere, uns so zu sehen, wie wir wirklich sind.

Wir reden uns ein, wir seien nicht wertvoll und verdienten deshalb keine Liebe, Aufmerksamkeit oder Anerkennung.

Auch sagen wir uns selbst, daß wir dann nicht bestraft oder verletzt werden können, wenn wir unsere Gefühle nicht preisgeben. Lieber verstecken wir uns, als mögliche negative Folgen zu riskieren.

Manchmal klingt die Begründung auch so: „Die Welt ist mein nicht wert!"

Nenne typische Verhaltensweisen, die zeigen, daß Du Dich isolierst.

Beispiel

Ich isoliere mich von meinem Partner,
weil er/sie sich mir gegenüber so negativ verhält.
Das verletzt meine Selbstachtung.
Das aktiviert wiederum negative Selbstgespräche und Wut.
Das läßt mich so fühlen: Ich bin wertlos und dumm.

Ich isoliere mich von _____

_____

_____

_____

_____

_____

_____

_____

_____

1	2	3	4	5	6	7

sehr   wenig mittel oft   sehr
selten   oft

Geringes Selbstwertgefühl

Wenn wir ein geringes Selbstwertgefühl haben, können wir ...

- **nicht anspruchsvoll sein**
- **Mißerfolg fürchten**
- **nicht „richtig" erscheinen**
- **Zurückweisung fürchten**
- **uns von anderen isolieren**
- **ein negatives Selbstbild haben**
- **zwanghaft perfekt sein wollen**

Ein geringes Selbstwertgefühl hat seine Wurzeln in der frühen Kindheit, weil wir in dieser Zeit nicht die Bestätigung bekommen haben, in Ordnung zu sein. Aufgrund von ständiger Kritik glaubten wir, daß wir schlecht seien und daß wir an vielen Familienproblemen schuld seien. Um uns trotzdem angenommen zu fühlen, bemühten wir uns, um so stärker zu gefallen. Und je mehr wir uns anstrengten, desto mehr wurden wir frustriert.

Ein mangelndes Selbstwertgefühl hindert uns heute daran, uns Ziele zu setzen und diese auch zu erreichen. Wir haben Angst, Risiken einzugehen. Wir fühlen uns verantwortlich für Dinge, die falsch laufen. Wenn etwas richtig läuft, schreiben wir es nicht uns selbst zu, denn wir meinen, wir hätten es nicht verdient, und unsere Leistung würde natürlich nicht ausreichen.

Nenne typische Verhaltensweisen, die zeigen, daß Du ein geringes Selbstwertgefühl hast.

Beispiel

Ich habe ein geringes Selbstwertgefühl, wenn ich gebeten werde, vor einer Gruppe zu reden,
weil ich glaube, daß jeder genau weiß, wie wertlos und unwichtig ich mich innerlich fühle.
Das beeinträchtigt meine Fähigkeit intelligent zu sprechen. Ich murmele vor mich hin, entschuldige mich tausendmal für mich selbst ...
Das aktiviert wiederum Selbsthaß und negatives Selbstgespräch. Am liebsten möchte ich mich nachher verstecken.
Das läßt mich so fühlen: Ich bin ohne Hoffnung und Optimismus.

Ich habe ein geringes Selbstwertgefühl, wenn _____

_____

_____

_____

_____

_____

_____

_____

1	2	3	4	5	6	7

sehr　wenig　mittel　oft　sehr
selten　　　　　　　　oft

Übersteigertes Verantwortungsbewußtsein

Wenn wir übersteigert verantwortlich sind, können wir ...

- **das Leben zu ernst nehmen**
- **starr erscheinen**
- **perfektionistisch sein**
- **Verantwortung für andere übernehmen**
- **hohe Leistungen erbringen**
- **falschen Stolz haben**
- **andere manipulieren**

Als Kind fühlten wir uns in einem gestörten und schwierigen Zuhause für die Probleme unserer Eltern verantwortlich.

Wir versuchten, wahre „Musterkinder" zu sein und die Sachen so zu machen, wie wir dachten, daß die anderen sie haben wollten.

Wir dachten nämlich: Wir sind verantwortlich für die Gefühle und Handlungen der anderen, ja sogar für die Folgen von Ereignissen, die nicht durch uns geschahen.

Heute sind wir noch immer übertrieben empfindsam für die Bedürfnisse anderer: Ständig versuchen wir ihnen dabei zu helfen, ihre Bedürfnisse gestillt zu bekommen.

Es ist wichtig für uns, perfekt zu sein. Wir bieten uns freiwillig an, Dinge zu tun, damit die Leute uns schätzen. Unsere Überverantwortlichkeit bringt uns dazu, uns übermäßig zu verpflichten. Wir haben die Tendenz mehr zu übernehmen, als wir wirklich schaffen können.

Nenne typische Verhaltensweisen, die zeigen, daß Du ein übersteigertes Verantwortungsbewußtsein hast.

Beispiel

Ich fühle mich übertrieben verantwortlich, wenn die Dinge bei der Arbeit nicht gut laufen,
weil ich denke, daß es mein Fehler ist.
Das verletzt meine Gesundheit. Ich bin extrem angespannt und bekomme regelmäßig Kopfschmerzen.
Das aktiviert wiederum meinen Groll und Ärger. Ich hasse diese Leute, die mich all diese Arbeit alleine machen lassen.
Das läßt mich so fühlen: Ich habe Schuldgefühle.

Ich fühle mich übertrieben verantwortlich, wenn _____

_____

_____

_____

_____

_____

1	2	3	4	5	6	7

sehr   wenig mittel oft   sehr
selten   oft

Verantwortungslosigkeit

**Wenn wir verantwortungs-
los sind, können wir ...**

- **sorglos erscheinen**
- **uns als Opfer fühlen**
- **von anderen erwarten,
  daß sie für uns sorgen
  müßten**
- **falschen Stolz haben**
- **unter den erwarteten
  Leistungen bleiben**
- **lässig werden**

In der Kindheit war das Leben so chaotisch, so daß wir den Eindruck bekamen, daß nichts, was wir taten, ausreichen würde. Die Vorbilder, die wir hatten, waren unglaubwürdig. Daher wußten wir nicht, was als normal zu gelten hat. Die Erwartungen, die man uns gegenüber ausdrückte, waren nicht zu erfüllen. Wir konnten nie das sein, was jeder von uns zu sein erwartete. Da haben wir es einfach aufgegeben, es überhaupt noch zu versuchen.

Anstatt mit Erfolg gegen die Umstände zu kämpfen, haben wir abgerüstet und aufgegeben. Als Erwachsene sind wir nun ohne Verantwortungsgefühl. Wir erwarten, daß Dinge sich von allein ändern, ehe wir irgendwann einmal selbst Initiative ergreifen. Wir sind davon überzeugt: Das Leben war so unfair zu uns, daß wir nie mehr Verantwortung für unseren gegenwärtigen Zustand übernehmen müssen. Wir sind überwältigt durch unsere Probleme und wissen nicht, wie man etwas anders machen könnte.

Nenne typische Verhaltensweisen, die zeigen, daß Du ein fehlendes Verantwortungsbewußtsein hast.

Beispiel

Ich verhalte mich verantwortungslos, wenn von mir zuviel erwartet wird, *weil* ich sowieso weiß, daß ich nicht schaffen werde, was meine Familie von mir erwartet.
Das verletzt mein Selbstwertgefühl. Ich möchte mich isolieren und verstecken.
Das aktiviert wiederum meinen Groll und Ärger. Ich hasse die Leute, die so viel von mir erwarten ...
Das läßt mich so fühlen: Ich habe Schuldgefühle und Angst.

Ich verhalte mich verantwortungslos, wenn _____

_____

_____

_____

_____

_____

1	2	3	4	5	6	7

*sehr   wenig   mittel   oft   sehr
selten   oft*

Unterdrückte Sexualität

Aufgrund unserer unter-drückten geschlechtlichen Identität können wir ...

- *Schuld- und Scham-gefühle haben*
- *unseren Sinn für Morali-tät verlieren*
- *bezüglich unserer sexuel-len Identität verwirrt sein*
- *wollüstig sein*
- *Inzestopfer sein*
- *frigide oder impotent sein*
- *durch verführerisches Verhalten andere mani-pulieren*

Wir erleben uns angesichts unserer sexuellen Gefühle anderen gegen-über verwirrt und unsicher – besonders denen gegenüber, denen wir nahe-stehen oder mit denen wir hoffen, gefühlsmäßig sehr nahe zu sein.

Wir wurden dahin erzogen, unsere sexuellen Gefühle für unnatürlich und abnormal zu halten. Da wir unsere Gefühle anderen nicht mitteilen konnten, hatten wir keine Möglichkeit, eine gesunde Haltung gegenüber unserer Sexualität zu entwickeln. Vielleicht wurden wir streng bestraft, als wir als Kinder unseren Körper und unsere Sexualorgane mit Gleichaltrigen erforschten. Uns wurde dadurch vermittelt: „Sex ist schmutzig, man spricht nicht darüber, man soll ihn vermeiden!"

Einige von uns erlebten ihre Eltern als ablehnende, scheue Menschen oder als völlig unsexuelle Wesen. Vielleicht sind wir aber auch sexuell belä-stigt worden durch einen Elternteil, einen nahen Verwandten oder Be-kannten. Als Folge davon fühlen wir uns in unserer sexuellen Rolle nicht wohl. Wir können mit unserem Partner nicht frei über Sex und über unsere Gefühle sprechen, weil wir Angst haben, mißverstanden und verlassen zu werden. Als Eltern vermeiden wir es vielleicht, mit unseren eigenen Kin-dern über Sexualität zu sprechen und leugnen vielleicht sogar ihr Bedürf-nis, eine sexuelle Identität entwickeln zu müssen.

Nenne typische Verhaltensweisen, die zeigen, daß Du Probleme im Um-gang mit Deiner Sexualität hast.

Beispiel

Ich drücke mich sexuell unangemessen aus, wenn mein Partner intim mit mir werden will,
weil ich mich schmutzig und nicht liebenswert fühle.
Das verletzt unsere Beziehung.
Das aktiviert wiederum Groll und Ärger gegen meinen Partner, weil ich mich nicht verstanden fühle – gleichzeitig hasse ich mich selbst, weil ich so bin.
Das läßt mich so fühlen: Ich bin furchtbar einsam.

Ich drücke mich sexuell unangemessen aus, wenn _____

_____

_____

_____

_____

1	2	3	4	5	6	7

*sehr   wenig mittel oft   sehr
selten   oft*

Gruppenarbeitsblatt zu Schritt 4

Nehmt nicht die Forderungen dieser Welt zum Maßstab, sondern ändert euch, indem ihr euch an Gottes Maßstäben orientiert. Nur dann könnt ihr beurteilen, was Gottes Wille ist, was gut und vollkommen ist und was ihm gefällt. (Römer 12,2)

Wir machten eine gründliche und furchtlose Inventur in unserem Inneren.

Wie bringt Dich die Schritt-4-Inventur in eine tiefere Beziehung zu Christus?

_____

_____

_____

Welche Deiner „Stärken" könnte, wenn Deine Beziehung zu Gott vertieft wird, Dir am meisten bringen?

_____

_____

_____

Welche Deiner „Schwächen" bereitet Dir immer noch die größten Schwierigkeiten?

_____

_____

_____

Was ist Dein persönliches Gebetsanliegen?

_____

_____

_____

Für wen betest Du, und was sind dessen Anliegen?

_____

_____

_____

Schritt 5   Endlich dazu stehen

Darum sollt ihr einander eure Sünden bekennen und füreinander beten, damit ihr geheilt werdet. (Jakobus 5,16a)

Wir gaben Gott, uns selbst und einem anderen Menschen gegenüber unverhüllt unsere Fehler zu.

Schritt 4 war grundlegend, um viele unserer dunklen Taten und Gedanken zu erkennen. Andererseits trug er aber auch dazu bei, unsere Stärken wahrzunehmen, die wir, um überleben zu können, von klein auf entwickelt hatten.
Die Schritt-4-Inventur hat uns viele Wahrheiten über uns selbst bewußt gemacht. Solche Wahrnehmungen sind oft sehr schmerzhaft. Die normalen Reaktionen darauf sind Traurigkeit, Schuldgefühle oder auch beides. Wir haben uns ehrlich uns selbst und unserer Geschichte gestellt und haben Verhaltensweisen erkannt, die wir ablegen wollen, und Stärken entdeckt, die wir in Zukunft ausbauen und entwickeln wollen.

Erkenntnisse aus Schritt 4

Schritt 4 ist die Grundlage für unsere weitere Genesung, für alle von uns, die ehrlich und gründlich vorgegangen sind. Es wurden verkrustete Gefühle, ungeheilte Erinnerungen und persönliche Defekte aufgedeckt, die in uns Groll, Depression und den Verlust unseres Selbstwertgefühls bewirkt haben. Gott um Hilfe zu bitten und die Erkenntnis, daß Gott Licht ist (Johannes 1,5-9), halfen uns, unser Leben ganz dem neuen Lebenstil der Ehrlichkeit hinzugeben. Unsere Fehler anzuerkennen und so einen neuen Selbstwert zu bekommen, bedeutet für uns eine enorme Erleichterung. Jetzt, wo wir unsere Charakterzüge erkannt haben, wird es nämlich möglich, die belastenden Schuld- und Schamgefühle abzulegen, die eng mit dem Fehlverhalten zusammenhingen.

Öffentlich zugeben – sich wirklich dazu stellen

Schritt 5 führt in eine neue Ehrlichkeit und Echtheit uns selbst und anderen gegenüber: Wir gestehen unsere Fehler und Fehlhaltungen vor Gott, vor uns selbst und vor einem anderen Menschen ein. Indem wir das tun, kommen wir in die wichtige Phase, unsere stolze Fassade abzulegen und uns selbst endlich ungeschminkt sehen zu können.

Phase eins: Vor Gott ehrlich werden

Unsere Fehler vor Gott zuzugeben, ist die erste Phase von Schritt 5. Wir gestehen vor Gott alles, was wir lange Zeit mit viel Aufwand versteckt gehalten haben. Es ist nicht mehr länger nötig, Gott und andere dafür zu beschimpfen, was uns zugestoßen ist. Endlich können wir unsere Geschichte so annehmen, wie sie wirklich ist. Das bringt uns näher zu Gott, und wir erkennen, daß er immer auf unserer Seite steht. Unser Bekenntnis hilft uns dabei, seine Liebe ohne eigene Bedingungen zu empfangen und uns selbst genauso bedingungslos anzunehmen. Wir müssen uns daran erinnern, daß wir alle Gottes Kinder sind und nie von ihm zurückgestoßen werden.

Phase 2: Ehrlich werden vor einem anderen

Mit Schritt 4 fingen wir an, unsere Fehler uns selbst gegenüber zuzugeben, als wir unsere Inventur durchführten und die Gelegenheit hatten, unsere Verhaltensweisen so zu sehen, wie sie wirklich sind. In Schritt 5 entwickeln wir, wenn wir bewußt unsere Fehler zugeben, auch den Wunsch und die Kraft, sie aufzugeben. Dies baut unsere Selbstachtung wieder auf und hilft uns auf Schritt 7 zuzugehen, wo wir Gott bitten werden, unsere Unzulänglichkeiten wegzunehmen.

Unsere Geschichte einer anderen Person zu erzählen, wird uns normalerweise Angst machen. Denn viele von uns haben einen großen Teil ihres Lebens damit verbracht, Verteidigungsmechanismen zu entwickeln, um andere von sich fernzuhalten. Durch ein Leben in Isolation haben wir uns vor weiteren Verletzungen zu schützen versucht. Schritt 5 ist der Pfad, der aus Isolation und Einsamkeit herausführt, der Weg in Richtung Ganzheit, Zufriedenheit und einem Gefühl von Frieden. Er ist eine demütigende Erfahrung, weil wir gefordert sind, völlig ehrlich zu sein und uns völlig ehrlich zu enthüllen. Wir können anderen nicht mehr länger etwas vormachen.

Kompromißlos die Wahrheit enthüllen

Wir werden Aspekte unseres Wesens aufdecken, die wir auch vor uns selbst verborgen hatten. Wir werden Fehler benennen, die wir getan haben, aber auch unsere Charakterzüge zugeben. Wahrscheinlich fürchten wir uns davor, die unverhüllte Wahrheit könnte belastende Folgen für unser weiteres Leben auslösen. Unsere Geschichte einer anderen Person zu erzählen, bedeutet zusätzlich die Angst, daß wir wieder abgelehnt werden könnten– wie so oft vorher.

Trotz allem ist es entscheidend, daß wir dieses große Risiko auf uns nehmen und zu unseren Fehlern stehen, indem wir sie bekennen. Mit Gottes Hilfe werden wir den Mut aufbringen, unser wahres Wesen zu enthüllen.

„Wir sind genauso krank wie unsere verschwiegenen Geheimnisse!" Das haben viele von uns immer wieder an sich selbst erfahren. Das Ergebnis dieses Schrittes werden jedoch die Mühe und den Schmerz wert sein.

Eine Vertrauensperson finden

Wem sollen wir bekennen? Welche Person ist vertrauenswürdig? Bitte Gott um Hilfe bei der Wahl der Person, der Du alles bekennen willst. Denke daran, daß der andere Christ ist und das Bild Christi widerspiegeln und ein Fürsprecher für ihn sein soll. Es war Gottes Idee von Anfang an, als er uns Menschen als Gegenüber schuf, daß wir miteinander sprechen und Sorgen und Freuden miteinander teilen – weil wir zu seiner Familie gehören.

Vielleicht hilft es Dir, wenn Du Eigenschaften entdeckst, die Du bei der anderen Person bewunderst, und Dir so eine Vertrauensbasis schaffst. Finde jemanden, der auf demselben geistlichen Stand ist und das Verständnis der Dinge mit dir teilt. Gottes Heiliger Geist kann durch alle seine Kinder wirken. Wenn wir unsere persönliche Erfahrung einander mitteilen, wird uns das helfen, die Tiefe der bedingungslosen Liebe Gottes zu seiner ganzen Menschheits-Familie kennenzulernen.

Persönliche Überlegungen

1. Tag

Während wir uns auf Schritt 5 vorbereiten, sehen wir, daß unsere wachsende Beziehung zu Gott uns den Mut gegeben hat, uns mit uns selbst auseinanderzusetzen, uns anzunehmen wie wir sind und unser wahres Selbst zu enthüllen. Schritt 5 hilft uns, unsere alten Überlebenstricks zu erkennen und abzulegen und uns auf ein neues, gesünderes Leben einzulassen. Wenn wir gründlich und ehrlich unsere Inventur in Schritt 4 durchführen, werden wir in die Lage versetzt, uns den Tatsachen zu stellen und wirklich vorwärts zu kommen.

Nenne ein paar Gefühle, die Du während Deiner Schritt-4-Inventur gehabt hast.

_____

_____

Unterstellt euch Gott im Gehorsam, und widersetzt euch mit aller Entschiedenheit dem Teufel. Dann muß er vor euch fliehen. Wendet euch Gott zu, dann wird er zu euch kommen. Wascht die Schuld von euren Händen, ihr Sünder, und laßt Gott allein in euren Herzen wohnen, ihr Unentschiedenen! (Jakobus 4,7-8)

Könntest Du beschreiben, wie bei Deiner Inventur Dein Herz gereinigt wurde? Bist Du dabei Gott nähergekommen?

_____

_____

_____

2. Tag

Schritt 5 besteht aus drei verschiedenen Teilen: Wir bekennen unsere Fehler
• Gott gegenüber,
• uns selbst gegenüber und
• anderen Menschen gegenüber.

Für einige von uns wird das bedeuten, ihre Lebensgeschichte zum ersten Mal zu erzählen. Aber dadurch, daß wir das tun, können wir endlich einmal unser ganzes überflüssiges Gepäck abladen. Wenn wir unsere Herzen öffnen und uns selbst enthüllen, erreichen wir auch eine tiefere geistliche Ebene.

Was sind Deine Erwartungen, was Deine Befürchtungen im Zusammenhang mit Schritt 5?

_____

_____

*Herr, gegen dich haben wir ge-
sündigt, wir bekennen dir unsere
Schuld und die Schuld unserer
Vorfahren. (Jeremia 14,20)*

*Bei welchem Deiner Fehler fällt es Dir am schwersten ihn anzunehmen?
Warum?*

_____

_____

3. Tag

Unser Fehlverhalten Gott gegenüber zuzugeben, kann sehr erschrek-
kend sein. Vielleicht leugnen wir unsere Schuld, indem wir glauben, wir
könnten uns erlauben, auf Gott alle Verantwortung für unser Tun abzu-
schieben. Denn schließlich ist es doch Gott, der das Universum lenkt und
alles Geschehen so beabsichtigt hat. Also haben wir das Recht, Gott dafür
anzuklagen.

Um so wichtiger, daß wir nun begreifen, daß Gott uns einen freien Willen gegeben hat. Er will zwar unser Bestes, aber er erlaubt uns gleichzeitig
– unbeeinflußt von ihm –, eigene Entscheidungen zu treffen. Wenn wir unsere Fehler vor ihm zugeben, tun wir es in dem Bewußtsein, daß seine Liebe zu uns bedingungslos und immer wirkt. Er wird uns also die Kraft geben
und uns begleiten, wenn wir uns – so wie wir wirklich sind – ihm hingeben
und unser Leben in ausgeglichener und gesunder Weise gestalten wollen.

Nenne Beispiele, die Gottes bedingungslose Liebe zu Dir illustrieren.

_____

_____

*So wird also jeder für sich selbst
vor Gott Rechenschaft ablegen
müssen. (Römer 14,12)*

*Beschreibe Deine Erfahrungen beim Zugeben Deiner Fehler und Charak-
terzüge vor Gott.*

_____

_____

_____

4. Tag

Unser Geständnis uns selbst gegenüber ist der am wenigsten bedrohliche Teil von Schritt 5. Vor uns selbst unsere Fehler zuzugeben, zwingt uns
nicht, unbedingt ehrlich zu sein. Wir können uns leicht selbst betrügen.
Durch die Technik des Leugnens haben wir unser ganzes Leben hindurch
uns selbst etwas vorgemacht. Und dies würde wahrscheinlich auch so weitergehen, wenn wir bloß gegenüber uns selbst Schuld und Fehler eingestehen müßten. Dennoch müssen wir natürlich an diesem Punkt anfangen:
Uns selbst gegenüber ehrlich zu werden und unser wahres Selbst zu erkennen, das ist der erste Teil von Schritt 5.

Wie hindert Dich Dein Leugnen, Dir selbst gegenüber ehrlich zu sein?

_____

_____

Wie wird Schritt 5 Dich davon abbringen, Dich selbst zu betrügen* (vgl. die klare Handlungsanweisung in 1. Johannes 1,9)?

_____

_____

* Freilich werden immer wieder Leute behaupten, sie hätten das nicht nötig, sie seien frei von aller Schuld. Wer so etwas sagt, betrügt sich selbst. In ihm ist kein Fünkchen Wahrheit. Wenn wir aber unsere Sünden bereuen und sie bekennen, dann dürfen wir darauf vertrauen, daß Gott seine Zusage treu und gerecht erfüllt: Er wird unsere Sünden vergeben und uns von allem Bösen reinigen. (1. Johannes 1,8-9)

5. Tag

Unsere Fehler einem anderen Menschen gegenüber zuzugeben, ist der Teil von Schritt 5, der einen tiefen Veränderungsprozeß in Gang setzt. Es geht wirklich um eine Art „Demutsübung", die uns helfen wird , unsere Schutz- und Verteidigungsmechanismen loszulassen. Rigorose Ehrlichkeit gegenüber einem anderen Menschen kann Angst machen, und solche Angst kann bewirken, daß wir Schritt 5 hinauszögern.

Es klingt verführerisch anzunehmen, vor Gott alles auszusprechen genüge, weil er es ist, der schließlich Sünden vergibt. – Auch wenn dies wahr ist, bringt es uns weiter, wenn wir uns einer anderen Person mitgeteilt haben*, denn dadurch gewinnen wir unser Selbstwertgefühl wieder zurück.

Was erwartest Du Dir vom Geständnis Deiner Fehler vor einer anderen Person?

* D. Bonhoeffer hat diese Erfahrung zugespitzt so ausgedrückt: „Wir werden einander zum Christus!" So begegnet uns Gott handgreiflich und hörbar im Bruder oder in der Schwester.

_____

_____

Worin besteht Dein Widerstand, jemandem anderen Deine Geschichte zu erzählen?

_____

_____

Als der „verlorene Sohn" seine Sünden bekannte, mußte er den schrecklichen Irrtum seiner Wege zugeben*.

Nenne ein Beispiel, das Deine ehrliche Absicht zeigt, dasselbe zu tun.

* Da kam er zur Besinnung: „Bei meinem Vater hat jeder Arbeiter mehr als genug zu essen, und ich sterbe hier vor Hunger. Ich will zu meinem Vater gehen und ihm sagen: Vater, ich bin schuldig geworden an Gott und an dir. Sieh mich nicht länger als deinen Sohn an, ich bin es nicht mehr wert. Aber kann ich nicht als Arbeiter bei dir bleiben?" (Lukas 15,17-19)

_____

_____

6. Tag

* Bei Feedbacks geht es nicht um Handlungsanweisungen oder Ratschläge. Gemeint ist hier, daß Dein Gegenüber Dir berichtet, wie er die Dinge gehört hat. Dabei kann er oft viel deutlicher die schmerzhaften Gefühle und die Scham aussprechen, die in Deinen Sätzen unausgesprochen mitschwingen.

Wenn wir einen Menschen für die Aussprache auswählen, suchen wir natürlich eine liebevolle, fürsorgliche Person, die für uns da sein wird und uns bedingungslos annimmt. Sie sollte zuverlässig und vertrauenswürdig sein und über das, was wir erzählen, nicht schockiert oder verletzt reagieren. Es ist bestimmt weise, jemanden zu wählen, der mit diesem Programm vertraut ist. Das Aussprechen fällt uns leicht, wenn die andere Person ehrlich ist und uns ein klares Feedback* gibt. Eine sichere Atmosphäre und tiefes Vertrauen zu dieser Person sind enorm wichtig für diesen Augenblick, in dem wir unsere Lebensgeschichte jemandem anvertrauen.

Welche Qualitäten sind Dir bei der Person, der Du Dich mitteilen willst, wichtig?

_____

_____

_____

* Erst wollte ich dir, Herr, meine Schuld verheimlichen. Doch davon wurde ich so schwach und elend, daß ich nur noch stöhnen konnte.
Tag und Nacht bedrückte mich dein Zorn, meine Lebenskraft vertrocknete wie Wasser in der Sommerhitze.
Da endlich gestand ich dir meine Sünde; mein Unrecht wollte ich nicht länger verschweigen. Ich sagt: „Ich will dem Herrn meine Vergehen bekennen!" Und wirklich: Du hast mir meine ganze Schuld vergeben! (Psalm 32,3-5)

Du hattest die Last Deiner Charakterfehler zu tragen. Wie findest Du die Erfahrung „schwach und elend zu sein"* in Deinen Erlebnissen wieder?

_____

_____

_____

_____

7. Tag

Wenn wir unsere Geschichte einem anderen Menschen erzählen, dürfen wir mehr erwarten, als daß nur jemand zuhört.

Wir müssen bereit sein, auf die Reaktionen des anderen zu hören. Der Austausch kann hilfreich und bereichernd sein, wenn wir dafür offen sind, uns mit der Sichtweise des anderen auseinanderzusetzen. Dies erweitert unser Bewußtsein über uns selbst und gibt uns die Gelegenheit, uns zu verändern und zu wachsen. Feedbacks sind wichtig für uns! Sie helfen uns, eine realistische Sicht über uns selbst zu bekommen. Nachfragen, die in einer liebevollen und verständnisvollen Weise gestellt werden, können schließlich Einsichten und Gefühle offenbar werden lassen, über die wir uns vorher nicht bewußt waren. Unsere Geschichte in dieser Form preiszugeben, kann zu einem der wichtigsten Gespräche in unserem Leben werden.

Wie können Dich Feedbacks von anderen beim Durcharbeiten des fünften Schrittes unterstützen?

_____

_____

_____

_____

Was bringt es Dir, den Standpunkt eines anderen anzuhören?

_____

_____

_____

_____

* Darum sollt ihr einander eure Sünden bekennen und füreinander beten, damit ihr geheilt werdet. Denn das Gebet eines Menschen, der unbeirrt glaubt, hat große Kraft. (Jakobus 5,16)

Inwiefern ist das Gebet* hilfreich für den Heilungsprozeß?

_____

_____

_____

* Wer seine Sünden vertuscht, hat kein Glück; wer sie aber bekennt und meidet, über den erbarmt sich der Herr. (Sprüche 28,13)

Wie wird das Bekenntnis* Deiner Sünden beim Abschluß von Schritt 5 Dir helfen, Gnade zu finden?

_____

_____

_____

...SO, NUN WISSEN SIE ALLES ÜBER MICH!

Gruppenarbeitsblatt zu Schritt 5

Darum sollt ihr einander eure Sünden bekennen und füreinander beten, damit ihr geheilt werdet. (Jakobus 5,16a)

* Wer seine Sünde vertuscht, hat kein Glück; wer sie aber bekennt und meidet, über den erbarmt sich der Herr.

Wir gaben Gott, uns selbst und einem anderen Menschen gegenüber unverhüllt unsere Fehler zu.

In Sprüche 28,13* geht es um Ehrlichkeit oder Verheimlichen: Inwiefern hat das „Verheimlichen Deiner Sünden" Dich bisher daran gehindert, die Schritte durchzuarbeiten?

_____

_____

Wie fühlst Du Dich gegenüber den anderen Gruppenmitgliedern?

_____

_____

In welchen Bereichen war es Dir bisher nicht möglich, etwas von den anderen Gruppenmitgliedern zu erbitten? Bist Du jetzt im Augenblick bereit dazu?

_____

_____

In welchen Bereichen warst Du bisher nicht bereit, den anderen Gruppenmitgliedern etwas zu geben? Was bist Du bereit, ihnen jetzt zu geben?

_____

_____

Was ist Dein persönliches Gebetsanliegen?

_____

_____

Für wen betest Du, und was sind dessen Anliegen?

_____

_____

8. Tag

* Das heißt auch: Unsere Mitwirkung an dem Heilungs- und Veränderungsprozeß braucht Zeit. Gott respektiert unsere Geschöpflichkeit und übergeht die Zeitrhythmen nicht, die nötig sind für Wachstum und Entwicklung.

Wenn Du Schritt 5 abgeschlossen hast, könnte es sein, daß Du einige Deiner Erwartungen noch nicht befriedigt findest.

Wir müssen verstehen lernen, daß Gottes Zeitplan nicht immer unserem entspricht. Gott arbeitet in jedem von uns gemäß unserer eigenen Fähigkeit, auf ihn zu reagieren.* Wir sollen uns nicht unseren Befürchtungen hingeben, sondern lieber Gott vertrauen. Mit Schritt 5 werden wir uns prüfen müssen, ob wir wirklich bereit sind, Gott zuzutrauen, daß er uns stärken und ausrüsten wird, damit wir unser Leben ändern.

Beschreibe Deine Gefühle, nachdem Du Schritt 5 vollendet hast. Fühlst Du Dich Gott und Deinen Wegbegleitern näher?

_____

_____

_____

Welche Schwierigkeiten hattest Du, Dich einem anderen mitzuteilen?

_____

_____

_____

Wenn du meinst, du seist besser als andere, ob zu Recht oder zu Unrecht, dann halte den Mund und schweig lieber!* (Sprüche 30,32)

* Damit ist gemeint: Sei still und warte die Folgen ab, dann wirst Du es sehen!

Wie hat Dir Schritt 5 geholfen, Deine Vergangenheit anzunehmen?

_____

_____

_____

9. Tag

Wenn wir Schritt 5 abgeschlossen haben, wird uns bewußt werden, daß wir uns noch lange nicht immer im Griff haben. Es ist nicht leicht, unsere alten Verhaltensmuster alle auf einmal zu ändern. Das Zugeben unserer Fehler und Schwächen allein hält uns noch lange nicht davon ab, nach diesen alten Strukturen zu handeln.

Wir sollten ruhig damit rechnen, Rückfälle und schwache Momente zu haben. Doch gleichzeitig gilt weiterhin: Gott und unsere Beziehung zu ihm werden uns helfen, unsere Charakterschwächen zu überwinden.

Wenn wir wirklich bereit sind (sonst zurück zu Schritt 1!) und sehnlichst wünschen uns zu verändern, wird er uns die Kraft und den Mut geben – das, was wir brauchen.

Inwiefern hat Dich Schritt 5 näher zu Gott gebracht und Dir geholfen, eine bessere Meinung von Dir selbst zu gewinnen?

_____

_____

_____

Denn darin sind die Menschen alle gleich: Alle sind Sünder und haben nichts aufzuweisen, was Gott gefallen könnte. Aber was sich keiner verdienen kann, schenkt Gott in seiner Güte: Er nimmt uns an, weil Jesus Christus uns erlöst hat. (Römer 3,23f)

Was gedenkst Du zu tun, wenn Du wieder anfängst, in Deinen alten Mustern zu handeln?

_____

_____

_____

Notizen

_____

_____

_____

_____

_____

_____

_____

_____

_____

_____

Wichtige Richtlinien für die Vorbereitung des 5. Schrittes

Das Ziel ist Ausgeglichenheit

Erinnere Dich vor allem daran, daß jeder Deiner Charakterzüge zugleich eine Stärke und eine Schwäche hat. Beginne mit Grollgefühlen und Ängsten. Dann gehe weiter zu den Charakterzügen, die Du in Deiner Inventur von Schritt 4 entdeckt hast.

Wähle Deinen Zuhörer bei Schritt 5 sorgfältig aus! Es sollte jemand sein, der mit dem 12-Schritte-Programm vertraut ist. Es kann:

- ein Pfarrer sein, der von einer der christlichen Kirchen ordiniert ist. In einigen Kirchen sind unter dem Stichwort „Lebensbeichte" solche Anfragen bekannt.
- ein vertrauter Freund (möglichst vom gleichen Geschlecht), ein Arzt oder ein Psychologe sein.
- ein Familienmitglied sein, dem gegenüber Du Dich öffnen kannst. Sei dabei jedoch vorsichtig mit Aussagen, die den Ehegatten oder andere Familienmitglieder verletzen könnten.
- ein Mitglied des 12-Schritte-Programms sein. Wenn Ihr mit den hier vorgeschlagenen Familien-Gruppen arbeitet, besteht vielleicht bereits ein größeres Vertrauensverhältnis zu einem der Mitglieder. Das wird durch den Schritt 5 noch vertieft werden. Unter Umständen kann auch die Gruppe als ganze Zuhörer sein.

Für den, der sich ausspricht, wie auch für den Zuhörer sind folgende Punkte hilfreich:

- Beginne mit Gebet. Bitte Jesus Christus gegenwärtig zu sein, schon wenn Du Dich vorbereitest, die Einsichten aus Deiner Schritt-4-Inventur zu sichten. Bitte Gott, Dich in dem nun folgenden Prozeß zu führen und zu unterstützen.
- Nimm Dir reichlich Zeit, um jeden Gedanken wirklich durchzudenken, und bleibe dabei bei einem Thema, bis Du es durchhast. Vermeide dabei unnötig abschweifende Erklärungen.
- Schaffe Dir Raum und Zeit, wo Du nicht abgelenkt wirst (z.B. durch Telefonanrufe, Kinder, Besuche, Lärm).
- Keine Diskussionen! Denke daran, daß es in Schritt 5 ausschließlich darum geht, die Fehler und Charakterschwächen zuzugeben. Es geht nicht darum herauszufinden, wie Defekte entstanden sind oder wie in Zukunft damit umgegangen werden sollte. Es geht hier nicht um ein Seelsorge- oder Beratungsgespräch.

- Sei als Zuhörer geduldig, und nimm einfach an, was Dir entgegengebracht wird. Du sollst ein „Sprachrohr Gottes" sein und sollst die Person und was sie Dir entgegenbringt genauso bedingungslos annehmen, wie Gott es auch tut.
- Als Zuhörer ist Deine Aufgabe auch, dem Berichtenden zu helfen, seine Gedanken klar und verständlich auszudrücken. Frage, wenn es nötig ist, so daß Ihr beide die Sache klar sehen und verstehen könnt.
- Nachdem Ihr mit Schritt 5 fertig seid, könnt Ihr Euch beide über Eure Gefühle und Erfahrungen austauschen. Dabei können wir auch üben, uns gegenseitig „durch die Augen Jesu" zu sehen und einander so zu lieben, wie Christus uns liebt.
- Sei Dir auch bewußt, daß das Besprochene vertraulich ist. Nichts zerstört Offenheit und Freundschaften mehr als mißbrauchtes Vertrauen.

Folgende Informationen sind hilfreich beim Durcharbeiten des 5. Schrittes vor Gott:

- Schritt 5 ist für Dich selbst von größtem Nutzen – Gott kennt Dich bereits. Ihm brauchst Du nichts vorzumachen. Du bist dabei zu lernen, demütig, ehrlich und mutig zu leben. Als Folge davon wirst Du frei, glücklich, zufrieden und gelassen leben können.
- Beginne mit einem Gebet, wie z.B.
  „Herr, ich weiß, daß du mich durch und durch kennst.
  Ich bin jetzt bereit, mich dir gegenüber ehrlich und demütig zu öffnen –
  mit all meinem verletzenden Verhalten,
  meiner Ich-Bezogenheit und
  meinem ganzen Wesen.
  Danke, daß du mich an diesen Punkt gebracht hast, wo ich vor dir gestehen muß.
  Bitte, nimm die Angst von mir weg, erkannt und abgelehnt zu werden.
  Und nimm mein Leben unter deinen Schutz und deine Führung."
- Sprich vor Gott laut und ehrlich aus, was Dir bei der Schritt-4-Inventur bewußt geworden ist. Und sei nicht überrascht, wenn heftige Emotionen als ein Teil dieses Läuterungsprozesses in Dir aufsteigen.
- Die Objektivität hält die Balance. Denke daran, daß jeder Charakterzug eine Stärke und zugleich eine Schwäche beinhaltet. Beginne mit Groll und Furcht, gehe danach die Wesenszüge durch, die Dir bei der Schritt-4-Inventur bewußt geworden sind.

Beim Durcharbeiten des 5. Schrittes vor Dir selbst sind folgende Informationen hilfreich:

- Was Dir durch die Schritt-4-Inventur über Dich selbst bewußt geworden ist, ist der erste Schritt in die Richtung, Dich selbst annehmen und lieben zu lernen.
- Wo es im vorigen Schritt darum ging, die eigenen Verhaltens- und Wesenszüge anzusehen, geht es in diesem Schritt darum, zu ihnen zu stehen.
- Setz Dich auf einen Stuhl, stelle Dir einen zweiten gegenüber, und stelle Dir vor, Dich mit einem zweiten „Du" zu unterhalten. Oder sitze vor einem Spiegel und sprich so zu Dir selbst.

- Sprich laut mit Dir selber. Gib Dir auch Zeit, das Gesagte zu hören und ankommen zu lassen, und Du wirst feststellen, daß das ein tieferes Verständnis nach sich zieht.
- Erkenne den Mut an, den Du bisher schon aufgebracht hast. Jeder Schritt dieses Programms bringt Dich ein Stück weiter, und die Last negativer Gefühle, die Du bisher mit Dir herumgeschleppt hast – das hing mit Deinem niedrigen Selbstwertgefühl zusammen –, wirst Du Stück für Stück ablegen können.

Folgende Informationen sind hilfreich für das Durcharbeiten des 5. Schrittes vor einer anderen Person:

- Es ist unglaublich demütigend, uns vor einer anderen Person preiszugeben. Wir offenbaren vor anderen unsere Verteidigungsmechanismen, unsere schlechten und zerstörerischen Charakterzüge, decken aber auch unsere positiven und aufbauenden Züge auf. Damit legen wir die Masken, die wir bisher getragen haben, ab. Es ist ein kühner Schritt, unser Bedürfnis, anderen etwas vorzuspielen und uns selbst versteckt zu halten, aufzugeben.
- Vielleicht siehst Du die Person, der Du Dein Innerstes offenbarst, nie mehr – das ist auch in Ordnung. Es ist Deine Entscheidung, wie Du das handhaben willst.
- Nimm Dir, nachdem Du mit Schritt 5 fertig bist, Zeit, um zu beten und zu reflektieren, was geschehen ist. Danke Gott, daß er Dir diese Hilfe gegeben hat, um Deine Beziehung zu ihm zu verbessern. Gehe nochmals die bisherigen Schritte durch und ergänze, wo Du Dinge ausgelassen hast oder Dir noch Zusätzliches bewußt geworden ist. Mache Dir klar, daß Du durch diesen Prozeß ein neues Lebensfundament legst. Der Eckstein dabei ist Deine Beziehung zu Gott und Dein Entschluß zu einem absolut ehrlichen und demütigen Lebensstil.
- Freue Dich auch über Dich selbst, daß Du diesen Weg der Selbstenthüllung gehst, und danke Gott für Seinen Frieden, den er Dir gegeben hat.

Notizen

_____

_____

_____

_____

_____

Gruppenarbeitsblatt zu Schritt 5

Darum sollt ihr einander eure Sünden bekennen und füreinander beten, damit ihr geheilt werdet. (Jakobus 5,16a)

Wir gaben Gott, uns selbst und einem anderen Menschen gegenüber unverhüllt unsere Fehler zu.

Schau Dir nochmals die Leitlinien zur Vorbereitung des 5. Schrittes an, und beschreibe, wie Du geplant hast, den Schritt 5 mit allen Konsequenzen durchzuführen.

_____

_____

* Zur Methode dieses Meetings: Setzt Euch zu zweit zusammen und tauscht Euch über Schritt 5 miteinander aus. Das wird Euch helfen, Persönliches einem anderen Menschen mitzuteilen. Tauscht Euch danach in der Gruppe darüber aus, wie es Euch bei diesem Zweier-Gespräch ergangen ist.

Denke nochmals über Jakobus 5,16 nach: Was würde sich auf Dein persönliches Wachstum positiv auswirken? Wie kann Dir die Gruppe dabei helfen?*

_____

_____

_____

Was ist Dein persönliches Gebetsanliegen?

_____

_____

_____

Für wen betest Du, und was sind dessen Anliegen?

_____

_____

_____

Schritt 6   Bereit für Veränderungen?

Erkennt eure Unwürdigkeit, und beugt euch vor dem Herrn! Erst dann wird Gott euch helfen und aufrichten. (Jakobus 4,10)

Wir waren völlig bereit, alle diese Charakterfehler von Gott beseitigen zu lassen.

Nachdem wir Schritt 1-5 durchgearbeitet haben, denken einige vielleicht, wir könnten hier aufhören. In Wirklichkeit liegt aber noch viel Arbeit vor uns, und die besten Veränderungen werden noch kommen.

In Schritt 1 und 2 erkannten wir unsere Ohnmacht und kamen zu der Erkenntnis, an eine Macht zu glauben, die größer ist als unsere eigene. In Schritt 3 übergaben wir unseren Willen und unser Leben Gottes Führung und Fürsorge. Die Schritte 4-5 schufen eine Atmosphäre, die es uns ermöglichte, uns mit uns selbst auseinanderzusetzen, demütig zu werden und unsere Fehler vor Gott, vor uns selbst und vor einem anderen Menschen zuzugeben. Die Grundlage für den Veränderungsprozeß, die wir damit gelegt haben, kann in uns die Illusion hervorrufen: Jetzt sei alles in Ordnung! Die folgenden Schritte seien nur noch Randpunkte.

Durch diesen Trugschluß wurden viele von uns nur daran gehindert, geistlich weiterzuwachsen und die in ihnen verborgenen Fähigkeiten zu entwickeln.

Es ist tatsächlich so, daß die Schritte 1-5 uns geholfen haben, die richtige Richtung einzuschlagen und ein solides Fundament zu legen. Mit Schritt 6 kommen wir nicht mehr daran vorbei, unsere Gewohnheiten und unseren Lebensstil wirklich zu verändern. Wir werden uns nun darauf vorbereiten, unserem Lebensstil eine völlig neue Richtung zu geben

Wie wird Veränderung mit Gottes Hilfe möglich?

* Van Ruler, ein niederländischer reformierter Theologe hat den Begriff „theonome Reziprozität" eingeführt, um den Gedanken der Mitwirkung mit Gott (lat. „cooperatio") davor zu schützen, als gäbe es hier zwei gleichberechtigte Partner.
Die Beziehung zwischen Gott und uns bleibt immer „theonom", d.h. „gottbestimmt" (das Gegenteil wäre „autonom"). Sie wird so von ihm durch das Wirken des Heiligen Geistes in allen Aspekten gesteuert. Gleichzeitig ist es eine Wechselbeziehung („Reziprozität"), die davon lebt, daß ich als Mensch auf das Leiten Gottes reagiere. Wenn ich meine Reaktion verweigere, wird Gott sich zwar immer weiter um mich bemühen, mich weiterlieben, bis ich auf sein liebevolles Werben endlich eingehe –, aber er respektiert auch meinen Widerstand, auch wenn es ihn schmerzt!

Das Geheimnis einer Lebensänderung hat etwas damit zu tun, daß wir mit Gott zusammenwirken: Gott ergreift die Initiative, er führt, er zeigt die Richtung, während wir unserem Wunsch nach Veränderung auch unser Wollen und Handeln beisteuern.

Anders ausgedrückt: Alles, was wir brauchen, ist der Wille, Gott die Führung zu überlassen. Er zwingt sich uns nicht auf. Er wartet, bis wir ihn in unser Leben einladen. Gleichzeitig ist uns aber zugesagt: Er wird uns niemals im Stich lassen oder verraten – wie wir es vielleicht bei Menschen erlebt haben.*

Niemand erwartet von uns, daß wir unsere Charakterfehler alleine beseitigen. Das haben wir erfolglos jahrelang probiert. Unsere Aktivität besteht nun darin, sie aufzugeben und Gott handeln zu lassen. Im tiefsten Sinne bedeutet das, uns – so wie wir jetzt sind – loszulassen.

Schritt 6 ist in diesem Sinne kein Aktionsschritt. Er besteht darin, vor Gott zu stehen, und diesen Schritt an uns geschehen zu lassen. Nämlich das geschehen lassen, was Gott uns anbietet: uns ihm (und damit unsere Fehler und Schwächen) zu überlassen.

Wenn unsere Bereitschaft zur völligen Hingabe wächst, werden wir an den Punkt kommen, Gott unsere Charakterfehler übernehmen und entfernen zu lassen, so wie er es für richtig hält.

Das geschieht, während wir täglich das hier vorgeschlagene Programm durcharbeiten; unabhängig davon, ob wir im Augenblick eine Auswirkung wahrnehmen oder nicht.

Wir müssen uns noch einmal bewußt machen, daß die Charakterzüge, die wir ausmerzen wollen, tief in uns verwurzelt sind und über Jahre hinweg in unserem Kampf ums Überleben entwickelt wurden. Sie werden nicht über Nacht verschwinden. Deshalb müssen wir einfach geduldig sein, während Gott uns zu einem neuen Menschen umgestaltet. Aber durch unsere Bereitschaft, Gott die Kontrolle zu überlassen, lernen wir in einem umfassenderen Maß ihm zu vertrauen.

Bereitschaft, Gott machen zu lassen

Schritt 6 ist ähnlich dem 2. Schritt. Bei beiden geht es um die Bereitschaft Gott zu erlauben, in unser Leben hineinzuwirken und es zu verändern. Im Schritt 2 suchen wir die Wiederherstellung unserer seelischen Gesundheit, indem wir anfangen, an eine größere Macht als unsere eigene zu glauben. In Schritt 6 geht es nun um die ganze Bereitschaft, Gott unsere Fehler und Schwächen wirklich entfernen zu lassen. In beiden Schritten erkennen wir an, daß es Probleme gibt. Beide Schritte fordern uns auf, bei Gott Hilfe zu suchen, um befreit zu werden. Gleichzeitig müssen wir aufhören, mit eigener Kraft (nach dem Motto: „Ich krieg' das schon in den Griff!") daran arbeiten zu wollen.

In dieser Haltung, sich Gott hinzugeben, wird Veränderung geschenkt! Weil wir zum Glauben an einen gnädigen Gott gekommen sind, der uns durch die Hingabe Jesu am Kreuz Vergebung und Heilung zugesprochen hat, bedeutet zu „glauben": Wir vertrauen ihm, daß er uns seine verwandelnde Gnade schenkt.

Persönliche Überlegungen

1. Tag

Um mit Schritt 6 erfolgreich zu sein, müssen wir uns aufrichtig wünschen, unsere lähmenden und unser Leben blockierenden Verhaltensweisen zu ändern. Bisher beherrschte uns unser Eigenwille. Auf diese Weise versuchten wir, auch unsere Umgebung zu manipulieren und zu kontrollieren. Wir wurden Opfer unseres Eigenwillens und bemühten Gott nur äußerst selten, uns zu helfen.

Jetzt, nachdem wir unsere Lebenssituation erkannt haben und entschlossen sind, unsere Verhaltensfehler ausmerzen zu lassen, begreifen wir, daß wir mit unserem Eigenwillen nicht weit kommen. Deshalb müssen wir endlich akzeptieren, daß wir Hilfe brauchen, damit wir unser selbstzerstörerisches Wesen aufgeben können.

Wie groß ist Deine Bereitschaft, Dein Verhalten zu verändern? Bist Du wirklich entschlossen? Was willst Du zu dieser Veränderung beitragen?

_____

_____

* Darum seid bereit, und stellt euch ganz und gar auf dieses Ziel ein. Laßt euch nichts vormachen, seid nüchtern und richtet all eure Hoffnung auf Gottes Barmherzigkeit, die er euch in vollem Ausmaß an dem Tag erweisen wird, wenn Jesus Christus als Herr der Welt wiederkommt. (1. Petrus 1,13)

Welche Gefühle entstehen in Dir bei dem Gedanken, Dich Christus völlig hinzugeben und zu vertrauen, daß er Deine Fehler und Schwächen beseitigt?*

_____

_____

_____

2. Tag

An diesem Punkt unseres Programms erkennen wir deutlich, wie nötig Veränderungen sind, um ein erfülltes Leben zu führen. Einerseits zu erkennen, daß Veränderung nötig ist, und andererseits wirklich bereit zu sein, solche Veränderungen zuzulassen, sind zwei verschiedene Dinge. Der Raum zwischen „Erkenntnis" und „Bereitschaft" ist nicht selten mit Furcht besetzt. Wenn wir uns darauf einlassen, wirklich bereit werden zu wollen, bleibt uns nichts übrig, als die Befürchtungen loszulassen und Zuversicht darin zu finden, daß Gott uns das, was wir brauchen, wiedergeben wird.

Wenn wir dann endlich „fest entschlossen" sind zu wollen, fangen wir an, die neuen Lebensmöglichkeiten nach einer Veränderung wertzuschätzen. Dieses neue Leben, das wir schemenhaft schon ahnen, wird uns motivieren, alles daranzusetzen, um dahinzukommen. Von nun an wird es kein Zurück mehr geben!

*Freue dich über den Herrn; er
wird dir alles geben, was du dir
von Herzen wünschst. Vertraue
dich dem Herrn an und sorge dich
nicht um die Zukunft! Überlaß sie
Gott, er wird es richtig machen.
(Psalm 37,4-5)*

*Dabei ist mir klar, daß ich dies al-
les noch lange nicht erreicht
habe, daß ich noch nicht am Ziel
bin.** Doch ich setze alles daran,
das Ziel zu erreichen, damit der
Siegespreis einmal mir gehört, wie
ich jetzt schon zu Christus gehöre.
Wie gesagt ... ich weiß genau:
Noch habe ich den Preis nicht in
der Hand. Aber eins steht fest,
daß ich alles vergessen will, was
hinter mir liegt. Ich konzentriere
mich nur noch auf das vor mir liegende Ziel. Mit aller Kraft laufe
ich darauf zu, um den Siegespreis
zu gewinnen, das Leben in Gottes
Herrlichkeit. Denn dazu hat uns
Gott durch Jesus Christus berufen. (Philipper 3,12-14)*

*** [In der wörtlichen Übersetzung
wird sehr schön beschrieben was
mit „theonomer Reziprozität" gemeint ist: „Nicht, daß ich's schon
ergriffen habe oder schon vollkommen sei; ich jage ihm aber
nach, ob ich's wohl ergreifen
könnte, weil ich von Christus Jesus ergriffen bin ..." D.h.: Ich ergreife Jesus (und seine Gnade),
nachdem und weil ich von ihm ergriffen bin.]*

Wie verstehst Du persönlich für Dich: „Es wird kein Zurück mehr geben?"

_____

_____

_____

*Nenne Beispiele, die aufzeigen, daß Du Deinen Weg der Fürsorge Gottes
und Seiner Führung anvertraust.*

_____

_____

_____

*In welchen Bereichen mußt Du am härtesten arbeiten, um Deine Fehler
und Schwächen loszulassen und um das Ziel deiner Berufung* zu erreichen?*

_____

_____

_____

_____

3. Tag

Wenn wir uns darauf vorbereiten, unsere Charakterfehler und Schwächen aufzugeben, merken wir, wie vertraut und nützlich sie uns sind. Sie
aufzugeben bedeutet auch: Wir verlieren nun die Möglichkeit, uns selbst
und andere zu kontrollieren. Wir können uns aber darauf verlassen, daß
Gott nichts wegnehmen wird, was wir unbedingt brauchen. Dies zu wissen,
gibt uns Zuversicht. Schon über kleinste Anfänge freut sich Gott!

Die Bibel sagt uns, daß uns nichts unmöglich sein wird, wenn wir Glauben haben, sei er auch (noch) so klein wie ein Senfkorn (Matthäus 17,30).
Wenn wir den Samen der Bereitschaft gesät haben, müssen wir uns nun auf
die winzigen Sprößlinge positiver Veränderungen konzentrieren und sie
beschützen. Wir möchten nicht, daß das Unkraut des Eigenwillens unseren
frisch eingesäten Garten und die neuen Sprößlinge überwuchert. Denn
unsere gewohnten Emotionen sind Dünger für dieses Unkraut. Darum laß
diese Emotionen los, achte nicht mehr auf sie. Stell Dich neben Dich, und
gehorche nicht mehr den alten „Stimmen" in Dir – laß sie reden.

Spürst Du Ängste in Dir aufkommen beim Gedanken, daß Deine Charakterschwächen und -fehler entfernt werden sollen? Beschreibe sie!

_____

_____

Erkennst Du Charakterfehler und Schwächen, bei denen Du nicht bereit bist, sie entfernen zu lassen? Erkläre, wieso sie so untrennbar zu Dir gehören.

_____

_____

Nehmt nicht die Forderungen dieser Welt zum Maßstab, sondern ändert euch,* indem ihr euch an Gottes Maßstäben orientiert. Nur dann könnt ihr beurteilen, was Gottes Wille ist, was gut und vollkommen ist und was ihm gefällt. (Römer 12,2)

* Wörtlich: „sondern werdet verwandelt durch die Erneuerung des Denkens!"

Wie überprüfst Du und registrierst Du persönlich, was Gottes Wille für Dein Leben ist und was er in Deinem Leben tut? (Vgl. mit Römer 12,2.)

_____

_____

_____

4. Tag

Mit diesem Schritt üben wir uns in der Fähigkeit, mit Gott zu sprechen. Die Haltung, in der wir mit Gott in Beziehung stehen, sollte unsere Demut zum Ausdruck bringen und ihn zum Eingreifen einladen.

Wenn wir sagen: „Lieber Gott, ich möchte geduldiger sein", so drücken wir ihm gegenüber eine Forderung aus und sagen ihm nur, was wir von ihm verlangen. Beten wir: „Lieber Gott, ich bin ungeduldig!", so offenbaren wir die Wahrheit über uns selbst.

Wenn wir so beten, zeigen wir eine neue Haltung: Wir geben demütig unseren wahren Zustand zu, bekennen unsere Charakterschwächen und wollen die Wurzel von Gott verändern lassen, anstatt ihm zuzumuten, daß er das Sahnehäubchen auf die Torte setzt: „Bitte etwas mehr Geduld!" Mit dieser Haltung legen wir unsere Wunschvorstellungen von uns selbst ab, die Vorstellung, daß wir schon einigermaßen in Ordnung sind – und bitten Gott zu handeln.

Nenne Beispiele, wo Du auch gebetet hast, daß Gott Deine („Sahnehäubchen"-)Wünsche erfüllt, statt ihn danach zu fragen, was seine Pläne und Absichten für Dich sind.

_____

_____

* Erkennt eure Unwürdigkeit, und beugt euch vor dem Herrn! Erst dann wird Gott euch helfen und aufrichten. (Jakobus 4,10)

Wieso ist es nötig, sich gegenüber Gott zu beugen* , bevor Gott unsere Charakterschwächen und -fehler beseitigen kann?

_____

_____

Falls jemand von euch nicht weiß, was der Wille Gottes in einer bestimmten Sache ist, soll er um Weisheit bitten. Ihr wißt doch, wie reich Gott jeden beschenkt und wie gern er allen hilft. Also wird er auch euer Gebet erhören. Betet aber in großer Zuversicht und zweifelt nicht; denn wer zweifelt, gleicht den Wellen im Meer, die vom Sturm hin- und hergetrieben werden. (Jakobus 1, 5-6)

Schreibe alle Deine Zweifel auf, die Deiner Bereitschaft im Weg stehen, durch Gott von Deinen Fehlern und Schwächen loszukommen.

_____

_____

_____

5. Tag

Schritt 6 erfordert, daß wir Fehler und Schwächen anschauen, die wir eigentlich lossein wollen. Bei einigen sind wir vielleicht noch nicht ganz bereit, sie loszulassen. Sie erscheinen uns nützlich. So sagen wir: „Ich kann … noch nicht aufgeben." Wenn wir sagen: „Ich werde mich sowieso nie verändern, und ich werde … nie aufgeben können", fixieren wir unser Problem. Durch diese Haltung verschließen wir uns gegenüber Gottes rettender Gnade und setzen unseren Selbstzerstörungsmechanismus fort. Wenn wir diese Einstellung zu irgendeiner Verhaltensweise in uns entdecken, müssen wir unser Vertrauen zu Gott unbedingt erneuern, uns neu dafür entscheiden, seinen Willen wirklich zu wollen.

Inwiefern kann Dein Vertrauen zu Gott Dir helfen, Dein zerstörerisches Verhalten loszulassen?

_____

_____

Was befürchtest Du eigentlich, wenn Deine jetzigen Fehler und Schwächen weggenommen werden?

_____

_____

* Gott ist treu. Er wird euch Mut und Kraft geben und euch vor allem Bösen bewahren. (2. Thessalonicher 3,3)

Wie erlebst Du Gottes Ermutigung und Bewahrung* zur Zeit?

_____

_____

6. Tag

Wenn wir die Prinzipien dieses Programms in unseren Alltag integrieren, bereiten wir uns ganz allmählich und unbewußt darauf vor, daß unsere Unzulänglichkeiten entfernt werden. Manchmal ist es uns dann gar nicht bewußt, daß wir bereit sind, unsere Fehler loszulassen. Überrascht bemerken wir, daß wir uns plötzlich anders verhalten – daß wir verändert sind. Dann erleben wir uns, wie wir neben uns stehen und staunen: „Ich mache das jetzt ganz anders als früher!"

Manchmal bemerken Menschen um uns herum die Veränderung sogar noch vor uns.

- Anerkennungssüchtige fangen an, unabhängiger zu handeln.
- Kontrollfanatiker werden leichtherzig und entspannter.
- Co-Süchtige (die ständig anderer Leute Sorgen auf sich ziehen) werden feinfühliger im Umgang mit ihren eigenen Bedürfnissen.

Menschen, die ernsthaft und gewissenhaft an diesem Programm (als einem wertvollen und wichtigen Teil ihres Lebens) arbeiten, werden ruhiger, gelassener und im echten Sinne glücklich.

Welche Verhaltensänderungen deuten darauf hin, daß sich Deine Denkstrukturen langsam verändern?

_____

_____

* … daran müßt ihr festhalten: Ihr seid tot für die Sünde. Lebt nun für Gott, der euch durch Jesus Christus das neue Leben gegeben hat. Achtet darauf, daß euer vergänglicher Leib nicht von der Sünde, von seiner Triebhaftigkeit beherrscht wird. (Römer 6,11-12)

Paulus ruft auf, sich neben sich zu stellen und die Haltung einzunehmen: Ich halte mich für tot – für die Sünde bin ich gestorben*. Dies ist eine willentliche Einstellung: „Laß toben, was will, laß die alten Geschichten noch so lebendig wirken! Ich bin befreit, und das gilt im Glauben!"

Welche Deiner Charakterschwächen und -fehler haben Dir am meisten Schmerz verursacht und müssen zuerst „für tot gehalten werden"?

_____

_____

Glaubt euch selbst:
In jedem von uns steckt eine strahlende und vertrauensvolle Person,
meist versteckt hinter einer Wolke von Verwirrung und Unsicherheit.

Irritiert werden wir durch unser unfruchtbares, zerstörerisches Verhalten. Wenn uns jemand fragen würde, ob wir von unseren Fehlern und Schwächen befreit werden wollen, hätten wir doch nur eine Antwort – wir sind wirklich bereit, sie durch Gott entfernen zu lassen.

Stimmt das so für Dich? Was bedeutet für Dich, „wirklich bereit" zu sein?

_____

_____

_____

* Auch ich will dir treu sein; laß mich nicht von dem Weg abkommen, den du mir gezeigt hast! Tief präge ich mir dein Wort ein, damit ich nicht vor dir schuldig werde.
Ich will dir danken und dich preisen, Herr! Lehre mich, deinen Ordnungen immer mehr zu gehorchen! (Psalm 119,10-12)

Wir dürfen uns darauf verlassen, daß Gott unser Beten erhört, wenn wir ihn um etwas bitten, was seinem Willen entspricht. Und weil Gott solche Gebete ganz gewiß erhört, dürfen wir auch darauf vertrauen, daß er uns gibt, worum wir ihn bitten.* (1. Johannes 5,14-15)

* Wörtlich: „... Wenn wir wissen, daß er auf uns hört, was immer wir bitten, wissen wir, daß wir das Erbetene (schon) haben, das wir ihm im Gebet gesagt haben." Das bedeutet, wir wissen (nicht „fühlen"), daß wir das Erbetene schon als unseren Besitz bezeichnen dürfen, auch wenn wir es noch nicht wirklich sichtbar in der Hand haben.

Wie kann die im Psalm beschriebene Haltung* es Dir erleichtern, wirklich bereit zu werden, Deine Fehler von Gott wegnehmen zu lassen?

_____

_____

_____

Denke über den Grad Deiner Gewißheit nach, daß Gott Deine Schwächen und Fehler fortnehmen wird.

_____

_____

_____

_____

Bereitschaftsübung

7. Tag

Die folgende Übung soll Dir helfen, Dich auf das Aufgeben Deiner Charakterfehler vorzubereiten.

Dir ist einiges bewußt geworden, als Du Schritt 4 bearbeitet hast. Wenn es Dir eine Hilfe ist, so beziehe Dich doch noch einmal auf Deine Schritt-4-Inventur.

Stolz

- *Unangemessene Selbstüberschätzung*
- *Verächtliches Verhalten anderen gegenüber*

Nenne Beispiele, die aufzeigen, daß Du bereit bist, Dein dauerndes Bedürfnis aufzugeben, andere zu beeindrucken.

_____

_____

_____

Welche Schwierigkeiten hast Du, Deine ständige Beschäftigung mit Dir selbst aufzugeben?

_____

_____

_____

Habsucht

- *Selbstsucht*
- *Übermäßige Gewinnsucht, nie genug zu haben*

Was fürchtest Du zu verlieren, wenn Du Dein starkes Verlangen nach materiellen Dingen aufgibst?

_____

_____

_____

Was wirst Du für einen Gewinn davon haben, wenn Du Deine selbstsüchtigen Tendenzen aufgibst?

_____

_____

Wollust

- *Unzucht*
- *Zügelloses, unangemessenes sexuelles Verhalten*

Welche unangemessenen sexuellen Aktivitäten wirst Du aufgeben?

_____

_____

Wie wird das Ausmerzen Deiner wollüstigen Tendenzen Dein alltägliches soziales Verhalten verändern?

_____

_____

Unehrlichkeit

- *Betrug*
- *Betrügen und täuschen*
- *Rechtfertigendes Verhalten durch unehrliche Erklärungen, leugnen, lügen*

Welche Ängste steigen in Dir hoch, wenn Du merkst, daß die Wahrheit gesagt werden müßte?

_____

_____

Wie wird Ehrlichkeit Deine Lebensqualität verbessern?

_____

_____

Gefräßigkeit

- *Habsucht*
- *Begierde*
- *Übermäßiges Essen oder Trinken*

Welchen Nutzen erhoffst Du Dir von der Veränderung Deines zügellosen (oft getarnt: „Man gönnt sich ja sonst nichts!") Verhaltens?

_____

_____

Was bist Du bereit aufzugeben?

_____

_____

Neid

- *Eifersucht*
- *Schmerzvolles oder groll-erfülltes Sich-Sehnen nach einem Vorteil oder Nutzen, den ein anderer genießt*
- *Dasselbe haben zu wollen, was andere besitzen*

Inwieweit bist Du bereit, Dein Verlangen nach Ansehen und materiellem Reichtum abzubauen?

_____

_____

Wie stellst Du Dir Dein Leben vor, wenn Du keine Eifersucht mehr empfindest?

_____

_____

Faulheit

- *Trägheit*
- *Abneigung gegen Aktivität und Anstrengungen*
- *Energie- und leblos sein*
- *Vermeiden von Verantwortung*

Nenne Beispiele, die aufzeigen, daß Du bereit bist, Deine Produktivität zu erhöhen.

_____

_____

Welche Schritte hast Du unternommen, um Deine Gewohnheit alles hinauszuschieben, auszumerzen?

_____

_____

Gruppenarbeitsblatt zu Schritt 6

Erkennt eure Unwürdigkeit, und beugt euch vor dem Herrn! Erst dann wird Gott euch helfen und aufrichten. (Jakobus 4,10)

Wir waren völlig bereit, alle diese Charakterfehler von Gott beseitigen zu lassen.

„Zerbrochene Träume"

**Wie Kinder unter Tränen ihr Spielzeug zu mir bringen –
weil es kaputtgegangen: „Mach du es wieder heil!",
so reichte ich zerbroch'ne Träume Gott.
Mein Freund ist er, mein Teil.
Doch dann – statt ihn in Frieden wirken lassen –
schlich ich unstet um ihn herum,
versuchte, mit – nach meinen Maßen –
Hand anzulegen. Es war nur dumm!
Schließlich reiß ich's ihm unwirsch weg
und wein': „Warum so langsam alles geht?"
„Mein Kind", sagt er, „wie soll ich es vollenden?
Du überläßt's nicht meinen Händen!"**
(Autor unbekannt)

Wie erinnert Dich dieses Gedicht an Deine Ungeduld und fehlende Bereitschaft loszulassen?

_____

_____

Wie bereitwillig kannst Du Dich Gott unterordnen? Inwiefern ist es Dir in der vergangenen Woche besser gelungen (vgl. Jakobus 4,10)?

_____

_____

Was ist Dein persönliches Gebetsanliegen?

_____

_____

Für wen betest Du, und was sind dessen Anliegen?

_____

_____

Schritt 7   Die Verwandlung zulassen

Wenn wir aber unsere Sünden bereuen und sie bekennen, dann dürfen wir darauf vertrauen, daß Gott seine Zusage treu und gerecht erfüllt: Er wird unsere Sünden vergeben und uns von allem Bösen reinigen. (1. Johannes 1,9)

Demütig baten wir ihn, unsere Mängel von uns zu nehmen.

Demut ist ein Thema, dem wir im 12-Schritte-Programm immer wieder begegnen. Beim Schritt 7 steht Demut im Zentrum. Wenn wir demütig bleiben, bekommen wir auch die Kraft, um mit dem Programm weiterzumachen und gute Ergebnisse zu erzielen, die uns froh machen. Es wird uns mehr und mehr bewußt, daß früher ein großer Teil unseres Lebens der Erfüllung unserer selbstbezogenen Wünsche gewidmet war.

Wir müssen diese von Stolz geprägten und selbstsüchtigen Verhaltensweisen zur Seite schieben, uns über unsere Unzulänglichkeiten klarwerden und erkennen, daß nur Demut unser „kaputtes Denken"* befreien kann.

Schritt 7 fordert uns heraus, unseren Willen ganz Gott hinzugeben, um in der Folge gelassen und zufrieden zu werden.

* Ein spezielles Wort aus der AA-Bewegung, um das hochmütige, selbstbezogene und verdrehte Denken zu charakterisieren.

Weisheit bedeutet eine neue Weite

Wir werden mehr und mehr weise und verständiger. Das ist nicht vor allem ein Ergebnis unserer intensiven Bemühungen, sondern ein Geschenk der Einsicht, die wir bekommen haben, als wir uns den Schmerzen und Realitäten der Vergangenheit gestellt haben. Es ermutigt uns auch sehr, wenn wir erleben, wie andere mit ihren Schwierigkeiten fertiggeworden sind. Beim Durcharbeiten der Schritte werden wir immer mehr begreifen, wie wertvoll es ist, die Wahrheit über unsere Vergangenheit anzuerkennen. Natürlich: Der Schmerz über diese Wahrheit scheint fast unerträglich. Aber nur diese Einsichten, die wir gewinnen, führen uns in die Freiheit.

Kontrolle wirklich aufgeben

Schritt 6 bereitete uns darauf vor, unsere alten fehlerhaften Verhaltensmuster aufzugeben. So konnten wir anfangen, die hilfreichen neuen Verhaltensmuster zu entdecken, die Gott eigentlich für uns vorgesehen hat.

Wie bereit wir nun sind, unsere Kontrolle abzugeben, zeigt sich in dem Maße, wie wir Gott – gemäß Schritt 7 – wirklich bitten, uns unsere Mängel und Fehler wegzunehmen. Für diejenigen von uns, die bisher in dem Glauben gelebt haben, sie bräuchten keine Hilfe von anderen, kann das eine äußerst schwierige Aufgabe werden. Aber es ist nicht unmöglich! Vorausgesetzt wir sind aufrichtig bereit, unseren Selbstbetrug aufzugeben, werden wir Gott bitten können, uns dabei zu helfen, unsere Vergangenheit loszulassen und ein neues Leben aufzubauen.

Schritt 7 ist der erste und der wichtigste Teil unseres Reinigungsprozesses und bereitet uns für den nächsten Abschnitt unserer „Reise" vor. Während der ersten sechs Schritte wurden wir uns unserer schwierigen Situation bewußt, blickten ehrlich auf unser Leben und wurden bereit, unsere Haltungen zu ändern.

Schritt 7 gibt uns die Chance, Gott zu bitten, die Bereiche unseres Charakters zu verwandeln, die uns und anderen nur Schmerzen gebracht haben.

Lähmende Selbstbezogenheit verlieren

Bevor wir mit dem Programm angefangen hatten, vermieden wir es, uns selbst ehrlich anzusehen. Wir konnten das wahre Ausmaß unseres lähmenden Verhaltens nicht zugeben. Jetzt werden wir uns der Gegenwart Christi bewußt, und unsere Aufmerksamkeit konzentriert sich darauf, ein Leben nach seinem Vorbild zu führen. Auf diese Weise werden wir von der lähmenden Last unserer Selbstbezogenheit befreit. Unsere Beziehung mit Christus wird die Liebe zu allen Menschen wachsen lassen und uns da, wo wir mit unserem „Ego" übermäßig beschäftigt waren, in das richtige Maß bringen. Wir werden schließlich erkennen, was für eine Person wir einst gewesen sind. Wir werden begreifen, wer wir jetzt geworden sind, und freuen uns auf die zukünftige Entwicklung unserer Persönlichkeit.

Entscheidung mit ganzem Willen

Die Bereitschaft, unsere Fehler und Schwächen ausmerzen zu lassen, erfordert eine klare Entscheidung, zusammen mit Gott daran zu arbeiten, daß unsere Ziele und unsere Aktivitäten verändert werden und sie eine neue Ausrichtung bekommen.

Es wird keinen Fortschritt geben, wenn wir weiterhin in unseren alten zerstörerischen Verhaltensmustern leben. Wir müssen unbedingt wachsam bleiben und auf der Hut sein, damit die alten Verhaltensweisen nicht womöglich in neuem Gewand wieder auftauchen. Wir müssen wirklich dranbleiben, alte Muster zu entdecken und auszumerzen.

Es ist nur weise, wenn wir behutsam und geduldig mit uns selbst umgehen und immer daran denken, daß es schließlich unser ganzes bisheriges Leben gebraucht hat, um diese Gewohnheiten zu entwickeln. Wie unrealistisch also zu erwarten, daß sie über Nacht verschwinden werden!

Gott benutzt unterschiedliche Mittel zur Veränderung

Wenn wir mit Schritt 7 von Gott erwarten, daß er uns unsere Mängel wegnimmt, müssen wir damit rechnen, daß er sowohl durch andere Menschen als auch durch unsere persönlichen Gebete wirkt. Gott benutzt verschiedenste äußere Mittel, um unsere Charakterfehler zu korrigieren: Nicht nur Pfarrer, Lehrer, Ärzte oder Therapeuten – jeder Mensch kann zum Werkzeug der Gnade Gottes werden. Wenn wir von außen Hilfe annehmen wollen, ist das ein gutes Zeichen, daß wir bereit sind, uns verändern zu lassen.

Zum Beispiel können Leute mit zwanghaften Ängsten Gott darum bitten, sie davon zu befreien. Doch zur gleichen Zeit dürfen sie bei einem Seelsorger oder Therapeuten Hilfe suchen, um mit ihren Ängsten fertigzuwerden. Leute mit Eß-, Trink- oder anderen Suchttendenzen können mit gutem Gewissen professionelle Hilfe suchen, um mit diesem Verhalten, dem sie ausgeliefert sind, angemessen umzugehen. Es widerspricht nicht dem Glauben an Gottes Eingreifen.

Wir müssen Gott zwar um sein Eingreifen bitten, um von unseren Mängeln befreit zu werden; aber wir sollten auch den Mut haben, wenn es uns nötig erscheint, angemessene professionelle Hilfe in Anspruch zu nehmen.

Gebet

Ich habe gerade einem Freund aus der Nachbarschaft erzählt, daß ich etwas über die Angst vor Gewalt schreibe. Er ist ein starker Charakter, wie du weißt, aber irgendwo tief in ihm entspannte sich etwas, während ich redete. Er sagte: „Unter dieser Angst leide ich auch." Und ich wußte, daß es dieselbe Angst war. Ich sah es an seinem Gesicht. Seine Ehrlichkeit tat mir gut. Soll ich darum beten, von dieser vierzig Jahre alten Last befreit zu werden, Herr? Ich weiß nicht, ob ich das kann. Der Rucksack ist mir angewachsen wie ein Buckel. Ich fürchte, vieles von mir würde mit abgehen, wenn du ihn mir abnähmest. Ich glaube, ich muß ihn weiter mit mir herumschleppen, aber (warte, bis ich meine Augen zu und die Zähne zusammengebissen habe) du bist der Boß.
(Adrian Plass)

Persönliche Überlegungen

1. Tag

Wenn wir diese Schritte durcharbeiten, gehen wir auf ein gesünderes und glücklicheres Leben zu. Wir sehen, wie das, was Gott an neuen Möglichkeiten und Segen in unser Leben hineinbringt, alles übersteigt, was wir aus eigener Kraft je hätten erreichen können. Nachdem wir nun die ersten sechs Schritte erarbeitet haben, wird uns immer bewußter, wieviel Gutes uns geschenkt wurde. Wir werden dadurch dankbar für Gottes Gegenwart und wachsen in der Gewißheit, daß sich unser Leben zum Besseren wendet.

Welche positiven Veränderungen hast Du durch Gottes Gegenwart in Deinem Leben wahrgenommen, seit Du mit dem 12-Schritte-Programm angefangen hast?

_____

_____

* Der Herr ist gut und gerecht. Darum führt er die auf den richtigen Weg zurück, die ihn verließen. Allen, die ihre Schuld eingestehen, zeigt er, wie sie leben sollen und was er von ihnen erwartet. In Liebe und Treue führt er alle, die sich an seinen Bund und seine Gebote halten. Herr, mach deinem Namen Ehre und vergib mir meine schwere Schuld! (Psalm 25,8-11)

Auf welche Art führt Dich Gott, und wie lehrt er Dich, was „recht"* ist?

_____

_____

_____

_____

2. Tag

Schritt 7 geht davon aus, daß wir darum bitten, von unseren Unzulänglichkeiten loszukommen. Wir werden jedoch besser damit zurechtkommen, wenn wir konkret jede einzelne Schwäche angehen. Am besten fangen wir da an, wo es uns am leichtesten fällt, um dann mit wachsendem Vertrauen und neuer Kraft weiterzumachen.

- Wenn wir mit uns selbst Geduld haben, wird Gott dafür sorgen, daß wir unsere Ziele in einer Geschwindigkeit erreichen, die uns angemessen ist. Unsere Bereitschaft, Gottes Hilfe anzunehmen, wird uns ermutigen und unser Selbstvertrauen und unser Vertrauen auf Gott stärken.
- Wenn wir Gott bitten, uns von einem belastenden Verhaltensmuster zu befreien, und es scheint keine Besserung einzutreten, sollten wir intensiver an unserer Bereitschaft arbeiten, es wirklich loslassen zu wollen – ärgerlich oder mutlos zu werden, macht uns nur kaputt.
- Wenn die Dinge nicht nach unserem Zeitplan geschehen, kann es hilfreich sein, das „Gelassenheitsgebet"* zu beten.

* Siehe in der Einleitung, S. 6.

Nenne Bereiche, wo Du entmutigt bist wegen des geringen Fortschritts, den du mit Deiner Befreiung von alten zerstörenden Verhaltensmustern machst.

_____

_____

* Macht euch keine Sorgen! Ihr dürft Gott um alles bitten. Sagt ihm, was euch fehlt, und dankt ihm! (Philipper 4,6)

Die Grundhaltung des Gebets ist eine tiefe Dankbarkeit, daß Gott geben will, was wir brauchen!*

Wie verringert das Gebet bei Dir Deine Angstgefühle?

_____

_____

* Wenn wir aber unsere Sünden bereuen und sie bekennen, dann dürfen wir darauf vertrauen, daß Gott seine Zusage treu und gerecht erfüllt: Er wird unsere Sünden vergeben und uns von allem Bösen reinigen. (1. Johannes 1,9)

Wie wird das Bekennen Deiner Sünden Dich von „allem Bösen reinigen"*?

_____

_____

3. Tag

Wenn wir unsere negativen Verhaltensmuster – egal wie zerstörerisch sie sind – aufgeben, kann das in uns ein Verlustgefühl hinterlassen. Dann sollten wir uns Zeit zum Trauern nehmen. Bei anderen Dingen, die wir verlieren, halten wir es auch für völlig normal zu trauern. Haben wir in unserer Kindheit die Erfahrung gemacht, daß uns Dinge plötzlich weggenommen wurden, ehe wir bereit waren sie loszulassen, sind wir nun vielleicht übersensibel und hängen extrem an Dingen, um ja jeden Verlustschmerz zu vermeiden.

Wir dürfen aber nicht weiterhin durch die Verlustangst gefangen bleiben und alles vermeiden oder verleugnen, was wir eigentlich loslassen müßten. Laßt uns statt dessen den Herrn bitten, daß er Mut und Vertrauen und einen guten Ausgang schenkt. Viele von uns haben als Kinder nicht gelernt, in angemessener Weise zu trauern, und können entsprechend auch als Erwachsene damit nicht richtig umgehen. Aber die Liebe zu Gott und unser Vertrauen zu ihm werden unsere Erinnerungen und seelischen Verletzungen heilen und uns wiederherstellen.

Was waren solche „Dinge", die Dir als Kind weggenommen wurden, ehe Du bereit warst sie herzugeben?

_____

_____

* Aber alle, die sich für wichtig halten, werden gedemütigt werden. Wer sich aber selbst erniedrigt, den wird Gott erhöhen. (Matthäus 23,12)

Nenne Beispiele, die aufzeigen, daß Du übst demütig* zu sein.

_____

_____

4. Tag

Wenn wir anfangen, unser Verhalten zu ändern, verlieren wir das bisher als „normal" gekannte Gefühl von uns selbst. Das kann sehr beunruhigend wirken. Die Angst vor dem Ungewissen, was da jetzt auf uns zukommen wird, kann uns dahin treiben, alte Verhaltensweisen wieder aufzunehmen. Obwohl wir erkannt haben, wie zerstörerisch und negativ sie sind, fallen wir dann wieder in vertraute Gewohnheiten zurück. Die Folge ist: Wir ziehen uns zurück in die Isolation und verlieren das Gefühl unserer Verbundenheit mit anderen Menschen wieder. Gerade dann gilt es, auf unsere Beziehung zu Gott zu vertrauen und an ihm festzuhalten. Denn das beweist uns, daß wir wirklich diese Angst, „verloren und verlassen" zu sein, loslassen wollen.

Wie zeigt sich konkret Deine Angst , wenn Du nicht weißt, wie es weitergeht?

_____

_____

* Gott wird allen, die ihm treu sind, noch mehr Gnade schenken. Darum heißt es auch: „Die Stolzen und Hochmütigen weist Gott von sich, aber er hilft denen, die wissen, daß sie ihn brauchen."
Unterstellt euch Gott im Gehorsam, und widersetzt euch mit aller Entschiedenheit dem Teufel. Dann muß er vor euch fliehen. Wendet euch Gott zu, dann wird er zu euch kommen. Wascht die Schuld von euren Händen, ihr Sünder, und laßt Gott allein in euren Herzen wohnen, ihr Unentschiedenen. (Jakobus 4,6-8)

Beschreibe Deine momentane Beziehung zu Gott. Findest Du Dich in der Bibelstelle wieder?*

_____

_____

_____

_____

5. Tag

Wenn wir beobachten, wie unsere Fehler und Schwächen mehr und mehr von Gott weggenommen werden und unser Leben dadurch viel weniger schwierig wird, müssen wir vorsichtig bleiben und uns davor hüten stolz zu werden.

Auch plötzliche Veränderungen können zwar vorkommen – und werden es sicher auch. Aber wir dürfen solche Veränderungen nicht künstlich vorwegnehmen wollen oder herbeizwingen. Gott selbst bringt Veränderungen in Gang, wenn wir dazu bereit sind. Auch werden wir nicht behaupten können, daß wir es jemals alleine geschafft hätten. Wenn wir mit Schritt 7 lernen, demütig Gott um Hilfe zu bitten, liegt die Veränderung ganz in seiner Verantwortung. Wir dürfen deshalb den Erfolg nicht uns selbst gutschreiben.

Nenne Beispiele, die verdeutlichen, daß Du mehr als früher auf Gott ausgerichtet bist und weniger selbstbezogen lebst.

_____

_____

* Erschaffe in mir ein reines Herz, o Gott; erneuere mich und gib mir Beständigkeit! Stoße mich nicht von dir, und nimm deinen heiligen Geist nicht von mir! Schenk mir Freude über deine Rettung, und mache mich bereit, dir zu gehorchen! (Psalm 51,12-14)

Inwiefern fühlst Du Dich aus Gottes Gegenwart „gestoßen"* ? Welche positiven Folgen könnte Deine erneute Hinwendung zu Gott bewirken (vgl. Psalm 51)?

_____

_____

6. Tag

Unsere zerstörerischen Verhaltensmuster, die auch nach dem Durcharbeiten des 7. Schrittes noch da sind, werden nie ganz verschwinden. Manche Verhaltensmuster können und müssen nämlich gar nicht völlig ausgemerzt werden, aber sie müssen verwandelt werden. Wir bekommen die Möglichkeit, die Charakterzüge, die bisher negativ wirkten, in positive Verhaltensweisen umzusetzen, und so zu lernen, sie in einer gesunden Art und Weise einzusetzen. Aus jedem Charakterzug kann eine Gabe Gottes werden, wenn er von Gottes Liebe gereinigt und durchdrungen wird.

• Ein Leiter z.B. wird seinen Hang nach Einfluß nicht verlieren, aber er wird seine Macht nicht mehr mißbrauchen.

• Ehepartner werden eine starke Sinnlichkeit behalten, aber sie werden gleichzeitig genügend Feinfühligkeit entwickeln, um abzuschätzen, wann sie ihren Partner verletzen und wann nicht.

• Diejenigen, die materiell reich sind, werden u. U. weiterhin reich sein – aber ohne Gier und Habsucht.

Mit der Hilfe unseres Herrn können alle Aspekte unserer Persönlichkeit lohnend und wertvoll sein. Selbst solche, die wir bisher nur von ihrer zerstörerischen Auswirkung her kannten. Wichtig ist, daß wir demütig bleiben und wissen: Gott ist es, der uns hilft. Wenn wir die indirekten Hilfen Gottes (z.B. Menschen oder Umstände), die er uns gibt, annehmen, dann werden wir mehr und mehr von der Sehnsucht erfüllt, Christus ähnlicher zu werden. Auf diese Weise geben wir seine Liebe weiter, die wir zuerst selbst empfangen haben.

Welche Deiner Charakterzüge wirken sich nun gut aus? Wie wirkt sich diese Veränderung auf Dein Leben aus?

_____

_____

Deshalb beugt euch in Demut unter Gottes mächtige Hand. Gott wird euch aufrichten, wenn seine Zeit da ist. Überlaßt alle eure Sorgen Gott, denn er sorgt für euch. (1. Petrus 5,6-7)

Welche Auswirkungen hatte es, als Du angefangen hast, Dich in Demut unter Gottes mächtige Hand zu beugen?* Inwieweit hat es Dir geholfen anzuerkennen, daß er Deine Unzulänglichkeiten verändern kann?

_____

_____

7. Tag

Damit das Programm seine Auswirkungen zeigt, müssen wir die einzelnen Schritte immer „nur für einen Tag …" anwenden und umsetzen (das „Nur-für-heute"-Konzept). In Augenblicken, wo wir innerlich mit unseren Zwängen kämpfen, gibt es einige ermutigende Sätze, die wir uns dann zusprechen können, um diesen Tag durchzuhalten:

- „Auch das … wird vorübergehen."
- „Das … lasse ich „nur für heute" los und übergebe es Gott."
- „Ich fürchte nichts Böses für die Zukunft. Ich lebe im Heute!"
- „Ich sehe auf das Gute aus dieser … Erfahrung."
- „Ich verhalte mich heute so, als ob ich diese Fähigkeit schon hätte, mich so … zu verhalten."

Welche dieser mutmachenden Aussagen wir auch wählen, sie werden sich positiv auswirken und uns davor bewahren, in unser altes zwanghaftes Verhalten zurückzufallen. Sollten uns doch vorübergehend Niedergeschlagenheit, Schuldgefühle oder Ärger überfallen – sie werden nicht bleiben.

Welche Selbstermutigung verwendest Du, um in Deinem Heilungsprozeß zu bleiben?

_____

_____

* Du großer, barmherziger Gott, sei mir gnädig, hab Erbarmen mit mir! Lösche meine Vergehen aus! Meine schwere Schuld – wasche sie ab, und reinige mich von meiner Sünde! (Psalm 51,3-4)

Wie erlebst Du Gottes Barmherzigkeit* Dir gegenüber?

_____

_____

8. Tag

Halte einen Moment inne, und lobe dich einmal selbst: Du hast Fortschritte gemacht im Blick auf deine Selbstverpflichtung, gesund und heil zu werden:

- Bemerkst du, wie deine Entschlossenheit dich befähigt, die Ketten deiner ungesunden Gewohnheiten und Verhaltensmuster zu brechen?
- Nimm Deine spontanen positiven Gedanken und Gefühle wahr, und halte an ihnen fest. Sie sind eine Frucht Deiner persönlichen Beziehung zu Gott.
- Wir lernen aus solchen Erfahrungen, daß Gottes Hilfe uns ständig begleitet. Unsere Aufgabe ist einzig die, hörbereit zu sein, zu empfangen und dann ohne Furcht zu handeln.

Nenne Beispiele Deines Verhaltens, die aufzeigen, daß Du den Mut hast, Dinge zu verändern, wo Du kannst.

_____

_____

Jetzt aber ändert euch von Grund auf, und kehrt um zu Gott, damit er euch die Sünden vergibt. Dann wird auch die Zeit kommen, in der sich Gott euch freundlich zuwenden und den seit langem ausersehenen Messias senden wird, nämlich Jesus. (Apostelgeschichte 3,19.20)

Wie hat sich Dein Verhalten gewandelt, seit Du mit Schritt 7 arbeitest?

_____

_____

Gelassenheits-Gebet

Gib mir die Gelassenheit,
Dinge hinzunehmen, die ich nicht ändern kann.
Den Mut, Dinge zu ändern, die ich ändern kann.
Und die Weisheit, das eine vom anderen zu unterscheiden.

Laß mich den Tag ganz ausleben im Bewußtsein seiner Zeit,
Laß mich einen Augenblick ganz genießen im Bewußtsein seiner Begrenzung.
Laß mich Not als einen Weg zum inneren Frieden akzeptieren können.
Laß mich – wie Jesus es auch tat – diese sündhafte Welt annehmen, wie sie ist, nicht, wie ich sie gerne hätte.
Laß mich Dir vertrauen, daß Du alle Dinge richtig machen wirst, wenn ich mich Dir und Deinem Willen überlasse.
So könnte ich ziemlich glücklich werden in diesem Leben
und überglücklich mit Dir für immer im kommenden Leben.

Übung: Unsere Charakterzüge verändern lassen

Die folgende Übung soll Dir helfen, Deinen Fortschritt wahrzunehmen. Es geht dabei um die wachsende Fähigkeit, immer mehr bereit zu werden, Deine Charakterschwächen loszulassen. Die folgenden Haltungen werden sich einstellen:

Demut bedeutet:

- sich seiner Unzulänglichkeiten bewußt sein
- nicht stolz sein
- nicht aggressiv sein
- bescheiden und maßvoll sein
- Gott gegenüber bereit sein, zu gehorchen

Beschreibe wie und wo Du Demut lebst.

_____

_____

Wie hat die Haltung der Demut Dir geholfen, offen dafür zu sein, daß Gott Deine Unzulänglichkeiten verändern darf?

_____

_____

Großzügigkeit bedeutet:

- die Bereitschaft zu haben, wegzugeben und zu teilen
- nicht selbstsüchtig zu sein, sondern selbstlos

Nenne Beispiele Deiner Bereitschaft, mit anderen zu teilen.

_____

_____

_____

Wie hilft Dir Dein neues Verhalten, Dich um das Wohlbefinden und das Glück anderer zu kümmern?

_____

_____

_____

Annehmen der eigenen geschlechtlichen Identität bedeutet:

- sich mit seiner Sexualität wohlfühlen, ohne das zwingende Verlangen nach Geschlechtsverkehr zu haben
- über sexuelle Bedürfnisse in einem gesunden Maß und Rahmen mit dem Partner sprechen zu können

Wie hat sich Dein sexuelles Verhalten verändert, nachdem Du unangemessene sexuelle Beziehungen losgelassen hast?

_____

_____

Wie hat sich Dein Selbstwertgefühl aufgrund eines gesünderen Sexuallebens verändert?

_____

_____

Ehrlichkeit bedeutet:

- die Wahrheit sagen
- vertrauenswürdig sein

Welche Gefühle melden sich, wenn Du in Gesprächen mit anderen riskierst ehrlich zu sein?

_____

_____

Wie hat Deine Vertrauenswürdigkeit Deine Beziehungen zu anderen verbessert?

_____

_____

Mäßigkeit bedeutet:

- gemäßigtes Eß- und Trinkverhalten
- Kontrolle über die Haltung, sich alles mögliche zu gönnen

Nenne Beispiele, die zeigen, daß Du beim Essen und Trinken maßhalten lernst.

_____

_____

Wie beherrschst Du Deine Zügellosigkeit in anderen Lebensbereichen?

_____

_____

_____

Liebeswürdigkeit bedeutet:

- freundlich, harmonisch, spontan und hilfsbereit gegenüber anderen zu sein

Wie hat Dir Deine freundliche Haltung geholfen, Dich im Umgang mit Dir selbst und im Umgang mit anderen wohler zu fühlen?

_____

_____

Nenne Beispiele, die zeigen, daß Deine neue Art und Deine offene Zugewandtheit anderen gegenüber Dein Selbstvertrauen stärken.

_____

_____

Tatkräftig werden bedeutet:

- sich einbringen mit Ideen und Aktivitäten
- aufmerksam Bedürfnisse anderer bei der Arbeit und in der Freizeit wahrnehmen

In welchen Bereichen Deines Lebens hat es sich deutlich gelohnt, mehr Energie und Einsatz aufzubringen?

_____

_____

_____

Nenne Beispiele, die zeigen, daß Deine Arbeitsgewohnheiten dazu geführt haben, daß Du produktiver geworden bist.

_____

_____

_____

Schritt-7-Gebet

Mein Schöpfer, nun bin ich bereit,
alles von mir dir zu geben,
Gutes und Schlechtes.
Ich bitte dich jetzt,
jede einzelne Charakterschwäche zu verwandeln,
die mir im Weg steht,
dir und anderen Menschen zu dienen.
Gib mir die Kraft, wenn ich jetzt weitergehe,
zu tun, was du von mir willst.
Amen

Übung zum Gelassenheits-Gebet

Die folgenden drei Beispiele sollen Dir helfen, das Gelassenheitsgebet anzuwenden. Es ist ein Werkzeug, das Du täglich einsetzen kannst, wenn Du bei Gott Hilfe suchst. Diese Übung kann Dir erleichtern, schwierige Situationen mit Hilfe des Gelassenheitsgebets zu bestehen.

Beispiel bei Ablehnung

- Gott, gib mir die Gelassenheit, Dinge hinzunehmen, die ich nicht ändern kann … wie z.B. daß _____ mich jedesmal übersieht, wenn ich Anerkennung brauche.
- Gib mir Mut Dinge zu ändern, die ich ändern kann … besonders meine Charakterschwächen und meine ablehnenden Gefühle mir selbst gegenüber, weil ich von Menschen, die ich bewundere, nie die Anerkennung bekomme, die ich mir wünsche.
- Und gib mir die Weisheit, das eine vom anderen zu unterscheiden … daß ich den Unterschied erkenne zwischen der tiefen und dauerhaften Zufriedenheit, wenn ich es lerne, mich selbst anzunehmen – und der kurzen und vorübergehenden Befriedigung, wenn ich mich von der Meinung von _____ über mich abhängig mache.

Beispiel zu schmerzenden Kindheitserinnerungen

- Gott, gib mir die Gelassenheit, Dinge hinzunehmen, die ich nicht ändern kann … z.B. die Tatsache, wie meine Kindheit verlaufen ist.
- Gib mir Mut Dinge zu ändern, die ich ändern kann … besonders meine Gefühle, von Kindheit an ständig ein Opfer gewesen zu sein.
- Und gib mir die Weisheit, das eine vom anderen zu unterscheiden … den Unterschied zwischen dem Gefangenbleiben in der Opferrolle und dem ständigen Prozeß, diese Jahre an dich abzugeben.

Beispiel bei verletzter Elternbeziehung

- Gott, gib mir die Gelassenheit, Dinge hinzunehmen, die ich nicht ändern kann … wie, daß meine Eltern ständig uneins waren …
- Gib mir Mut Dinge zu ändern, die ich ändern kann … besonders meine Verlassenheits-Gefühle, Ärger und das Gefühl, isoliert zu sein.
- Und gib mir die Weisheit, das eine vom anderen zu unterscheiden … den Unterschied zwischen der Liebe meiner Eltern, die für mich immer unerreichbar erschien – und der bedingungslosen immer gegenwärtigen Liebe Gottes.

Wähle eine spezielle Situation oder Umstände in Deinem Leben aus, die oft Auslöser von Groll, Furcht, Trauer oder Ärger sind. Es kann sich um Beziehungen handeln (in Familie, Arbeitswelt oder im sexuellen Bereich) oder um Arbeitsumstände, um Gesundheit oder um Deine Selbstachtung.

Gott, gib mir die Gelassenheit, Dinge hinzunehmen, die ich nicht ändern kann ...

Nenne einige Erfahrungen oder Umstände, bei denen Dir bewußt ist, daß Du sie nicht verändern kannst (z.B. aus der Kindheit, das Verhalten des Partners, Deine Situation am Arbeitsplatz, das Verhalten der Eltern).

_____

_____

Gib mir Mut Dinge zu ändern, die ich ändern kann ...

Nenne Bedingungen oder Situationen, bei denen Du glaubst , daß Du sie verändern kannst:

_____

_____

Und gib mir die Weisheit, das eine vom anderen zu unterscheiden ...

Finde heraus, was Du ändern kannst (z.B. erstarrte Gefühle werden zu lebendigen Gefühlen, oder Ärger verwandelt sich in Ausgeglichenheit und Frieden) – und was nicht.

_____

_____

Schreibe auf, was Dir durch diese Übung bewußt geworden ist.

_____

_____

_____

_____

_____

Gruppenarbeitsblatt zu Schritt 7

Wenn wir aber unsere Sünden bereuen und sie bekennen, dann dürfen wir darauf vertrauen, daß Gott seine Zusage treu und gerecht erfüllt: Er wird unsere Sünden vergeben und uns von allem Bösen reinigen. (1. Johannes 1,9)

Demütig baten wir ihn, unsere Mängel von uns zu nehmen.

„Paradoxien des Gebets"

Ich bat Gott um Kraft, um etwas erreichen zu können,
  ich wurde schwach, um demütig zu gehorchen …
Ich bat um Gesundheit, um noch größere Dinge zu tun,
  ich bekam neue Gebrechen, um bessere Dinge zu tun …
Ich bat um Reichtümer, um glücklich zu sein,
  ich wurde arm, um Weisheit zu lernen …
Ich bat um Macht, um von Menschen angesehen zu werden,
  ich wurde schwach, um zu spüren, wie nötig ich Gott habe …
Ich bat um viele Dinge, um das Leben genießen zu können,
  mir wurde das Leben gegeben, um alle Dinge genießen zu können …
Ich bekam nicht das, worum ich bat – aber alles, was ich mir erhofft hatte.
Trotz meiner selbst wurden fast alle meine unausgesprochenen Gebete beantwortet …
Ich bin in alledem reich gesegnet!

Inwiefern spiegelt dieses Gebet Deine Erfahrungen mit Gebet wider?

_____

_____

Teilt euch in eurer Kleingruppe noch einmal zu zweit auf. Tauscht euch miteinander über einige Abschnitte eures 5. Schrittes aus. Diese Übung wird euch helfen, euren 5. Schritt zusammen mit einer anderen Person wirklich zum Abschluß zu bringen. Als abschließenden Teil des Gruppenaustauschs diskutiert eure Erfahrungen mit dieser Partnerarbeit.

Wie fühlst Du Dich, wenn Du Deine Sünden bekennst (1. Johannes 1,9)?

_____

_____

Was ist Dein persönliches Gebetsanliegen?

_____

_____

Für wen betest Du, und was sind dessen Anliegen?

_____

_____

Schritt 8   Dinge in Ordnung bringen

Seid zu den Leuten genauso, wie ihr auch von ihnen behandelt werden wollt. (Lukas 6,31)

Wir machten eine Liste aller Personen, denen wir Schaden zugefügt hatten, und wurden willig, ihn bei allen wiedergutzumachen.

Bevor wir mit dem 12-Schritte-Programm anfingen, haben viele von uns ihre Eltern, Verwandten und Freunde für das Durcheinander in ihrem Leben angeklagt. Oft schoben wir auch Gott die Verantwortung zu. In Schritt 8 fangen wir an, nicht mehr andere für unseren schlechten Zustand verantwortlich zu machen, sondern selbst Verantwortung für unser Leben zu übernehmen. Die „Inventur" in Schritt 4 zeigte uns, daß unser unangemessenes Verhalten nicht nur uns selbst, sondern auch vielen anderen Schaden zugefügt hat. So müssen wir uns jetzt an den Gedanken gewöhnen, die volle Verantwortung zu übernehmen und eine Wiedergutmachung anzustreben.

Schritte 1-7 halfen uns, uns auf die heilende Macht Jesu Christi zu konzentrieren, und damit begannen wir, unser Leben in Ordnung zu bringen. Wir bekamen das Handwerkszeug, um unsere bisherigen Erfahrungen genauer anzusehen (Schritt 4), und wir wurden mit der Notwendigkeit konfrontiert, die Vergangenheit hinter uns zu lassen, von ihr frei zu werden, um in unserer Persönlichkeit wachsen zu können (Schritte 5-7). Wir dürfen uns durch die schmerzhaften Folgen unserer Fehler nicht einschüchtern lassen. Unser persönliches Vorwärtskommen steht in direktem Zusammenhang damit, wie wir uns den Realitäten, die in der Vergangenheit geschaffen wurden (und bis heute weiterwirken), stellen und sie hinter uns lassen können. Wie ein Treibanker ein Schiff daran hindern kann, seine Fahrt zum Ziel fortzusetzen, so kann es sein, daß wir an bestimmten Dingen der Vergangenheit noch festhängen.

Beziehungen kommen in den Blick

Das Arbeiten mit Schritt 8 und 9 wird uns helfen, unsere Beziehungen zu reinigen. Dabei geht es um die Beziehung zu uns selbst wie auch zu anderen.

Eine entscheidende Folge wird die Befreiung aus Isolation und Einsamkeit sein! Wenn wir bereit werden, Schaden, den wir bei anderen angerichtet haben, wieder gutzumachen, ist das der Schlüssel auch für unsere Veränderung.

Während wir in dem Prozeß bleiben, die Gegenwart Christi in uns zuzulassen, wächst in uns eine nie gekannte Offenheit im Umgang mit anderen Menschen. Diese Erfahrung bereitet uns auf die direkte Begegnung – Auge in Auge – mit den Menschen vor, denen gegenüber wir unser vergangenes Fehlverhalten zugeben müssen. In Schritt 8 schauen wir unsere zurückliegenden Verhaltensweisen einzeln an und versuchen herauszufinden, welche Menschen davon betroffen waren. Unsere Absicht ist es, Dinge aus der Vergangenheit soweit wieder in Ordnung zu bringen, daß Gott unsere Gegenwart umprägen kann.

Auseinandersetzung mit den Folgen

Wenn wir noch einmal die „Inventur" von Schritt 4 durchsehen, können wir feststellen, wer auf unsere „Wiedergutmachungsliste" gehört. Die Folgen unseres bisherigen Verhaltens wiedergutzumachen, ist eine schwierige Aufgabe.

Aber mit wachsendem Geschick werden wir diese Aufgabe bewältigen können. Dabei ist uns bewußt, daß es ein lebenslanger Prozeß bleibt. Wenn wir uns mit unserer Vergangenheit auseinandersetzen, können unter Umständen wieder unangenehme Gefühle in uns wach werden. Doch wenn wir auch im Rückblick den Schaden erkennen, den wir durch unsere Taten bisher angerichtet haben, werden wir im Blick nach vorn doch auch große Erleichterung verspüren: Wir werden wahrnehmen, wieviel weniger Unheil wir in Zukunft uns selbst und anderen gegenüber anrichten.

Die Kunst, Fehler einzugestehen

Vielen von uns wird es schwerfallen, ihre Fehler einzugestehen. Anderen die Schuld zuzuschieben, war unsere übliche Denkstruktur. Wir waren gewohnt, von den anderen Wiedergutmachung für Unrecht, das uns zugefügt worden ist, zu verlangen. Wir haben aber überhaupt keine Erfahrung damit, wie wir zugeben könnten, daß wir anderen Kummer zugefügt haben. Wenn wir bereit werden, uns selbst ehrlich anzusehen, entdecken wir nur lauter mißglückte Wiedergutmachungsversuche: Wir waren zwar auf andere zugegangen, hatten aber letztendlich nur noch mehr Schaden angerichtet, indem wir unser eigenes Gerechtigkeitsmaß anlegten und so jegliche Fähigkeit verloren, positive Ziele anzusteuern. Gefangen in Haß und Verhärtung, starrten wir nur auf die Schuld der anderen und konnten uns nicht in die Lage anderer versetzen.

Sich selbst vergeben lernen als Basis für Wiedergutmachung

Unsere Grollgefühle überwinden wir, indem wir lernen, uns selbst und anderen zu vergeben. Gott hat uns unser verletzendes Verhalten, das uns von ihm trennte, schon längst vergeben. Nun fängt der oft schwierige Lernprozeß an, auch sich selbst vergeben zu können. Das ist entscheidend für den Fortschritt unserer Genesung. Um uns selbst zu vergeben, müssen wir zuerst Verantwortung für den Schmerz übernehmen, den wir anderen und uns selbst zugefügt haben. Ganz wichtig: Unsere Wiedergutmachung muß in einem Geist des Selbstrespekts und der Wertschätzung geschehen können. Wenn wir selbst nicht unserer Vergebung sicher sind, führt das nur zu weiterer Unehrlichkeit und letztlich zu noch größerer Verwirrung in unserem Leben.

Versöhnungsbereitschaft auf unserer Seite stärken

Wir beginnen damit, daß wir dem Schmerz mutig ins Gesicht sehen, den wir – soweit wir das wissen – bei anderen ausgelöst haben. Wenn wir nun die Liste der Menschen, die wir verletzt haben, zusammenstellen, müssen wir uns die Gedanken aufschreiben, die uns helfen, eine Versöhnung in

Gang zu bringen. Natürlich sollten wir uns darauf gefaßt machen, unter Umständen zurückgewiesen und abgelehnt zu werden. Es kann sein, daß Leute auf unserer Liste verbittert gegen uns reagieren und alle unsere Versuche auf sie zuzugehen, um die Beziehung wiederherzustellen, strikt abwehren. Oder sie halten ihren tiefen Groll fest und wollen keine Versöhnung. Aber unabhängig davon, welche Reaktionen uns begegnen – wir müssen bereit werden, ihnen allen zu vergeben.

Wiedergutmachung zu unserem eigenen Nutzen

Wir müssen uns eins klar machen: Die Wiedergutmachungsliste, die wir mit Schritt 8 zusammenstellen, soll zuerst zu unserem eigenen Nutzen erstellt werden und nicht für diejenigen, die wir verletzt haben. Wir machen nun eine Inventur der Folgen unseres bisherigen Lebensstils. Damit vertiefen wir Schritt 4 und bekommen nun die anderen Mitmenschen verstärkt in den Blick.

Persönliche Überlegungen

1. Tag

Schritt 8 leitet die Heilung zerstörter Beziehungen ein, indem wir bereit werden, die Schuld der Vergangenheit soweit wie möglich wiedergutzumachen. Wir können unsere Grollgefühle loslassen und auch anfangen, unsere Scham- und Schuldgefühle und unsere Selbstverachtung zu überwinden. Aufgrund unseres zerstörerischen Verhaltens hatten sich diese Gefühle eingestellt.

Endlich können wir die graue, trostlose Welt der Einsamkeit hinter uns lassen und auf eine helle Zukunft zulaufen, weil wir mehr und mehr mit den neuen Möglichkeiten leben, gesunde Beziehungen zu gestalten. Durch das 12-Schritte-Programm haben wir das Handwerkszeug, um die schädlichen Lebensumstände zu überwinden und zerbrochene Freundschaften wiederherzustellen.

Mache eine Liste der Beziehungen, die durch Deine Schuld zerstört wurden.

_____

_____

Wie wird der Schritt „Wiedergutmachung" dazu beitragen, Dich von Groll, Schuld und Scham zu befreien?

_____

_____

* Zachäus wurde auf einmal sehr ernst: „Herr, ich werde die Hälfte meines Vermögens an die Armen verteilen, und wem ich am Zoll zuviel abgenommen habe, dem gebe ich es vierfach zurück."
(Lukas 19,8)

Mache eine Liste von den Situationen, in denen Du andere betrogen hast. Wie willst Du das wiedergutmachen*?

_____

_____

2. Tag

Wir lernen aus der Bibel, wie wichtig dauerhafte, tiefe und liebevolle Beziehungen sind. In Jesus haben wir ein Vorbild: Er hat sein Leben ganz der Liebe zu den Menschen hingegeben und sie ermutigt, einander genauso zu lieben. Jesus lehrte: Versöhnung mit Gott hat zur Bedingung, mit den Menschen versöhnt zu leben. In Schritt 8 bereiten wir uns also auf den Kern des Evangeliums vor: Versöhnte Beziehungen durch Wiedergutmachung leben! Wenn erst einmal die Liste derer, die wir verletzt haben, aufgestellt ist, werden wir Liebe und Annahme nicht nur den geschädigten Menschen entgegenbringen, sondern unsere Liebe auf die ganze „Gottesfamilie" ausdehnen.

Wieso erfordert Versöhnung mit Gott die Versöhnung mit anderen?

---

* Meine Freunde, wenn uns Gott so sehr liebt, dann müssen auch wir einander lieben. Niemand hat Gott jemals gesehen. Doch wenn wir einander lieben, wird sichtbar, daß Gott in uns lebt und wir von seiner Liebe erfüllt sind. (1. Johannes 4,11-12)

Wie gibt Dir Gottes Liebe zu Dir, die Fähigkeit, andere zu lieben?*

---

* Euer Vater im Himmel wird euch vergeben, wenn ihr den Menschen vergebt, die euch Unrecht getan haben. Wenn ihr ihnen aber nicht vergeben wollt, dann wird euch Gott eure Schuld auch nicht vergeben. (Matthäus 6,14-15)

Wie blockiert Deine mangelnde Bereitschaft, anderen zu vergeben, Deinen eigenen Heilungsprozeß, und inwiefern verletzt es Deine Beziehung zu Gott*?

---

*Aber auch ihr ... könnt euch nicht herausreden oder gar entschuldigen, selbst wenn ihr meint, alle verachten zu können, die solches Unrecht begehen. Klagt ihr nicht bei anderen an, was ihr selbst tut, und sprecht ihr euch damit nicht euer eigenes Urteil? (Römer 2,1)

Nenne ein Beispiel, wo Du andere „anklagst" und „verachtest"* und dabei sie und Dich selbst verletzt.

---

3. Tag

* Vgl. Matthäus 5,39.44: Hier geht es Jesus nicht um selbstzerstörerische Passivität, sondern um ein Verhalten, das nicht mit gleichen Macht-Mitteln reagiert. (Vgl. Walter Wink, Der dritte Weg.)

Jesus lehrt uns im Vaterunser: „Vergib uns unsere Schuld, wie auch wir vergeben unseren Schuldigern." Wir müssen also Gottes Vergebung erbitten, wo wir andere verletzt haben, und genauso selbst bereit sein zu vergeben, wo wir verletzt worden sind. Jesus lebte uns vor, „die andere Wange hinzuhalten",* „unsere Feinde zu lieben und für die, die uns hassen und verfolgen, zu beten". Nur in dieser Haltung können wir den Teufelskreis von Haß und Gewalt durchbrechen.

Wie wird „Wiedergutmachung" Dir helfen, anderen zu vergeben und Dich selbst von Deiner Vergangenheit zu befreien?

Euch allen sage ich: Liebt eure Feinde und tut denen Gutes, die euch hassen. Segnet die Menschen, die euch Böses wünschen, und betet für alle, die euch beleidigen. Schlägt dir jemand ins Gesicht, dann wehr dich nicht gegen den zweiten Schlag. Wenn dir einer den Mantel wegnimmt, dann weigere dich nicht, ihm auch noch das Hemd zu geben. Gib jedem, der dich um etwas bittet, und fordere nicht zurück, was man dir genommen hat. Seid zu den Leuten genauso, wie ihr auch von ihnen behandelt werden wollt. (Lukas 6,27-31)

Nenne Beispiele Deines Verhaltens, die zeigen, daß Du bereit bist, Deine Feinde zu lieben.

_____

_____

4. Tag

Wenn wir unsere Liste zusammenstellen, müssen wir verschiedene Beziehungen in den Blick nehmen: unsere Familie, die Gemeinde und auch die weitere Umgebung. Wir müssen das Vergeben lernen und lernen, die Gnade anzunehmen, die solches Vergeben mit sich bringt. Bitten wir Gott, uns dabei zu helfen, wird es uns leichter fallen. Wir können ihn auch um Führung bitten, mit welchen Personen wir uns auseinandersetzen sollten. Wenn wir unseren Stolz ablegen, sehen wir, daß alle Gedanken und Gefühle ihren Wert haben: Dazu müssen wir nicht mit jedem Menschen übereinstimmen, noch müssen andere mit unserer Meinung übereinstimmen. Wir können aber aufhören, Leute deswegen zu hassen oder abzulehnen, weil sie anderer Meinung sind als wir und sich entsprechend anders verhalten.

Wie wird Schritt 8 Deine Beziehungen zu anderen verbessern?

_____

_____

Nenne drei persönliche Erfahrungen, wo Wiedergutmachung nötig ist.

_____

_____

** Seid so barmherzig wie euer Vater im Himmel! Richtet nicht über andere, dann wird Gott auch nicht über euch richten! Verurteilt keinen Menschen, dann wird Gott euch auch nicht verurteilen! Wenn ihr bereit seid, anderen zu vergeben, dann wird Gott auch euch vergeben. Gebt, was ihr habt, dann wird Gott euch so reich beschenken, daß ihr gar nicht alles aufnehmen könnt. Mit dem Maßstab, den ihr an andere legt, wird auch Gott euch messen.
(Lukas 6,36-38)*

Was darfst Du an Gewinn erwarten, wenn Du eine Haltung des „(Ver) - Gebens"* einnimmst?

_____

_____

_____

_____

5. Tag

In einigen Fällen wird es uns nicht möglich sein, direkt mit den Leuten, die wir auf unserer Liste haben, in Kontakt zu kommen. Entweder sie sind inzwischen verstorben oder sie sind zu weit weg, oder sie wollen uns nicht begegnen. Unabhängig von solchen Umständen – diese Personen gehören erst einmal auf unsere Liste. Wenn wir mit Schritt 9 die Wiedergutmachung konkret angehen, werden wir verstehen, wie nötig Wiedergutmachung auch dann ist, wenn es nicht zu einer persönlichen Begegnung kommen kann. Die Bereitschaft zur Wiedergutmachung wird uns belastende Gefühle abnehmen und uns neu Gelassenheit und Frieden erleben lassen.

Was hoffst Du durch Wiedergutmachung zu erreichen?

_____

_____

* Seid ... freundlich und barmherzig, immer bereit, einander zu vergeben, so wie Gott euch durch Jesus Christus vergeben hat. (Epheser 4,32)

Inwiefern bist Du mit Menschen, die Dich verletzt haben, barmherzig*?

_____

_____

6. Tag

Wenn wir auf die Personen schauen, die wir verletzt haben, sehen wir, was wir in unserem Leben und in Beziehungen durch unsere Charakterschwächen angerichtet haben. Solche Verhaltensmuster sind folgende:

- **Wenn wir wütend wurden, haben wir nicht selten hauptsächlich uns selbst verletzt. In der Folge waren wir depressiv und versanken in Selbstmitleid.**
- **Wenn wir aufgrund unseres verantwortungslosen Verhaltens in finanzielle Schwierigkeiten kamen, hatten wir Streß mit unseren Familien und den Gläubigern.**
- **Wenn wir auf etwas stießen, was in uns Scham oder Schuldgefühle hervorrief, klagten wir andere an, um nicht ehrlich auf uns selbst blicken zu müssen.**
- **Durch unsere mangelnde Selbstkontrolle frustriert, verhielten wir uns anderen gegenüber aggressiv und schüchterten sie ein.**
- **Aufgrund unseres zügellosen sexuellen Verhaltens war keine echte und erfüllende Intimität möglich.**
- **Unsere Angst verlassen zu werden, zerstörte Beziehungen, weil wir anderen nicht erlauben konnten, sie selbst zu sein. Wir schufen Abhängigkeiten und wollten andere kontrollieren – in dem verzweifelten Versuch, die Beziehung so zu erhalten, wie wir sie haben wollten.**

Welche Deiner Charakterschwächen haben Dir und anderen am meisten Schaden zugefügt?

_____

_____

Welche Konsequenzen befürchtest Du bei Deiner Wiedergutmachung?

_____

_____

Jeder von uns soll sich so verhalten, daß sein persönliches Vorbild den Nächsten zum Guten ermutigt und ihn im Glauben stärkt. Auch Christus lebte nicht für sich selbst. Von ihm heißt es: „Die Anfeindungen, die gegen Gott gerichtet waren, haben mich getroffen." (Römer 15,2-3)

Wie wird die Nächstenliebe, wie Jesus sie uns ans Herz legt, andere „zum Guten ermutigen und im Glauben stärken"* und so ein Mittel zur Versöhnung sein?

_____

_____

7. Tag

Wenn wir eine Liste von Personen zusammenstellen, denen gegenüber Wiedergutmachung nötig ist, müssen wir in erster Linie auf uns selbst konzentriert bleiben.

Als unreife Erwachsene waren viele von uns immer wieder Opfer hausgemachter Schmerzen: Denn wir hatten nicht die Fähigkeit entwickelt, angemessen für uns selbst zu sorgen. Wir hatten alle Kraft und Zeit investiert, um ständig für andere zur Verfügung zu stehen, und uns so aufgeopfert. Unser bedrohlichster Feind sind wir selbst geworden: Immer wieder haben wir uns selbst verdammt und sind sehr vertraut mit Schuld- und Schamgefühlen. Es ist jetzt wesentlich für unseren Heilungsprozeß, diese selbstzerstörerischen Muster wahrzunehmen und bereit zu werden, uns selbst zu vergeben.

Warum ist es im Prozeß der Wiedergutmachung wichtig, sich selbst zu vergeben?

_____

_____

* Du regst dich auf über die kleinen Schwächen deines Bruders und erkennst nicht deine eigene, viel größere Schuld. Du sagst: „Freund, komm her! Ich will dir die Augen für deine Fehler öffnen." Dabei bist du blind für deine eigene Schuld. (Matthäus 7,3-4)

Wörtlich: Was aber siehst Du den Splitter im Auge deines Bruders, den Balken in deinem Auge aber nimmst du nicht wahr? Oder wie wirst du zu deinem Bruder sagen: „Erlaube, ich will den Splitter aus deinem Auge ziehen" und siehe, der Balken ist in deinem Auge?

Nenne die häufigsten Formen, wie Du Dir selbst Kummer bereitet hast.

_____

_____

Nenne Situationen, in denen Du Dich um andere gekümmert hast, wo es gesünder gewesen wäre, Dich darauf zu konzentrieren, was in dir selbst vorgeht.*

_____

_____

Gruppenarbeitsblatt zu Schritt 8

Seid zu den Leuten genauso, wie ihr auch von ihnen behandelt werden wollt. (Lukas 6,31)

Wir machten eine Liste aller Personen, denen wir Schaden zugefügt hatten, und wurden willig, ihn bei allen wiedergutzumachen.

Nenne eine Person, die Du verletzt und der Du dadurch Schaden zugefügt hast. Welches Verhalten hat diese Person so verletzt?

_____

_____

Welche Auswirkungen hatte Dein Verhalten auf andere?

_____

_____

Welche Auswirkungen hatte Dein Verhalten für Dich selbst?

_____

_____

Wieso und in welcher Form siehst Du Deinen eigenen Namen als wichtigen Punkt auf Deiner Wiedergutmachungsliste?

_____

_____

Schildere eine Situation, in der Du Dich anderen gegenüber so verhieltest, „wie Du willst, daß man sich Dir gegenüber verhält" (Lukas 6,31).

_____

_____

Was ist Dein persönliches Gebetsanliegen?

_____

_____

Für wen betest Du, und was sind dessen Anliegen?

_____

_____

8. Tag

In Schritt 9 werden wir die eigentliche Wiedergutmachung angehen. Jetzt ist es fürs erste wichtig Personen aufzulisten, denen wir geschadet haben, und unser verletzendes Verhalten zu benennen. Unser Verhalten hat anderen vielleicht körperlichen, finanziellen oder emotionalen Schaden zugefügt. Wir müssen so viel Zeit dafür investieren, wie nötig ist, um die Liste wirklich gut zu durchdenken. Dabei sollten wir sehr gründlich vorgehen. Absolute Ehrlichkeit uns selbst gegenüber ist die wichtigste Bedingung, die uns fähig macht, die Dinge in Ordnung bringen zu können.

Überprüfe Deine Liste, und versuche Dein Verhalten herauszufinden, das bei anderen emotional, körperlich oder finanziell Schmerz ausgelöst hat.

_____

_____

* ... *wenn ihr ihn (Gott) um etwas bittet, sollt ihr vorher den Menschen vergeben, die euch Unrecht getan haben. Dann wird euch der Vater im Himmel eure Schuld auch vergeben.* (Markus 11,25)

Wieso wird Deine Heilung behindert, wenn Du selbst nicht bereit bist, anderen zu vergeben?*

_____

Leitlinien für die Wiedergutmachungsliste

Im Folgenden sind die wichtigsten Kategorien aufgeführt, wodurch wir andere verletzt haben könnten und entsprechend Wiedergutmachung nötig wäre.

Materielles Fehlverhalten

Handlungen, die jemanden spürbar verletzt haben

- Überzogenes Ausleihen oder Spendieren; Geiz; Großzügigkeit, um damit Liebe und Freundschaft zu erkaufen; Geld zurückhalten, um sich selbst zu belohnen ...
- Abmachungen, die rechtlich einklagbar sind, treffen und dann sich weigern, bei den Bedingungen zu bleiben; oder einfach andere betrügen ...
- Personen oder Eigentum verletzen bzw. zerstören ...

Moralisches Fehlverhalten

Moralisch und ethisch nicht verantwortbares, ungerechtes, unfaires und unangemessenes Verhalten. Hier geht es vor allem darum, daß wir andere in unser Fehlverhalten mit hineingezogen haben:

- Ein schlechtes Beispiel sein für Kinder, Freunde oder andere Menschen, die von uns Führung erwarten ...
- Sich ausschließlich mit sich selbst und eigennützigen Zielen zu beschäftigen und die Bedürfnisse anderer völlig zu übergehen ...
- Geburtstage, Feiertage oder andere besondere Anlässe zu vergessen ...
- Andere tief verletzen (z.B. durch sexuelle Untreue, gebrochene Versprechen, verbalen Mißbrauch, Mißtrauen, Lügen ...)

Geistliches Fehlverhalten

„Versäumnisse" als Folge davon, daß wir unsere Verpflichtungen gegenüber Gott, uns selbst, der Familie und der Gemeinde mißachten.

- Uns in keiner Weise darum bemühen, unseren Verpflichtungen nachzukommen und sogar keine Dankbarkeit anderen gegenüber zu zeigen, die uns geholfen haben ...
- Verantwortung uns selbst gegenüber nicht wahrnehmen (z.B. bezüglich unserer Gesundheit, Bildung, Erholung, Kreativität ...)
- Andere kaum wahrnehmen, ihnen keinerlei Ermutigung oder Aufmerksamkeit entgegenbringen ...

Wiedergutmachungsliste

Person	Beziehung	Mein Fehler	Konsequenzen ... für andere	... für mich
Johanna	Ehefrau	Ärger, Beleidigung	Furcht, Ärger	Schuld, Scham
Hans	Mitarbeiter	sexuelles Bedrängen	Mißtrauen, Scham	Verlust von Selbstachtung

Übung zur Wiedergutmachungsliste

Wähle die Person aus, die Du am meisten verletzt hast, und beantworte die folgenden Fragen.

Name: _____ **Verletzung:** _____

Was ist der Grund für Deine Wiedergutmachung?

_____

_____

Was ist Dein Widerstand gegen Wiedergutmachung?

_____

_____

Was empfindest Du in bezug auf diese Wiedergutmachung?

_____

_____

Welche Charakterschwächen werden in der Beziehung zu dieser Person besonders deutlich?

_____

_____

Sage etwas zu Deiner Bereitschaft, Gott um Vergebung zu bitten und die Konsequenzen anzunehmen.

_____

_____

Wann und wie planst Du die Wiedergutmachung?

_____

_____

Gruppenarbeitsblatt zu Schritt 8

Seid zu den Leuten genauso, wie ihr auch von ihnen behandelt werden wollt. (Lukas 6,31)

Wir machten eine Liste aller Personen, denen wir Schaden zugefügt hatten, und wurden willig, ihn bei allen wiedergutzumachen.

Im Folgenden sind drei Merkmale einer gesunden Familie beschrieben:
- **Kommunikation: Eine „gesunde Familie" teilt sich mit und hört zu.**
- **Bestätigung und Unterstützung: Eine „gesunde Familie" bestätigt und unterstützt sich gegenseitig.**
- **Hilfe bekommen: Eine „gesunde Familie" erkennt Probleme an und versucht Abhilfe zu schaffen.**

Welche Auseinandersetzungen und Gespräche hattest Du in der vergangenen Woche mit den anderen Teilnehmern in Deiner 12-Schritte-Gruppe? Waren die anderen Dir eine Stütze beim Anfertigen Deiner Wiedergutmachungsliste? Beschreibe, wie der Austausch bei Euch ablief.

_____

_____

Tausche Dich mit den anderen Teilnehmern Deiner 12-Schritte-Gruppe darüber aus, wie offen und ehrlich Du Eure Gruppe empfindest. Teile den anderen auch mit, wie Du mit Schritt 8 zurechtkommst.

_____

_____

In Philipper 2,14 lesen wir: „Bei allem, was ihr tut, hütet euch vor unzufriedenem Murren und mißtrauischen Zweifeln." Beschreibe, wo Du nur zögernd vorwärtskommst mit deiner Liste.

_____

_____

Was ist Dein persönliches Gebetsanliegen?

_____

_____

Für wen betest Du, und was sind dessen Anliegen?

_____

_____

Schritt 9   Endlich wieder gut

Wir machten bei diesen Menschen alles wieder gut – wo immer es möglich war –, es sei denn, wir hätten dadurch sie oder andere verletzt.

Schritt 9 bringt den Vergebungsprozeß, der mit Schritt 4 angefangen hat, zu Ende. Die eigentliche Aufgabe kommt ans Ziel: uns mit anderen zu versöhnen. Mit diesem Schritt fegen wir endgültig die toten Blätter von unserem jungen Rasen, unsere alten Gewohnheiten werden „aufgekehrt und entsorgt". Wir sind nun entschlossen, uns unseren Fehlern zu stellen, ja sie in ihrem ganzen Ausmaß zu begreifen und zu ihnen zu stehen. Jetzt werden wir bereit, um Vergebung zu bitten und auch selbst zu vergeben. Indem wir die volle Verantwortung für die Verletzungen, die wir anderen zugefügt haben, auf uns nehmen, gehen wir bewußt auch ein Risiko ein: Es kann sehr demütigend werden, weil dieser Schritt uns zwingt, wirklich das einzugestehen, was wir anderen angetan haben. Das Positive: Schritt 9 befreit uns gleichzeitig aber auch von allen inneren Verpflichtungen gegenüber der Vergangenheit .

Seit wir mit dem Heilungsprozeß angefangen haben, sind wir unterwegs zu einem neuen Lebensstil. Wir haben gesehen, wie unsere Machtlosigkeit und Unfähigkeit, unser Leben in den Griff zu bekommen, verheerende Folgen hatte. Es war eine demütigende Erfahrung, zu unseren Charakterschwächen und Fehlern vor uns selbst und vor anderen zu stehen und schließlich Gott zu bitten, uns davon zu befreien. Mit Schritt 8 und 9 erreichen wir die Zielgerade unseres Weges zur Wiederherstellung unseres Charakters. Danach wird es darum gehen, diesen Weg zu stabilisieren (Schritt 10 und 11) bzw. andere dazu zu ermutigen, selbst solche Schritte zu tun (Schritt 12).

Die richtige Zeit erkennen

In Schritt 9 müssen wir lernen, ein gutes Urteilsvermögen und die Sensibilität für den richtigen Augenblick zu entwickeln. Als Voraussetzung zur Wiedergutmachung sind Geduld und Stehvermögen vonnöten.

Erst wenn wir diese neuen Qualitäten entwickelt haben und auch andere um uns her derartige Veränderungen in unserem Leben bestätigen, werden wir die Gewißheit in uns tragen: Die Zeit für Wiedergutmachung ist gekommen. Je mehr der Mut in uns wächst, desto leichter wird es uns fallen und desto sicherer werden wir, ehrlich über unser früheres Verhalten zu sprechen und anderen gegenüber einzugestehen, daß wir sie verletzt haben.

Die negativen Hypotheken auflösen

Wiedergutmachung wird uns von vielen Grollgefühlen aus unserer Vergangenheit befreien. Eine nie gekannte Gelassenheit kommt in unser Leben, wenn wir diejenigen, die wir verletzt haben, um Vergebung bitten und Dinge wieder in Ordnung bringen. Ohne solche Vergebung wird Groll weiterhin unser Wachsen untergraben. Wiedergutmachung anzustreben, hat also viele positive Auswirkungen für unser Leben: Wir werden von unserer Schuld befreit; Freiheit und Gesundheit an Leib, Seele und Geist werden gefördert. Um uns selbst vollständig zu vergeben, müssen wir uns zuerst dem Schmerz stellen, den wir anderen zugefügt haben.

Reaktionen und Auswirkungen bei anderen

Bei unserer Vorbereitung für die Wiedergutmachung werden wir feststellen, daß einige Menschen uns gegenüber verbittert sind. Vielleicht fühlen sie sich durch uns bedroht und verübeln uns unser verändertes Verhalten. Um zu prüfen ob es angemessen ist, diesen Personen direkt gegenüberzutreten, sollten wir Jesus Christus um Weisheit bitten.

Aus Angst ausweichen – niemals

Einige Stolpersteine werden in Schritt 9 auftauchen. Wir zögern vielleicht und reden uns ein: „Die Zeit ist noch nicht reif." Oder wir schieben alles vor uns her und finden unentwegt Entschuldigungen, einer bestimmten Person, die wir verletzt haben, nicht begegnen zu müssen. Es ist wichtig, uns selbst gegenüber ehrlich zu sein und Dinge nicht aus Furcht zu verzögern. Furcht ist Mangel an Mut, und Mut ist eine unerläßliche Bedingung, um diesen Schritt – und entsprechend den Rest des Programms – erfolgreich durchzuführen. Der eigentliche Sinn von Schritt 9 liegt eben in der Bereitschaft, die Konsequenzen unseres Verhaltens aus der Vergangenheit endlich zu akzeptieren und Verantwortung zu übernehmen für die Versöhnung mit denen, die wir verletzt haben.

Nur nicht dran rühren ...

Eine andere Art Dinge aufzuschieben, ist die Versuchung, Vergangenes vergangen sein zu lassen. Wir reden uns dann eben ein, daß die Vergangenheit doch hinter uns liege und daß es überhaupt nicht mehr nötig sei, uralte Schwierigkeiten wieder aufleben zu lassen. Wir bilden uns ein, wir bräuchten nur unser gegenwärtiges Verhalten zu ändern, und sehen keinen Grund, uns unnötig mit Schwierigkeiten zu belasten, nur weil wir irgend etwas wiedergutmachen wollten.

Es ist zwar wahr, daß einige unserer früheren Verhaltensweisen abgelegt werden können ohne solch eine direkte persönliche Gegenüberstellung, aber es ist und bleibt eine gute Sache, sich so vielen Menschen und Geschehnissen wie möglich zu stellen. Je mehr Situationen wir direkt ins Auge blicken, desto schneller werden wir ein neues Leben in Frieden und Gelassenheit erlangen können.

Persönliche Überlegungen

1. Tag

Um Schritt 9 erfolgreich abzuschließen, nehmen wir wieder unsere Liste von Schritt 8 hervor und überlegen, wie wir jede einzelne Wiedergutmachung am besten durchführen können. Die meisten Situationen werden einen direkten persönlichen Kontakt erfordern, bei einigen wird es genügen, wenn wir unser Verhalten ändern. Welche der beiden Möglichkeiten wir auch wählen: Es ist wichtig, die Wiedergutmachung so gründlich und vollständig wie möglich zu vollziehen.

Welche Person auf Deiner Liste löst bei Dir am meisten Angst aus? Was befürchtest Du?

_____

_____

* Wir wollen lieben, weil Gott uns zuerst geliebt hat. Sollte nun jemand behaupten: „Ich liebe Gott", und dabei seinen Bruder hassen, dann ist er ein Lügner. Denn wie kann man Gott lieben, den wir doch gar nicht sehen, aber den Bruder hassen, der leibhaftig vor uns steht? Vergeßt nicht, daß Christus selbst uns aufgetragen hat: Wer Gott liebt, der muß auch seinen Bruder lieben. (1. Johannes 4,19-21)

Inwiefern hindert Haß gegen andere Deine Fähigkeit, Gott lieben zu können?*

_____

_____

_____

_____

2. Tag

Schritt 9 beschreibt in zwei Sätzen zwei wichtige Aspekte in bezug auf die Wiedergutmachung:

1. „Wir machten bei diesen Menschen alles wieder gut – wo immer es möglich war …"

• **Es geht um solche Menschen, die ohne Probleme zugänglich sind, und mit denen wir Kontakt aufnehmen können, sobald wir selbst dazu bereit sind.**

Konkret handelt es sich um Familienmitglieder, Gläubiger, Mitarbeiter und andere, denen wir Wiedergutmachung schulden. Sie mögen Freunde oder Feinde sein. Ein Sinn unserer Wiedergutmachung liegt darin, daß wir versuchen, den Schaden zu reparieren, den wir gegen uns selbst und unsere allerbesten Fähigkeiten angerichtet haben. Die Reaktion des anderen mag uns überraschen – besonders wenn die Wiedergutmachung angenommen wird. Wir werden uns dann wahrscheinlich fragen: „Wieso haben wir nur so lange gewartet, ehe wir diesen Konflikt lösten?"

Wie reagierst Du auf den Gedanken, Deinen Feinden gegenüber Dinge wieder in Ordnung zu bringen?

_____

_____

_____

* Es heißt bei euch: „Liebt eure Freunde und haßt eure Feinde!" Ich sage aber: Liebt eure Feinde und betet für alle, die euch hassen und verfolgen! (Matthäus 5,43-44)

Wieso ist es bei der Wiedergutmachung wichtig, seine Feinde zu lieben?*

_____

_____

_____

3. Tag

• **Nun gibt es auch Situationen, in denen direkter Kontakt mit anderen Menschen nicht möglich ist:**

> Das betrifft Menschen, zu denen wir keinen Zugang mehr haben oder die bereits verstorben sind. In diesen Fällen können wir durch eine indirekte Wiedergutmachung unserem Bedürfnis nach Versöhnung nachkommen. Wir tun dies dann im Gebet, oder wir schreiben z.B. einen Brief an diesen Menschen und stellen uns dabei vor, wir sprächen wirklich mit der abwesenden Person. Wir können Dinge auch wiedergutmachen, indem wir einem anderen etwas Gutes tun, der mit der Person, die wir verletzt haben, auf irgendeine Weise verbunden ist.

Beschreibe, wie Gebet oder eine schriftliche Form Dir helfen könnten, Dinge wiedergutzumachen, wenn kein direkter Kontakt mit der entsprechenden Person möglich ist.

_____

_____

_____

* Vor allem aber laßt nicht nach, einander zu lieben. Denn „die Liebe deckt viele Sünden zu". Seid gastfrei, und klagt nicht über die vermehrte Arbeit. Jeder soll dem anderen mit der Begabung dienen, die ihm Gott gegeben hat. (1. Petrus 4,8-10a)

Wiedergutmachung bedeutet auch, Liebe konkret zu verschenken. * Beschreibe Beispiele, wo Du die Haltung der „Gastfreundschaft ohne Klagen" gelebt hast.

_____

_____

_____

4. Tag

2. „… es sei denn, wir hätten dadurch sie oder andere verletzt."

- **Der zweite Aspekt betrifft Menschen, denen gegenüber wir nur teilweise Dinge wieder in Ordnung bringen können, weil vollständige Enthüllungen ihnen oder Dritten nur größeren Schaden zufügen würden.**

    Zu diesen Menschen zählen manchmal Ehegatten, Ex-Partner, ehemalige Geschäftspartner, frühere Freunde. Wir müssen abschätzen, ob totale Offenheit ihnen nicht noch mehr Schaden zufügen würde. Dies betrifft besonders Situationen, wo Untreue mit im Spiel war. In solchen Situationen können alle Parteien einen nicht wiedergutzumachenden Schaden erleiden. Selbst wenn die Angelegenheit besprochen werden muß, sollten wir vermeiden, Dritten Schmerz zuzufügen. Indem wir denen neu ehrliche Zuneigung und Aufmerksamkeit entgegenbringen, denen wir einmal „treue Liebe" versprochen hatten, kann Wiedergutmachung für Untreue geleistet werden.

    Wer auf Deiner Wiedergutmachungsliste fällt in diese Kategorie? Inwiefern würde er/sie durch Deine Offenheit verletzt werden?

    _____

    _____

    _____

    _____

Wenn du während des Gottesdienstes ein Opfer bringen willst und dir fällt plötzlich ein, daß dein Bruder etwas gegen dich hat, dann laß dein Opfer liegen, gehe zu deinem Bruder und versöhne dich mit ihm. Erst danach bringe Gott dein Opfer.
(Matthäus 5,23.24)

Liste die Schwierigkeiten auf, die bei Dir auftreten, wenn es darum geht, bei Menschen, die noch immer etwas gegen Dich haben, Dinge wieder in Ordnung zu bringen.

_____

_____

_____

5. Tag

In Fällen, wo ernste Folgen zu befürchten sind (wie z.B. den Arbeitplatz zu verlieren, ins Gefängnis zu kommen oder sich von der Familie zu entfremden), müssen wir die Konsequenzen sorgfältig abwägen. Wir dürfen uns aber nicht durch die Angst, wir könnten uns oder andere Personen verletzen, von einer Wiedergutmachung abhalten lassen. Wenn wir aus bloßer Furcht Wiedergutmachung aufschieben, werden wir selbst am Ende die Leidtragenden bleiben. Es lohnt sich, in unklaren Fällen einen Berater oder einen Freund heranzuziehen,

• um nicht von eigenen Schwächen aufgehalten zu werden,

• um einen „objektiveren" Blick für die Situation zu bekommen,

• um zu besprechen, wie am besten vorgegangen werden soll.

Ansonsten stehen wir in der Gefahr, unserem Wachstum und unserer Heilung im Weg zu stehen.

Nenne eine Situation, in der eine „direkte Wiedergutmachung" schwerwiegende Folgen haben könnte. Erkläre wieso?

_____

_____

_____

** ... seinem Schuldner das Pfand zurückgibt, erstattet, was er gestohlen hat, und kein Unrecht mehr begeht, sondern die Gebote befolgt, die zum Leben führen – dann muß er nicht sterben. Die Schuld, die er früher auf sich geladen hat, rechne ich ihm nicht mehr an. Weil er nun für Recht und Gerechtigkeit eintritt, wird er am Leben bleiben.
(Hesekiel 33,15-16)*

Wieso kann das Zurückgeben dessen, was gestohlen* worden ist, als Wiedergutmachung verstanden werden?

_____

_____

_____

6. Tag

• **Es gibt weitere Situationen, die eine differenzierte Vorgehensweise erfordern:**

In den folgenden Bereichen ist es hilfreich, beim Abschätzen und Beurteilen der Situation zusätzlichen Rat zu suchen:

• Eine Person, die noch immer an den Folgen der Ungerechtigkeit leidet, die wir ihr angetan haben, unvermittelt direkt zu konfrontieren, ist selten klug.

• Falls wir selbst noch tief in unserem Schmerz gefangen sind, ist die klügere Wahl, vorerst Geduld zu haben und mit der Wiedergutmachung zu warten.

Den richtigen Zeitpunkt auszuwählen ist enorm wichtig, um an Erfahrung zu gewinnen und weitere Verletzungen und Ungerechtigkeiten zu vermeiden.

Wer auf Deiner Wiedergutmachungsliste fällt in eine dieser Kategorien (wo er/sie oder Du einfach noch nicht für eine Konfrontation fähig bist)? Welcher Schaden könnte durch einen vorzeitigen Wiedergutmachungsversuch verursacht werden?

_____

_____

* ... und erinnert euch gegenseitig daran. So werdet ihr einander ermutigen und trösten, wie ihr es ja auch bisher getan habt. (1. Thessalonicher 5,11)

Wenn Du selbst andere Personen ermutigst*, kann es Dir helfen, selbst Wiedergutmachung zu wagen. Woran liegt das?

_____

_____

* Deshalb wollen wir uns nicht länger gegenseitig verurteilen. Keiner soll durch sein Verhalten den anderen in Bedrängnis bringen oder in seinem Gauben verunsichern. (Römer 14,13)

Hast Du andere verurteilt*? Wie hast Du sie dadurch verletzt?

_____

_____

_____

7. Tag

    Wie wir bisher gelernt haben, erfordern gewisse Situationen besondere Sorgfalt. Es ist besser, langsam vorzugehen und mit der Wiedergutmachung etwas Positives zu erreichen, statt in Eile noch größeren Schaden anzurichten. Hier kann Gott uns Hilfe und Trost geben. Er hat uns bis hierher gebracht, und wir müssen uns ständig bewußt sein, daß Gottes Nähe einen entscheidenden Einfluß auf unser Weiterkommen hat.

Nenne Beispiele, wo Deine Ungeduld bei der Wiedergutmachung sich als schädlich erwiesen hat?

_____

_____

_____

* Ihr aber sollt eure Feinde lieben und den Menschen Gutes tun. Ihr sollt ihnen helfen, ohne einen Dank oder eine Gegenleistung zu erwarten. Gott wird euch reich belohnen, weil ihr wie seine Kinder handelt. Denn auch er ist gütig zu Undankbaren und Bösen. (Lukas 6,35-36)

Welche Belohnung* erwartest Du, wenn Du anderen gegenüber großzügig bist?

_____

_____

_____

_____

Gruppenarbeitsblatt zu Schritt 9

Wenn du während des Gottesdienstes ein Opfer bringen willst und dir fällt plötzlich ein, daß dein Bruder etwas gegen dich hat, dann laß dein Opfer liegen, gehe zu deinem Bruder und versöhne dich mit ihm. Erst danach bringe Gott dein Opfer. (Matthäus 5,23.24)

Wir machten bei diesen Menschen alles wieder gut – wo immer es möglich war –, es sei denn, wir hätten dadurch sie oder andere verletzt.

Spezielle Gruppenaufgabe

Teilt Euch in der Gruppe zu zweit auf und übt mit dem Partner die eben schriftlich fertiggestellte Wiedergutmachung. Stell Dir vor, Dein Gegenüber ist die Person, mit der Du Dich versöhnen möchtest. Besprecht anschließend mit allen, welche Erfahrungen ihr damit gemacht habt.

Wähle eine Person aus, der gegenüber Du etwas wieder in Ordnung bringen solltest. Wie denkst Du, die Wiedergutmachung in die Tat umzusetzen, was genau willst Du sagen? (Vgl. 12. Tag „Übung zur Wiedergutmachung gegenüber anderen")

_____

_____

_____

_____

Matthäus 5,24 fordert uns auf, uns zu versöhnen, bevor wir Gott ein Opfer darbringen. Was bedeutet das für Dich?

_____

_____

_____

Was ist Dein persönliches Gebetsanliegen?

_____

_____

_____

Für wen betest Du, und was sind dessen Anliegen?

_____

_____

8. Tag

Erstelle Dir als Hilfe für die Durchführung Deiner Wiedergutmachung eine Liste, auf der Du die betroffenen Personen auflistest und dazu schreibst:

• *was Du genau ansprechen willst,*
• *wie und wann Du es ansprechen willst.*

Wenn Dir ein Treffen von Angesicht zu Angesicht wirklich nicht möglich oder nicht erwünscht ist, kannst Du auch einen Brief schreiben oder mit der entsprechenden Person telefonieren. Wichtig bleibt: Gehe die Versöhnung an, ehe es zu spät ist. Eine gelungene Wiedergutmachung wird die Beziehung zu den Personen, die wir verletzt haben, verbessern und kann sogar positive Gespräche mit neuen Bekannten mit sich bringen. Diese neue Art des Umgangs mit Menschen wird uns darin bestärken, gesunde Beziehungen weiterhin zu pflegen.

Wie hat der Prozeß der Wiedergutmachung Deine Beziehungen zu anderen verbessert?

_____

_____

Schreibe alle noch ausstehenden Schulden* auf, die Du noch zu begleichen hast. Wie planst Du, diese Dinge wieder in Ordnung zu bringen?

_____

_____

* Bleibt keinem etwas schuldig, abgesehen davon, daß ihr euch untereinander lieben sollt.** Denn nur wer seine Mitmenschen liebt, der hat Gottes Gesetz erfüllt. (Römer 13,8)

** Schuldig bleiben dürfen wir nur in dem Bereich der Liebe: Da können wir nie genug lieben!

9. Tag

Wenn wir diesen Schritt bearbeiten, müssen wir zwischen Wiedergutmachung und Entschuldigung unterscheiden. Obwohl Entschuldigungen manchmal angebracht sind, sind sie kein Ersatz für Wiedergutmachung. Jemand kann sich dafür entschuldigen, zu spät zur Arbeit gekommen zu sein, aber bevor er nicht sein Verhalten verändert hat, kann man nicht von Wiedergutmachung sprechen. Es ist wichtig sich zu entschuldigen, wenn es nötig ist; aber noch wichtiger ist es sich zu verpflichten, das unakzeptable Verhalten wirklich zu verändern – und es auch zu tun!

Wie unterscheidest Du zwischen „entschuldigen" und „wiedergutmachen"?

_____

_____

Nenne ein Beispiel, wo Du Dich entschuldigt hast, aber keine Wiedergutmachung stattgefunden hat.

_____

_____

* Vergeltet niemals Unrecht mit neuem Unrecht. Seid darauf bedacht, allen Menschen Gutes zu tun. Soweit es irgend möglich ist und von euch abhängt, lebt mit allen Menschen in Frieden. (Römer 12,17-18)

Welchen Schaden hast Du selbst, wenn Du Rache übst, statt „mit allen Menschen in Frieden"* zu leben?

_____

_____

10. Tag

Es kommt oft vor, daß einzelne gefühlsmäßig oder geistlich wieder in alte Muster und Verhaltensweisen zurückfallen; das alleine ist noch kein Problem. Allerdings ist es dann sehr wichtig, prompt darauf zu reagieren und nicht dabei stehenzubleiben. Sonst wird eine erfolgreiche Wiedergutmachung blockiert.

• Vielleicht haben wir uns von Gott abgewandt und müssen noch einmal zu Schritt 3 zurück.

• Oder wir stolpern über eine unserer Schwachstellen, auf die wir bereits in der Schritt-4-„Inventur" gestoßen sind. Dann müssen wir nochmals dahin zurück.

• Oder vielleicht hat unsere Bereitschaft, einen Charakterfehler abzulegen, nachgelassen. Dann müssen wir nochmals an Schritt 6 arbeiten.

Nenne Beispiele von kürzlich erfolgten Rückfällen und wie Du damit umgegangen bist.

_____

_____

Welche Charakterfehler oder -schwächen haben die Rückfälle verursacht?

_____

_____

* Weder Neid noch blinder Ehrgeiz sollen euer Handeln bestimmen. Im Gegenteil, denkt von euch selbst gering, und achtet den anderen mehr als euch selbst. Denkt nicht immer zuerst an euch, sondern kümmert und sorgt euch auch um die anderen. (Philipper 2,3-4)

In welchen Bereichen Deines Lebens erwischst Du Dich, wie Du immer noch selbstsüchtig* denkst und handelst?

_____

_____

11. Tag

Die Schritte 8 und 9 helfen uns, endgültig die Vergangenheit zu begraben. Durch diese Schritte bringen wir uns selbst dazu, für das Unrecht, das wir anderen angetan haben, Verantwortung zu übernehmen, und da, wo es nötig ist, Dinge wieder in Ordnung zu bringen. Das befreit uns dazu, uns auf eine heile und lohnende Zukunft zu freuen. Endlich lernen wir, unsere Selbstachtung wiederaufzubauen und versöhnte Beziehungen zu uns selbst, zu anderen und Gott gegenüber zu leben.

Wie wird das Durcharbeiten des 9. Schrittes Dir helfen, Deine Vergangenheit hinter Dir zu lassen und eine neue Selbstachtung aufzubauen?

_____

_____

_____

_____

Welche Schwierigkeiten hast Du, wenn Du zur Wiedergutmachung direkt mit der jeweiligen Person konfrontiert bist?

_____

_____

_____

_____

* Weil ihr von Gott auserwählt und seine geliebten Kinder seid, die zu ihm gehören, sollt ihr euch untereinander auch herzlich lieben in Barmherzigkeit, Güte, Demut, Nachsicht und Geduld. Streitet nicht miteinander, und seid bereit, einander zu vergeben, selbst wenn ihr glaubt, im Recht zu sein. Denn auch Christus hat euch vergeben. (Kolosser 3,12-13)

Welchen Einfluß haben „Barmherzigkeit, Güte, Demut, Nachsicht und Geduld"* auf die Zufriedenheit in Deinem Leben?

_____

_____

_____

_____

Übung zur Wiedergutmachung gegenüber anderen

12. Tag

Das Folgende ist eine Zusammenstellung von Ideen und Vorgehensweisen, die sich bei der Vorbereitung auf eine Wiedergutmachung als nützlich erwiesen haben.

Haltung

- Sei bereit, die Person, der gegenüber Du etwas in Ordnung bringen willst, zu lieben und ihr zu vergeben.
- Überlege Dir gut, was gesagt werden soll, und achte darauf, Dein Gegenüber nicht bloßzustellen.
- Übernimm die Verantwortung für das, was Du sagst.
- Sei bereit, die Konsequenzen auf Dich zu nehmen.
- Lege den Wunsch ab, eine bestimmte Antwort zu bekommen.
- Übergib Deine Ängste Gott.

Vorbereitung

*Englisch: „keep it simple!"
Das ist ein geflügeltes Wort im
gesamten 12-Schritte-Prozeß!*

- Nimm Dir Zeit in der Stille und im Gebet.
- Schiebe die Wiedergutmachung auf, wenn Du wütend oder aufgebracht bist, und wende Dich mehr der „Schritt-4-Inventur" zu.
- Mache keine große Sache* daraus. Einzelheiten und Erklärungen sind nicht nötig.
- Denke daran: Bei einer Wiedergutmachung mußt Du den anderen nicht auf seine Rolle und Verantwortung hinweisen – es geht einzig und allein um Deinen Teil.
- Drücke Deinen Wunsch zur Wiedergutmachung aus, oder bitte den anderen um Erlaubnis für die Wiedergutmachung; z.B.: Ich arbeite zur Zeit an einem Programm, das verlangt, daß ich mir bewußt werde, wie sehr ich andere Menschen verletzt habe. Ich will dafür die Verantwortung auf mich nehmen und meine Verhaltensweisen wiedergutmachen. Ist es Dir/Ihnen recht, wenn ich das Dir/Ihnen gegenüber tue?

Beispiel für eine Wiedergutmachung gegenüber anderen

Als _____ zwischen uns ablief, war ich _____

(erschrocken, überfordert, fühlte mich verlassen usw.).

Ich bitte Dich um Verzeihung für das _____ *(angetane Leid)*

und für alles andere, das ich Dir in der Vergangenheit angetan habe, was

Dich verletzt hat, sei es durch meine Gedanken, Worte oder Verhaltens-

weisen. Ich wollte Dich nicht verletzen. Ich bitte Dich, mir das zu vergeben,

und ich will in Zukunft versuchen, mich Dir gegenüber anders/besser zu

verhalten.

Ich möchte wiedergutmachen, was ich Dir mit _____ an-

getan habe. Ich bitte Dich um Verzeihung für die Worte, die ich aus

_____ (Angst, Gedankenlosigkeit, Verwirrung usw.) ge-

äußert habe. Ich verspreche, Dir in Zukunft mehr Liebe und Rücksicht ent-

gegenzubringen.

Wähle eine Person aus, der gegenüber Du etwas wieder in Ordnung brin-
gen willst. Wer ist diese Person, und was soll wieder in Ordnung ge-
bracht werden?

_____

_____

Wie willst Du diese Wiedergutmachung rüberbringen? Was wirst Du
genau sagen?

_____

_____

_____

_____

_____

_____

_____

_____

_____

Übung zur Wiedergutmachung sich selbst gegenüber

13. Tag

Das Folgende sind einige Leitlinien zur Wiedergutmachung Dir selbst gegenüber.

Haltung

- Sei bereit, Dich selbst zu lieben und Dir zu vergeben.
- Überlege Dir, was Du sagen willst, und übernimm Verantwortung für Dein Handeln.
- Habe realistische Erwartungen an Dich selbst.
- Sei bereit, Deine Ängste Gott abzugeben.

Vorbereitung

- Nimm Dir Zeit in der Stille und im Gebet.
- Schiebe die Wiedergutmachung auf, wenn Du wütend oder aufgebracht bist, und wende Dich mehr der „Schritt-4-Inventur" zu.
- Mache keine große Sache daraus. Einzelheiten und Erklärungen sind nicht nötig.
- Denke daran, daß Du die Wiedergutmachung für Dich machst und nicht, um den anderen zu verändern.

Beispiel für eine Wiedergutmachung sich selbst gegenüber

Als _____ geschah, war ich _____

(erschrocken, überfordert, fühlte mich verlassen usw.).

Ich vergebe mir selbst für das, was ich getan habe, wo ich durch meine Gedanken, Worte oder Verhaltensweisen mir selbst Verletzungen zugefügt habe.

Ich möchte mir selbst gegenüber _____ wieder in Ordnung bringen. Ich vergebe mir bezüglich der Worte, die ich aus

_____ *(Angst, Gedankenlosigkeit, Verwirrung usw.)*

geäußert habe.

Schreibe einen Wiedergutmachungsbrief an Dich selbst.

Liebe(r) _____ ,

_____

_____

_____

_____

_____

_____

_____

_____

_____

_____

_____

_____

_____

_____

Wie fühlst Du Dich, nachdem Du diesen Brief geschrieben hast?

_____

_____

_____

Gruppenarbeitsblatt zu Schritt 9

*Wenn du während des Gottes-
dienstes ein Opfer bringen willst
und dir fällt plötzlich ein, daß
dein Bruder etwas gegen dich
hat, dann laß dein Opfer liegen,
gehe zu deinem Bruder und versöhne dich mit ihm. Erst danach
bringe Gott dein Opfer.
(Matthäus 5,23.24)*

**Wir machten bei diesen Menschen alles wieder gut – wo immer es
möglich war –, es sei denn, wir hätten dadurch sie oder andere
verletzt.**

Spezielle Gruppenaufgabe

*Teilt Euch in der Gruppe zu zweit
auf, und übt mit dem Partner die
eben schriftlich fertiggestellte
Wiedergutmachung. Stell Dir vor,
Dein Gegenüber ist die Person,
mit der Du Dich versöhnen möchtest. Besprecht anschließend mit
allen, welche Erfahrungen ihr damit gemacht habt.*

*Nenne einige Höhepunkte aus dem Wiedergutmachungsbrief an Dich
selbst (vgl. 13. Tag „Übung zur Wiedergutmachung gegenüber sich
selbst").*

_____

_____

_____

_____

*In Römer 12,18 heißt es: „Soweit es irgend möglich ist und von euch
abhängt, lebt mit allen Menschen in Frieden!" Was bedeutet das für
Dich?*

_____

_____

_____

_____

Was ist Dein persönliches Gebetsanliegen?

_____

_____

_____

Für wen betest Du, und was sind dessen Anliegen?

_____

_____

_____

Schritt 10   Das „Sofort!-Konzept"

Deshalb seid vorsichtig! Gerade
wenn jemand denkt: „So etwas
kann mir doch nicht passieren!",
muß er besonders aufpassen.
(1. Korinther 10,12)

Wir setzten die Inventur bei uns fort, und wenn wir unrecht hatten, gaben wir es sofort zu.

Mit Schritt 10 betreten wir den Bereich der Ergebnissicherung. Wir werden lernen, wie es möglich wird, an dem festzuhalten, was wir bisher erreicht haben. Wir werden mehr Zuversicht und Freude daran bekommen, auf unserem geistlichen Weg vorwärts zu kommen. In den ersten 9 Schritten ging es darum, unser Haus in Ordnung zu bringen und einige unserer zerstörerischen Verhaltensstrukturen zu verändern. Indem wir nun mit den Schritten 10-12 weiterarbeiten, werden wir mehr und mehr lernen, in einem geordneten Haus zu leben, indem wir neue, gesunde Verhaltensweisen entwickeln (dazu gehört z.B., sich in guter Weise um sich selbst zu kümmern und gute Beziehungen zu anderen aufzubauen).

Das Gleichgewicht halten ...

Wenn wir zum erstenmal in unserem Leben einen gewissen Frieden und sogar Gelassenheit verspüren, werden wir uns ängstlich fragen, ob es wohl eine dauernde oder bloß eine vorübergehende Erfahrung bleiben wird. Beim Arbeiten an den Schritten ist uns ja deutlich geworden, wie verletzbar und zerbrechlich wir in Wahrheit sind. Mit Hilfe von Jesu liebender Gegenwart und wenn wir uns täglich an die Prinzipien der Schritte halten, wird es uns möglich werden, unser neugefundenes inneres Gleichgewicht zu bewahren und es bei „Abstürzen" schnell wiederzufinden. Wir werden einfach beziehungsfähiger und belastbarer. Und wir werden erleben: Beziehungen zu anderen Menschen werden mehr und mehr eine neue Qualität bekommen.

Ein lebenslanges Projekt

Aber schon an diesem Punkt könnten wir versucht sein, zu unserer alten Selbstgefälligkeit zurückzukehren und zu glauben, wir seien geheilt. Vielleicht denken wir, jetzt hätten wir alle Antworten und könnten mit der Arbeit am 12-Schritte-Programm aufhören. Viele von uns kommen auf ihrer Reise an diesen Punkt: Wir sind mit uns selbst zufrieden und sehen keine Notwendigkeit mehr, das Programm fortzusetzen. Um nicht zu den Treffen kommen zu müssen, legen wir (gerne) andere Aktivitäten auf diesen Termin, finden gute Ausreden, und mehr und mehr vernachlässigen wir die Arbeit an dem Programm. An diesem Punkt müssen wir der Versuchung widerstehen einfach aufzuhören. Wir müssen uns bewußt sein, daß wir die bisher erreichten Ziele wieder verlieren werden, wenn wir jetzt nachlässig werden. Wir müssen verstehen, daß die Erfolge, die wir gehabt haben, nur aufrechterhalten werden, wenn wir bereit sind, unser Leben täglich im Sinne der 12 Schritte zu gestalten – für immer!

Vom unaufmerksamen zu einem wachen Leben

Schritt 10 beschreibt uns den Weg zu einem andauernden geistlichen Wachstum. In der Vergangenheit waren wir ständig nur mit den belastenden Folgen unseres unaufmerksamen Verhaltens beschäftigt. Wir haben uns um kleine Probleme solange nicht gekümmert, bis sie groß wurden. Wir konnten sie ignorieren bis zu dem Augenblick, wo sie uns überrannten. Durch mangelnde Feinfühligkeit und weil wir völlig ungeübt waren, wie man sein Verhalten verbessern könnte, haben wir unseren Charakterschwächen erlaubt, in unserem Leben heillose Verwüstung anzurichten. Mit Schritt 10 überprüfen wir ehrlich und gewissenhaft unser tägliches Verhalten und korrigieren uns da, wo es nötig ist. Wir beobachten uns selbst, erkennen unsere Irrtümer, geben sie sofort zu und vollziehen eine Kurskorrektur.

Achtung vor „Hundertfünfzigprozentigen"

Wenn wir nun daran arbeiten, unser Handeln und Reagieren so bewußt und sorgfältig zu überprüfen, dürfen wir uns selbst nicht allzu hart verurteilen. Wir müssen einfach wissen, daß dieser emotionale und geistige Gesundungs- und Reifungsprozeß neben täglicher Wachsamkeit ein liebevolles Verständnis für die eigene Begrenztheit und sehr viel Geduld braucht. Leben ist niemals statisch; es gibt dauernd Veränderungen, und jede Veränderung fordert uns heraus, angemessen zu reagieren und an einer neuen Situation zu wachsen.

15 Minuten – und du bleibst in der Spur

Eine „persönliche Inventur" bedeutet, sich täglich seiner Stärken, Schwächen, Motive und Verhaltensweisen bewußt zu werden und sich selbst zu überprüfen. So wie wir für unser geistliches Wachstum Gebet brauchen, sind wir für unseren Gesundungsprozeß auf dieses Wachsein angewiesen. Solch eine tägliche Inventur ist keine zeitraubende Aufgabe. Sie kostet uns pro Tag vielleicht 15 Minuten. Wenn sie diszipliniert und regelmäßig gemacht wird, ist es doch ein relativ kleiner Preis, um das gute Werk zu erhalten, das wir gerade so motiviert begonnen haben.

Das „Sofort!®"-Markenzeichen

Wir müssen dabei besonders auf Anzeichen achten, die uns darauf hinweisen, wo wir versucht sind, unser Leben wieder alleine zu bewältigen oder wo wir wieder in alte Verhaltensmuster hineinschlittern wie z.B. Groll, Unehrlichkeit oder Selbstsucht. Sobald wir merken, daß sich eine Versuchung anschleicht, müssen wir auf der Stelle („sofort!") reagieren: Gott um Vergebung bitten, und die Sache in Ordnung bringen. Schritt 10 täglich angewendet versetzt uns in die Lage, echt, ehrlich und demütig zu bleiben; er ermöglicht uns weiterzukommen. Die „regelmäßige Inventur" macht uns unsere Stärken und Schwächen mehr und mehr bewußt. Wir sind weniger geneigt, Gefühlen wie Ärger, Einsamkeit oder Selbstgerechtigkeit einfach nachzugeben, weil wir gefühlsmäßig ausgeglichen leben. Und wir werden mutiger, wenn wir merken, wie unsere innere Stärke zunimmt. Eine solche persönliche Inventur wird uns helfen zu erkennen, wer wir sind, wozu wir geschaffen sind und wohin wir gehen sollen. Schließlich konzentrieren wir uns auf ein christusgemäßes Leben, und es gelingt uns immer besser so zu leben, wie Gott es sich gedacht hat.

Persönliche Überlegungen

1. Tag

Daß dieses Programm eine „tägliche Inventur" betont, gründet auf der Erfahrung, daß viele von uns nie gelernt haben, sich selbst richtig einzuschätzen. Wenn wir mit dieser Art persönlicher Inventur mit der Zeit vertraut werden, wird die Bereitschaft zunehmen, die nötige Zeit dafür einzusetzen, weil wir wissen: Es wird sich lohnen! Es gibt drei Arten, eine Inventur durchzuführen:
- die „Sofort!-Inventur"
- die „tägliche Inventur"
- die periodische „Langzeit-Inventur"

Jede Art dient dabei einem besonderen Zweck.

Wie wird eine tägliche Inventur Dir helfen, Deine Fähigkeiten zur Selbsteinschätzung zu verbessern?

_____

_____

* Wollt ihr das Leben genießen und gute Tage erleben? Dann paßt auf, was ihr redet: Lügt nicht und verleumdet niemanden! Wendet euch ab von allem Bösen und tut Gutes! Setzt euch unermüdlich und mit ganzer Kraft für den Frieden ein! (Psalm 34,13-15)

Wie hilft Dir das 12-Schritte-Programm, Dich vom Bösen abzuwenden und Frieden zu suchen?*

_____

_____

_____

_____

2. Tag

Die „Sofort!-Inventur"

„Sofort!-Inventur" bedeutet: Mehrmals täglich kurz innehalten, analysieren was geschieht und in diesem Sinne ein Spotlight auf die momentane Situation zu werfen.

Wir machen einen Augenblick lang einen kurzen Rückblick auf unser Handeln, unsere Gedanken und Motive. Solches Innehalten kann in emotions- und spannungsgeladenen Situationen Ruhe bringen. Es ist eine hilfreiche Methode, um Situationen zu beurteilen, damit man erkennen kann, wo wir falsch liegen und uns „sofort!" anders verhalten sollten. Wenn wir solche „Sofort!-Inventuren" mehrmals täglich machen und uns unmittelbar unsere Fehler eingestehen, bleiben wir frei von Schuld- und Schamgefühlen, die uns bisher ständig begleitet und unser Wachstum blockiert haben.

Beschreibe eine kürzlich erlebte Situation, in der Du im Unrecht warst und es „sofort!" zugeben konntest.

_____

_____

Inwiefern unterstützt eine tägliche „Inventur" geistliches Wachstum?

_____

_____

* ... warne ich jeden einzelnen von euch: Schätzt euch nicht höher ein, als euch zukommt. Bleibt bescheiden, und maßt euch nicht etwas an, was über die Gaben hinausgeht, die Gott euch geschenkt hat. (Römer 12,3)

Wie schätzt Du zur Zeit Dich selbst* und Dein Vorwärtskommen in diesem Programm ein?

_____

_____

_____

3. Tag

Die „tägliche Inventur"*

* siehe auch die Tabelle zur täglichen Inventur.

Es ist wichtig, am Ende jeden Tages innezuhalten und zu überlegen, was alles geschehen ist, und wie wir uns in der jeweiligen Situation verhalten haben. Die tägliche Inventur verweist uns aufs Heute und hindert uns daran, uns über die Zukunft Sorgen zu machen oder irgendwo in der Vergangenheit zu leben. Es gilt in diesem Programm die Grundregel: Jeden Tag neu „nur für heute" leben!*

* siehe auch den Anhang: „Nur für heute"-Konzept.

Inwiefern fördert die „tägliche Inventur" Deine Fähigkeit, besser mit anderen Menschen auszukommen?

_____

_____

_____

* Setze alles daran, dich noch auf dem Weg zum Gericht mit deinem Gegner zu einigen. Du könntest sonst verurteilt werden und in das Gefängnis kommen. Von dort wirst du nicht eher wieder herauskommen, bis du auch den letzten Pfennig deiner Schuld bezahlt hast. (Matthäus 5,25-26)

Nenne ein Beispiel, wo Du vor unnötigen Konsequenzen und Schmerzen bewahrt wurdest, weil Du Deine Fehler zugeben und korrigieren konntest.*

_____

_____

4. Tag

Die tägliche Inventur hat die Funktion einer Waage: Gutes und Schlechtes werden jeweils gewichtet. Sie ist eine Gelegenheit, über unseren Umgang mit anderen Menschen nachzudenken.

Über Situationen, in denen wir etwas Gutes getan und uns angemessen verhalten haben, können wir uns freuen und unsere Fortschritte erkennen. Im Blick auf solche Situationen, in denen wir uns zwar anders verhalten wollten, aber trotzdem versagt haben, anerkennen wir wenigstens unser Bemühen. Denn Tatsache bleibt: Es gab wenigstens unseren guten Willen. Unser eingestandenes Versagen kann so Licht auf unsere Irrtümer werfen. Dann können wir das Gewesene wieder in Ordnung bringen und mit ruhigem Gewissen vorwärtsgehen. Wenn wir am 12-Schritte-Programm weiterarbeiten, können wir gewiß sein, daß unsere Erfolgserlebnisse zunehmen werden.

Nenne Beispiele, wo Du kürzlich erlebt hast, wie Du mit Erfolg neue Verhaltensweisen in Deinen Beziehungen eingeübt hast.

_____

_____

Nenne ein Beispiel, wie Du Dich kürzlich unangemessen verhalten hast. Wie hast Du reagiert, als Dir bewußt wurde, daß Du im Irrtum warst?

_____

_____

* Belügt euch also nicht länger, sondern sagt die Wahrheit. Wir sind doch als Christen die Glieder eines Leibes, der Gemeinde Jesu. Wenn ihr zornig seid, dann macht es nicht noch schlimmer, indem ihr unversöhnlich bleibt. Laßt die Sonne nicht untergehen, ohne daß ihr euch vergeben habt. (Epheser 4,25-28)

Nenne eine Situation, in der Du kürzlich „zornig"* warst, aber Deinen Ärger nicht ablegen konntest. Welche Auswirkung hatte das auf Dich?

_____

_____

_____

5. Tag

Es werden in Zukunft sicherlich Situationen kommen, in denen Deine aufrichtige Hingabe auf dem Prüfstein liegt. Wir müssen uns so ehrlich und klar wie möglich über unsere tiefsten Absichten bewußt sein. Die folgenden und ähnliche Situationen sind dafür Beispiele:

- Falls wir zurückfallen und wieder versuchen, andere zu kontrollieren oder zu manipulieren, müssen wir uns dessen bewußt werden und Gott bitten, uns zu korrigieren.

* Dinge, Verhaltensweise oder
Stoffe können wie eine Droge
benutzt werden, d. h. als eine
Art Krücke, mit der wir den wahren Gefühlen ausweichen und
uns unser Leben erleichtern.

- Falls wir uns mit anderen vergleichen und uns dann minderwertig füh-len, müssen wir Freunde aufsuchen, die uns aufbauen und unsere Gefüh-le überprüfen – mit dem Ziel, zu einer erneuerten Selbstannahme zu fin-den.
- Falls wir anfangen, zwanghaft oder unbeherrscht zu werden und uns selbst zu vernachlässigen, müssen wir sofort innehalten und unsere „grö-ßere Kraft" (Schritt 2-3) um Hilfe bitten: Gott möge uns nicht nur die un-erfüllten Bedürfnisse, die wir gerade mit unserer „Droge"* stillen wol-len, bewußt machen, sondern auch zeigen, wie wir diese Bedürfnisse ge-sund befriedigen.
- Falls wir uns vor Autoritätspersonen fürchten, müssen wir den Grund un-serer Angst herausfinden, die Angst anerkennen und Gott bitten, ange-messen mit ihr umgehen zu lernen.
- Falls wir niedergeschlagen und bedrückt sind, müssen wir den Grund da-für finden, wieso wir uns zurückziehen und uns selbst bemitleiden.
- Falls wir unsere Gefühle zurückhalten, uns anderen nicht mitteilen oder uns von den Bedürfnissen und Wünschen anderer bestimmen lassen, müssen wir das notwendige Risiko eingehen, unsere Gefühle und Be-dürfnisse ehrlich zu formulieren.

Welche unfruchtbaren Verhaltensweisen entdeckst Du am häufigsten bei Deiner „täglichen Inventur"?

_____

_____

Welchen inneren Widerstand spürst Du, der Dich daran hindert, diese Fehler zu beseitigen?

_____

* Wer Gottes Wort nur hört, es
aber nicht in die Tat umsetzt,
dem geht es wie einem Mann,
der in den Spiegel schaut. Er be-
trachtet sich, geht wieder weg
und hat auch schon vergessen,
wie er aussieht. Wer aber die
Botschaft von der Rettung und
Befreiung erkannt hat und immer wieder danach handelt, der
hat sie nicht vergeblich gehört.
(Jakobus 1,23-25a)

Inwiefern hat dieses Programm Dir ermöglicht, Dich wie in einem Spie-gel* anzuschauen und Dich so anzunehmen, wie Du wirklich bist?

_____

_____

_____

6. Tag

Periodische „Langzeit-Inventur"

* Es gibt in katholischen Ordens-
gemeinschaften und evangeli-
schen Kommunitäten Einkehrzeiten in deren „Häusern der Stille".

Diese Form der Inventur kann am besten durchgeführt werden, wenn man sich für eine gewisse Zeit zurückzieht, um alleine für sich zu sein oder an einer Retraite* teilzunehmen. Oft sind dies ganz besondere Tage, an denen man viel Zeit hat, um über sich und sein Leben nachzudenken. Solche Zeiten bieten auch eine gute Gelegenheit, vor Gott Dinge zu klären und ihm gegenüber neu festzumachen, daß wir mit ihm vorwärtsgehen und unser Leben ihm hingeben wollen.

Wieviel Zeit nimmst Du Dir, um in der Stille über Dein Leben nachzudenken? Wie helfen Dir solche Einkehrzeiten für Deine Heilung?

_____

_____

* Gehört jemand zu Christus, dann ist er ein neuer Mensch. Was vorher war ist vergangen, etwas Neues hat begonnen. (2. Korinther 5,17)

Inwiefern hat Dir Deine erneuerte Beziehung zu Jesus Christus geholfen, ein „neuer Mensch"* zu werden?

_____

_____

7. Tag

Diese Art der Inventur kann ein- bis zweimal pro Jahr durchgeführt werden. Es ist eine gute Gelegenheit, über unsere Entwicklungen nachzudenken. Oft sehen wir uns in solchen Zeiten aus einem neuen Blickwinkel. Wir nehmen im Rückblick beachtliche Veränderungen wahr und fassen neuen Mut und neue Hoffnung. Wir müssen allerdings aufpassen, dabei nicht auf einen Egotrip zu geraten: Aller Fortschritt ist eine Frucht der Hilfe Gottes und unseres wachsenden Glaubens. Die „periodische Langzeit-Inventur" hilft uns, Problembereiche deutlich zu erkennen und nötige Korrekturen „sofort!" vorzunehmen. Erfahrungsgemäß erkennen wir oft neue Schwachstellen, aber wir entdecken auch immer wieder neue Stärken an uns.

Welche neuen Schwachstellen sind Dir aufgefallen?

_____

_____

Welche Stärken sind Dir neu aufgefallen?

_____

_____

* Ihr sollt euch von euerm alten Leben, dem „alten Menschen" mit all seinen trügerischen Leidenschaften, endgültig trennen und euch nicht länger selbst zerstören. Gottes Geist will euch mit einer völlig neuen Gesinnung erfüllen. Ihr sollt den „neuen Menschen" anziehen, wie man ein Kleid anzieht. Diesen neuen Menschen hat Gott selbst nach seinem Bild geschaffen; er ist gerecht und heilig, weil er sich an das Wort der Wahrheit hält. (Epheser 4,22-24)

Wie sieht „Gottes neues Bild"* von Dir aus, als einem Menschen, der mehr darauf ausgerichtet ist, was Gott für ihn will, und in dem nicht mehr das, was er für sich will, im Zentrum steht?

_____

_____

Gruppenarbeitsblatt zu Schritt 10

Wir setzten die Inventur bei uns fort, und wenn wir unrecht hatten, gaben wir es sofort zu.

Überdenke noch einmal Dein Handeln der letzten Woche anhand der Angaben auf Deiner Tabelle zur täglichen Inventur. In welchen Bereichen bist Du zufrieden mit Dir? In welchen Bereichen hast Du versagt?

_____

_____

_____

Beschreibe, wie Du Gottes Gegenwart erlebt hast, als Du in Versuchungssituationen widerstehen konntest.

_____

_____

_____

Beschreibe eine Situation, in der Du dachtest, standfest zu sein und dann doch abgestürzt bist (vgl. 1. Korinther 10,12). Wie hast Du es (z.B. mit der Inventur-Tabelle?) wahrgenommen, und wie bist Du anschließend damit umgegangen?

_____

_____

_____

Was ist Dein persönliches Gebetsanliegen?

_____

_____

_____

Für wen betest Du, und was sind dessen Anliegen?

_____

_____

8. Tag

Wenn wir uns ernsthaft nach Veränderung unseres Lebens sehnen, regelmäßig persönliche Inventur machen und auch auf die Äußerungen der anderen im 12-Schritte-Prozeß achten, werden wir feststellen, daß es anderen genauso geht wie uns: Die meisten Menschen sind von Zeit zu Zeit aufgebracht, und niemand reagiert immer „richtig". Durch diese Erkenntnis wird es uns vielleicht leichterfallen, anderen zu vergeben, sie zu verstehen und sie so zu lieben, wie sie sind. Wenn wir anderen gegenüber freundlich, nett und fair sind, werden sie meist in derselben Weise auf uns reagieren, und viele unserer Beziehungen werden sich positiv verändern. Durch unsere Fortschritte werden wir lernen, wie sinnlos es oft ist, sich zu ärgern oder zuzulassen, daß andere uns emotional verletzen. Weil wir regelmäßig Inventur machen und „sofort!" unsere Fehler zugeben und uns ändern, werden wir davor bewahrt, nachtragende Gefühle aufzustauen. So behalten wir Würde und Respekt vor uns selbst und vor anderen Menschen.

Inwiefern hilft Dir die „tägliche Inventur", nicht nachtragend zu sein und Dinge prompt erledigen zu können?

_____

_____

* Wer seine Gefühle beherrscht, hat Verstand. Der Jähzornige stellt nur seine Unvernunft zur Schau! Wer gelassen und ausgeglichen ist, lebt gesund. Der Eifersüchtige wird von seinen Gefühlen innerlich zerfressen. (Sprüche 14,29-30)

Nenne Beispiele, wo Du „klares Denken"* hattest. Wie war das, als Du in einer Situation gelassen bleiben konntest?

_____

_____

9. Tag

Ein bewußtes Arbeiten an Schritt 10 hat viele Vorteile. Der wichtigste Punkt: Schritt 10 stärkt unseren Heilungsprozeß und hilft uns, das bisher Erreichte beizubehalten. Unsere ständige Aufmerksamkeit bringt weitere Früchte:
- Wenn alte Verhaltensweisen wieder auftauchen, sind das oft gelernte Verhaltensmuster, die einfach ablaufen, ohne daß sie uns bewußt sind. Wir treffen unbewußt Entscheidungen, um Schmerz, Streit, Hilflosigkeit, Schuld-, Rachegefühle usw. nicht an uns herankommen zu lassen. Würden wir weiterhin an diesen Verhaltensmustern festhalten, würde das unserem geistlichen Wachstum und unserem Gesundungsprozeß entgegenstehen.
- Immer wenn uns etwas vertraut ist, fühlen wir uns sicher, auch wenn dies ein negatives Verhaltensmuster betrifft oder eine Abhängigkeit, die uns in der Vergangenheit offensichtlich immer wieder geschadet haben. So widersprüchlich es auch aussehen mag: Für uns bedeutet dieses gewohnte und vertraute Verhalten Sicherheit.

- Oft quälen wir uns selbst, indem wir uns ständig mit unserer Vergangenheit beschäftigen. Ein Weg, die Vergangenheit loszulassen, ist der: unsere Verantwortung zu ergreifen, die wir bisher vor uns hergeschoben haben. Das war auch die Ursache vieler Schmerzen.
- Ein altes Verhaltensmuster aufzugeben, kann Angst machen. Aber indem wir es Gott, unserer „größeren Macht", übergeben, lernen wir, ihm zu vertrauen, daß er die nötige Unterstützung geben wird. Mit seiner Hilfe können wir ein neues Verhalten entwickeln, das unsere Bedürfnisse wirklich stillt.
- Wir versuchen, liebevolle, uns unterstützende Freunde zu gewinnen. Denn Freunde sind sehr wichtig auf unserem Weg, gesund zu werden.

Wie gehst Du mit alten Verhaltensweisen um, wenn diese plötzlich wieder auftauchen?

_____

_____

In welchen Bereichen stehst Du in der Gefahr, wieder in alte Verhaltensmuster zurückzurutschen?

_____

_____

* Deshalb seid vorsichtig! Gerade wenn jemand denkt: „So etwas kann mir doch nicht passieren!", muß er besonders aufpassen. (1. Korinther 10,12)

Welche Vorsichtsmaßnahmen ergreifst Du, um nicht übertrieben selbstsicher zu werden und wieder in alte Verhaltensmuster zurückzufallen?

_____

_____

10. Tag

Schritt 10 erfolgreich zu bearbeiten, bedeutet, unsere Fehler wirklich zu bereuen. Das spornt uns an, dran zu bleiben, unsere Beziehungen zu anderen zu verbessern. Das „Nur für heute"-Konzept (täglich den Schwächen ins Auge zu sehen) und die „Sofort!"-Korrektur werden unseren Charakter formen und unseren Lebensstil zum Guten verändern. Wenn wir das Zugeben unserer Fehler und Schwächen jedoch immer wieder aufschieben, zeigt dies unseren Widerstand gegen Schritt 10. Das wird uns bloß schaden und unsere Sache verschlechtern. Ein bewußtes Arbeiten an Schritt 10 hingegen bringt viele Vorteile:

- Beziehungsprobleme werden abnehmen. Inventur zu machen und Fehler „sofort!" zuzugeben, wird viele Mißverständnisse auflösen, bevor sie irgendwelchen Schaden anrichten können.
- Wir lernen, uns selbst auszudrücken, anstatt ständig zu fürchten, durchschaut zu werden. Und wir erkennen, daß wir – wenn wir ehrlich sind – uns nicht hinter einer Maske verstecken müssen.

• Weil wir ehrlich zu unseren Schwächen stehen, können andere im Gegenzug wahrnehmen, wie uneffektiv ihr Verhalten ist. Wir lernen, andere richtig einzuschätzen, und werden so für echte Nähe fähig.

Welche Erfolge erlebst Du durch die Praxis der „täglichen Inventur" und das „Sofort!-Konzept" (sofort Deine Fehler erkennen und zugeben)?

_____

_____

_____

Inwiefern unterstützen Deine neuen Gewohnheiten Deinen Heilungsprozeß?

_____

_____

Achtet also genau darauf, wie ihr lebt: Nicht wie Menschen, die von Gott nichts wissen wollen, sondern als Menschen, die ihn kennen und lieben.* Dient Gott, solange ihr es noch könnt, denn wir leben in einer schlimmen Zeit. (Epheser 5,15-16)

* Wörtlich: „… nicht wie Toren, sondern wie Weise."

Beschreibe die grundsätzlichen Veränderungen in Deinem Lebenstil.

_____

_____

_____

_____

Fragen zur Tabelle für die tägliche Inventur

„Tabelle für die tägliche Inventur" siehe nächste Seite.

Was waren Deine Erfahrungen bei dieser Übung?

_____

_____

_____

Inwiefern hat es Dir geholfen, Dein eigenes Verhalten genauer zu beobachten?

_____

_____

_____

Tabelle für die tägliche Inventur

11. Tag

Mit Hilfe dieser Tabelle kannst Du täglich Dein Verhalten einschätzen. Bestimme jeweils den Wert:

0 = gar nicht   1 = kaum   2 = durchschnittlich   3 = ziemlich   4 = sehr

Schwächen	Mo	Di	Mi	Do	Fr	Sa	So
Ärger/Beleidigtsein							
Suche nach Anerkennung							
Übermäßiges Sorgetragen							
Kontrollverhalten							
Lügen/Leugnen							
Schwermut/Selbstmitleid							
Unehrlichkeit							
Erstarrte Gefühle							
Isolation							
Eifersucht							
Perfektionismus							
Mißtrauen							
Sorgen							
Stärken	**Mo**	**Di**	**Mi**	**Do**	**Fr**	**Sa**	**So**
Vergebungsbereitschaft							
Großzügigkeit							
Ehrlichkeit							
Demut							
Geduld							
Risikobereitschaft							
Toleranz							
Vertrauen/Glaubwürdigkeit							
Verantwortungsbewußtsein							

Leitlinien zur Erhebung der Veränderung

Mit den folgenden Fragebögen wollen wir Dir helfen, Dein persönliches Wachstum und die dadurch sichtbare Veränderung wahrzunehmen. Die Fragebögen sind ähnlich wie in Schritt 4 aufgebaut. Sie beschreiben Gefühls- und Verhaltensstrukturen, die für viele typisch sind. Nun werden sie aber unter dem Gesichtspunkt Deiner neugewonnenen Reife und Veränderung beleuchtet. Du wirst merken, wo Du einen oder mehrere Schritte weitergekommen bist.

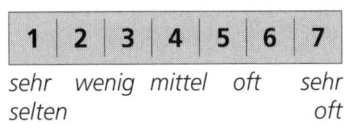

sehr wenig mittel oft sehr
selten oft

Wenn Du an Deiner Inventur mit Hilfe dieser Fragebögen arbeitest, wähle Deine besonders typischen Züge, Gefühlsstrukturen oder Verhaltensweisen aus. Versuche nicht stur, die Fragebögen alle auf einmal durchzugehen. Erinnere Dich an Ereignisse, die Dir noch frisch im Gedächtnis sind, und schreibe die Worte und Dein Verhalten so genau wie eben möglich auf. Nimm Dir dafür Zeit. Dieser Prozeß wird Dich in die Lage versetzen, Dein geistliches Wachstum wahrzunehmen. Du wirst persönlich am meisten von dieser ehrlichen und sorgfältigen Inventur haben. Als zusätzliche Hilfe zur Selbsteinschätzung kannst Du wieder die Skala von 1-7 benutzen und einen Wert ankreuzen. Vergleiche ihn mit den Ergebnissen Deiner Schritt-4-Inventur.

Die unten aufgeführten Beispiele sollen Dir helfen, die Fragen zu beantworten. Halte Dich an die vorgeschlagenen Leitfragen, und sei so gründlich wie möglich. (Lies die Einleitung des Fragebogens zum Thema „Heilung von Isolationstendenzen" auf den folgenden Seiten.)

Musterfragebogen zum Thema „Genesung von Isolationstendenzen"

Nenne typische Verhaltensweisen von Dir, die zeigen, daß Du Dich weniger häufig als früher isolierst.

• Heute ging ich mit Diana und Evelyne essen. Ich fühlte mich wohl und zufrieden und beteiligte mich auch am Gespräch. Ich wagte es, meine Gefühle mitzuteilen, und äußerte meinen tiefsten Wunsch nach einer intimen Beziehung. Ich fühlte mich nicht abgelehnt, weil ich sehen konnte, daß sie mir ernsthaft zuhörten und vertraulich damit umgehen wollen.

• Beim Abteilungsleitertreffen am letzten Montag äußerte ich meine Bedenken bezüglich eines riskanten Handels. Statt kritisiert zu werden, dankte man mir, weil ich mir die Zeit genommen hatte, genauere Einsichten weiterzugeben.

Was hoffst Du damit zu erreichen, daß Du in Situationen, in denen Du Dich sonst isolieren würdest, Selbstsicherheit gewinnst?

• Ich will neue, gesunde Beziehungen pflegen, die mein Vertrauen ausweiten und mir helfen, mich in meinem sozialen Umfeld wohler zu fühlen. Ich hoffe, flexibler zu werden, so daß ich lernen kann, spontan zu sein und mehr Spaß zu haben.

• Ich will mich an Geschäftssitzungen aktiver beteiligen. Ich glaube, das wird mir zeigen, welches Potential ich eigentlich besitze und einsetzen kann.

Barmherzigkeit lernen

Wenn wir die Bitterkeit mehr und mehr loslassen, lernen wir ...

- ***barmherzig mit uns selbst und anderen umzugehen***
- ***Vergebung ohne Bedingungen zu geben***
- ***positive Gefühle für unsere Umwelt zu entwickeln***
- ***Angriffe zu ertragen***
- ***auf unsere Inventur hin ausgerichtet zu bleiben***

Wir erleben immer mehr Befreiung von Groll und Bitterkeit, wenn wir endlich begreifen, daß diejenigen, die uns mißhandelt haben, selbst geistlich krank waren. Wir können ihnen gegenüber die Toleranz und Vergebung empfinden, die Gott uns selbst geschenkt hat.

Wenn wir uns auf die Inventur in unserem eigenen Leben mit Schritt 4 und Schritt 10 konzentriert haben, lassen wir damit gleichzeitig die Fehler der anderen in unserem Denken los. Mit der Inventur wollen wir uns ganz auf unsere Verfehlung und nicht auf die der anderen konzentrieren.

Wir verlassen die Opferrolle, in der wir uns immer gefühlt haben und lernen, ganz zu uns zu stehen, die negativen Seiten eingeschlossen. Wir lernen, mit uns und anderen durch die Liebe Gottes barmherzig zu sein.

Nenne konkrete Verhaltensweisen, die anzeigen, daß Du dabei bist, Deinen Groll immer mehr zu überwinden.

_____

_____

_____

_____

_____

_____

Was hoffst Du zu gewinnen, wenn Du Deinen Groll ganz losläßt?

_____

_____

_____

_____

_____

1	2	3	4	5	6	7

sehr wenig mittel oft sehr
selten oft

Sicherheit in Gott finden lernen

Wenn wir aus unserer Furcht aufbrechen, lernen wir ...

* ***Geborgenheit in Gott finden***
* ***Sorgen abzulegen***
* ***Gott machen lassen***
* ***mit Grenzen zu leben***
* ***mehr Freude zu empfinden***
* ***Veränderungen zu begrüßen***
* ***mehr zu beten***

Je mehr unser Vertrauen zu Gott wächst, desto weniger wird Furcht ein Problem sein. Wir machen eine Liste, in der wir eine Furcht nach der anderen aufführen und analysieren, warum die jeweilige Furcht eine solche Macht über uns hat. Wir markieren besonders die spezielle Furcht, deren Wurzel wir in unserer zerstörten Selbstsicherheit finden. Gott wird all das, was wir nicht schaffen, in seiner Hand behalten und für uns sorgen. Dieser Glaube macht uns stark, so daß wir unser Bedürfnis nach Sicherheit loslassen können und die Furcht im gleichen Zuge weicht.

Mache eine Liste von Beispielen, die zeigen, daß Du weniger Furcht in Dir trägst.

_____

_____

_____

_____

_____

_____

_____

Was hoffst Du zu gewinnen, wenn Du Deine Furcht identifizierst und losläßt?

_____

_____

_____

_____

_____

1	2	3	4	5	6	7

sehr   wenig mittel oft   sehr
selten   oft

Ärger ausdrücken lernen

Wenn wir von unterdrücktem Ärger frei werden, fangen wir an ...

- *Ärger angemessen auszudrücken*
- *verletzte Gefühle zu erkennen*
- *vernünftige Bitten zu stellen*
- *Grenzen zu setzen*
- *inneren Frieden zu genießen*
- *streß- und angstfrei zu leben*

Es ist ein wichtiger Schritt im Heilungsprozeß zu lernen, Ärger angemessen auszudrücken. Das löst viele verborgene Emotionen und ermöglicht so die Heilung. Wenn wir unseren Ärger ausdrücken, erfahren andere, wo unsere Grenzen sind, und es hilft uns, ehrlich mit uns selbst umzugehen. Wenn wir lernen, Ärger angemessen auszudrücken,

- werden wir besser mit unserer eigenen Feindseligkeit fertig und
- werden wir besser mit dem Ärger von anderen umgehen können.

Unsere Beziehungen werden sich verbessern, wenn wir anfangen, uns selber anzunehmen und uns wohlzufühlen. Streßbedingte Probleme werden abnehmen, und wir werden uns auch körperlich besser fühlen.

Nenne konkrete Verhaltensweisen, die anzeigen, daß Du Ärger in einer gesunden Art ausdrücken kannst.

_____

_____

_____

_____

_____

_____

Was hoffst Du zu gewinnen, wenn Du Deinen Ärger angemessen benennst und nicht zurückhältst?

_____

_____

_____

_____

_____

1	2	3	4	5	6	7

sehr   wenig   mittel   oft   sehr
selten   oft

Anerkennung annehmen lernen

***Wenn wir von unserer un-
angemessenen Anerken-
nungssucht genesen, wer-
den wir anfangen ...***

* ***unsere eigenen Bedürfnisse zu erkennen***
* ***wirklich sagen zu können, wie wir uns fühlen***
* ***uns selbst gegenüber gerecht zu sein***
* ***Vertrauen aufzubauen***

Wenn wir anfangen, uns selbst Anerkennung zuzusprechen und Anerkennung von Gott zu erwarten und Bestätigung bei ihm zu suchen, werden wir sehen, daß es in Ordnung ist, ein Bedürfnis nach Anerkennung zu
haben.

Wir lernen, daß wir andere darum bitten dürfen, uns Lob und Anerken-
nung zu schenken, statt andere so zu manipulieren, daß sie uns bestätigen.
Wir können dann Komplimente von anderen annehmen und einfach
„Danke" sagen, und wir können dabei glauben, daß es ernst gemeint war.
Wir sagen dann „ja", wenn wir mit Freuden „ja" meinen, und „nein",
wenn ein „Nein" angemessener ist.

*Nenne konkrete Verhaltensweisen, die zeigen, daß Du Deine Anerken-
nung nicht bei anderen Menschen suchst.*

_____

_____

_____

_____

_____

*Was hoffst Du zu erreichen, wenn Dein Bedürfnis nach übertriebener
Anerkennung durch andere Menschen nachläßt?*

_____

_____

_____

_____

_____

1	2	3	4	5	6	7

sehr　wenig　mittel　oft　sehr
selten　　　　　　　　　　oft

Für uns selbst sorgen lernen

Wenn wir aufhören uns die Probleme anderer aufzuladen, dann ...

- **hören wir damit auf, andere zu „retten"**
- **sorgen wir für uns selbst**
- **setzen wir gute Grenzen**
- **entwickeln wir eine eigene Identität**
- **erkennen wir unabhängige Beziehungen**

Wenn wir die Rolle, sich Probleme anderer aufzuladen, ablegen, werden wir immer weniger verantwortlich für jeden und jedes, und wir erlauben anderen Menschen, ihren eigenen Weg zu finden.

Wir verlassen uns darauf, daß Gott für sie sorgt, der am allerbesten ihre Bedürfnisse nach Führung, Liebe und Unterstützung kennt und stillt. Dadurch, daß wir die Last ablegen, die Bedürfnisse der anderen stillen zu müssen, finden wir Zeit, unsere eigene Persönlichkeit zu entwickeln.

Wir ersetzen unsere Sucht, für andere sorgen zu müssen, indem wir die Tatsache anerkennen, daß wir letztlich keine Macht über die Entwicklung anderer haben. Das ist befreiend! Wir erkennen, daß wir vor allem anderen dafür verantwortlich sind, für unser eigenes Wohlergehen und unsere Zufriedenheit zu sorgen und die anderen Menschen Gottes Fürsorge zu überlassen.

Nenne konkrete Verhaltensweisen, die zeigen, daß Du Dir Probleme anderer nicht mehr auflädst.

_____

_____

_____

_____

_____

_____

Was hoffst Du zu erreichen, wenn Du Dir mehr und mehr Deiner eigenen Bedürfnisse bewußt wirst und aufhörst, die Probleme anderer zu tragen?

_____

_____

_____

_____

_____

1	2	3	4	5	6	7

sehr   wenig   mittel   oft   sehr
selten   oft

PROBLEME ANDERER

Kontrolle loslassen lernen

Wenn wir lernen, Kontrolle abzugeben, fangen wir an ...

- *Veränderung zuzulassen*
- *uns selbst zu trauen*
- *andere zu fördern/aufzubauen*
- *unseren Streß zu verringern*
- *Wege zu finden, um Spaß zu haben*
- *andere so anzunehmen, wie sie sind*

Wenn wir uns bewußt werden, wie wir versucht haben, andere Menschen und Situationen zu kontrollieren, dann merken wir auch, daß unsere Anstrengungen eigentlich nutzlos gewesen sind – denn wir konnten faktisch nichts kontrollieren, außer uns selbst.

Wir entdecken wirksamere Wege zur Erfüllung unserer Bedürfnisse, wenn wir anfangen, Gott als die Quelle unserer Sicherheit anzunehmen. Wenn wir unseren Willen und unser Leben mehr und mehr seiner Fürsorge überlassen, dann werden wir weniger Streß und Angst erfahren. Wir werden immer häufiger an Aktivitäten teilnehmen können, ohne uns darüber sorgen zu müssen, wie es wohl ausgehen wird. Es ist hilfreich, das „Gelassenheitsgebet" zu beten, wenn wir merken, daß unsere Kontrollsucht wieder aufflammt.

Nenne konkrete Verhaltensweisen, die anzeigen, daß Du nicht mehr unbedingt die Kontrolle haben mußt.

_____

_____

_____

_____

_____

_____

Was hoffst Du zu erreichen, wenn Du weniger kontrollierend bist?

_____

_____

_____

_____

_____

_____

1	2	3	4	5	6	7

sehr selten   *wenig*   *mittel*   *oft*   *sehr oft*

Unabhängigkeit von Menschen lernen

Wenn die Angst, verlassen zu werden, abnimmt, fangen wir an ...

- **ehrlich zu unseren Gefühlen zu stehen**
- **uns wohlzufühlen, auch wenn wir alleine sind**
- **Vertrauen auszudrücken**
- **unsere eigenen Bedürfnisse in einer Beziehung zu berücksichtigen**
- **unsere Tendenzen zu Co-Abhängigkeit aufzugeben**

In dem Maß, in dem wir lernen, uns immer mehr auf die gegenwärtige Liebe Gottes zu verlassen, wächst unser Vertrauen zu uns selbst, mit unserer Umwelt zurechtzukommen. Unsere Angst, verlassen zu werden, nimmt ab und wird ersetzt durch das Gefühl, ein wertvoller Mensch zu sein mit eigenen Rechten. Wir knüpfen gesunde Beziehungen mit Menschen, die sich selbst lieben und für sich selbst Verantwortung übernehmen. Wir fühlen uns immer sicherer, wenn wir anderen unsere eigenen Gefühle mitteilen. Und statt uns an Menschen zu hängen, lernen wir, unser Vertrauen auf Gott zu setzen. Wir erkennen, daß es für uns besser ist, in unseren Beziehungen solche Menschen an uns heranzulassen, die uns lieben und aufbauen können. Und da wir anfangen zu begreifen, daß wir mit Gott im Leben nie wieder völlig allein sein werden, wächst unser Selbstvertrauen.

Nenne konkrete Verhaltensweisen, die zeigen, daß Du keine Angst mehr hast, verlassen zu werden.

_____

_____

_____

_____

_____

Welche Ziele hoffst Du zu erreichen, wenn Deine Angst vor dem Verlassenwerden abnimmt?

_____

_____

_____

_____

_____

1	2	3	4	5	6	7

sehr wenig mittel oft sehr
selten   oft

Zu sich selbst stehen lernen

Wenn wir uns immer wohler fühlen im Umgang mit Autoritäten, so ...

- ***handeln wir mit mehr Selbstachtung***
- ***stehen wir für uns selbst ein***
- ***können wir konstruktive Kritik annehmen***
- ***können wir mit Autoritätspersonen leichter umgehen***

Wenn wir anfangen, uns in der Gegenwart von Autoritätspersonen wohlzufühlen, lernen wir, unsere Aufmerksamkeit auf uns selbst zu konzentrieren und werden sehen, daß es gar keinen Grund gibt, uns zu fürchten. Wir merken, daß die anderen genauso sind wie wir; auch sie haben ihre Ängste, Verteidigungsmechanismen und Unsicherheiten. Das Verhalten der anderen diktiert nicht länger, wie wir uns selbst zu fühlen haben. Und wir fangen an, im Umgang mit anderen mehr zu agieren, statt zu reagieren. Wir begreifen, daß die letzte Autorität für uns Gott ist und daß er immer auf unserer Seite steht.

Nenne konkrete Verhaltensweisen, die anzeigen, daß Du im Umgang mit Autoritätspersonen Zutrauen zu Dir selbst gewinnst.

_____

_____

_____

_____

_____

Was hoffst Du zu erreichen, wenn Du gegenüber Autoritätspersonen vertrauensvoller und sicherer wirst?

_____

_____

_____

_____

_____

_____

1	2	3	4	5	6	7

sehr   wenig mittel oft   sehr
selten   oft

Gefühle fühlen lernen

Wenn wir unsere Gefühle erleben und ausdrücken, fangen wir an ...

- **uns frei zu fühlen**
- **offen Gefühle auszudrücken**
- **unser wahres Selbst zu erleben**
- **anderen gegenüber unsere Bedürfnisse mitzuteilen**

Wenn wir den Kontakt zu unseren Gefühlen wiederfinden und lernen, sie auszudrücken, werden wir erstaunliche Veränderungen wahrnehmen:

- Unser Streßniveau sinkt, wenn wir anfangen, uns ehrlich auszudrücken;
- wir beginnen, uns als wertvoll anzusehen;
- wir lernen, daß das Ausdrücken wahrer Gefühle die gesunde Art der Kommunikation ist;
- wir merken vor allem, daß unsere eigenen Bedürfnisse gestillt werden. Wir müssen eigentlich nur darum bitten.

Wenn wir anfangen, unsere wirklichen Gefühle zuzulassen, werden wir verschiedene Stufen von Schmerz erleben. Aber während unser Mut wächst, diese Gefühle wahrzunehmen, werden die Schmerzen nachlassen, und statt dessen wird sich ein Gefühl von Friede und Gelassenheit einstellen. Je mehr wir es wagen, unsere wahren Gefühle zuzulassen, desto schneller werden wir genesen.

Nenne konkrete Verhaltensweisen, die zeigen, daß Du Deine Gefühle immer mehr wahrnimmst und fähig wirst, sie auszudrücken.

_____

_____

_____

_____

_____

Was hoffst Du zu erreichen, wenn Du dahin kommst, Dich beim Ausdrücken wahrer Gefühle wohlzufühlen?

_____

_____

_____

_____

_____

1	2	3	4	5	6	7

sehr   wenig mittel oft   sehr
selten   oft

Aus sich herausgehen lernen

Indem wir uns weniger isolieren, beginnen wir ...

- **uns selbst anzunehmen**
- **unsere Emotionen frei auszudrücken**
- **unterstützende Beziehungen zu pflegen**
- **Projekte und Pläne zu verwirklichen**
- **aktiv mit anderen etwas zu unternehmen**

Nachdem wir uns im Blick auf uns selbst besser fühlen, werden wir bereit, Risiken einzugehen und uns neuen Gegebenheiten auszusetzen.

Wir suchen nun Freunde und Beziehungen, die uns aufbauen, die sicher und unterstützend sind. Wir lernen, an Gruppenaktivitäten teilzunehmen und in Gemeinschaft Spaß zu haben.

Es wird einfacher, unsere Gefühle auszudrücken, wenn wir ein stärkeres Selbstwertgefühl entwickeln. Wir entdecken, daß andere Leute uns viel mehr so akzeptieren, wie wir wirklich sind. Und weil wir uns selbst annehmen können, leben wir zufriedener und haben tiefe Gelassenheit.

Nenne konkrete Verhaltensweisen, die zeigen, daß Du Dich weniger oft isolierst.

_____

_____

_____

_____

_____

_____

Was hoffst Du zu erreichen, wenn Du Dich jetzt in solchen Situationen eher wohlfühlst, in denen Du Dich normalerweise isoliert hättest?

_____

_____

_____

_____

_____

_____

_____

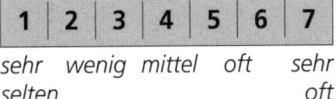

1	2	3	4	5	6	7

sehr selten   wenig   mittel   oft   sehr oft

Selbstwert anerkennen lernen

***Wenn unser Selbstwert-
gefühl wächst, fangen wir
an ...***

* ***vertrauensvoller zu sein***

* ***selbstbewußter zu handeln***

* ***leichter mit anderen Kontakt zu pflegen***

* ***uns selbst zu lieben***

* ***offen Gefühle auszu-
drücken***

* ***Risiken einzugehen***

Wenn wir zusammen mit Gottes größerer Kraft die Dinge angehen, um Vertrauen zu uns selbst und zu unseren Fähigkeiten aufzubauen, wächst unsere Selbstachtung.

* Wir werden fähig, mit anderen Menschen Kontakt zu pflegen und uns selbst so anzunehmen, wie wir wirklich sind.

* Wir sehen und akzeptieren unsere Stärken genauso wie unsere Begrenzungen.

* Wir werden bereitwilliger Risiken eingehen.

* Wir werden merken, daß wir vieles erreichen können, was wir im Traum nicht für möglich gehalten haben.

* Es wird angenehmer, Gefühle mit anderen zu teilen – wir fühlen uns sicherer, da wir andere kennenlernen und ihnen erlauben, uns kennenzulernen.

* Beziehungen werden gesünder, weil wir gelernt haben, uns selbst zu schätzen und zu vertrauen, und nicht länger verzweifelt nach Wertschätzung durch andere suchen.

Nenne konkrete Verhaltensweisen, die zeigen, daß Dein Selbstwertgefühl wächst.

_____

_____

_____

_____

_____

Was hoffst Du dadurch zu erreichen, daß Du Dir selbst gegenüber ein besseres Gefühl hast?

_____

_____

_____

_____

_____

1	2	3	4	5	6	7

*sehr   wenig   mittel   oft   sehr
selten   oft*

Gesunde Grenzen erkennen lernen

Wenn wir aufhören, über-
verantwortlich zu sein,
fangen wir an ...
- *für uns selbst zu sorgen*
- *Freizeit zu genießen*
- *unsere Grenzen anzu-*
  nehmen
- *Verantwortung abzu-*
  geben

Wenn wir die Tatsache annehmen, daß wir nicht für all die Handlungen und Gefühle anderer verantwortlich sind, zwingt uns das dazu, uns auf uns selbst zu konzentrieren. Wir verstehen, daß wir das Leben anderer nicht beeinflussen (Kontroll-Illusion) können, und daß die Leute für sich selbst und ihr Verhalten Verantwortung tragen.

Dadurch daß wir anfangen, Verantwortung für unsere eigenen Taten zu übernehmen, erkennen wir, daß wir uns Gottes Führung überlassen müssen und für unsere eigenen Bedürfnisse zu sorgen haben. Dann werden wir Zeit und Kraft finden, uns selbst zu unterstützen und aufzubauen.

Nenne konkrete Verhaltensweisen, die zeigen, daß Du nicht mehr die Verantwortung für andere übernimmst.

_____

_____

_____

_____

_____

Was hoffst Du dadurch zu erreichen, daß Du anderen erlaubst, Verant-wortung für sich selbst zu übernehmen, und anfängst, für Dich selbst zu sorgen?

_____

_____

_____

_____

_____

_____

_____

1	2	3	4	5	6	7

sehr   wenig mittel oft   sehr
selten   oft

Verantwortung übernehmen lernen

Wenn wir aufhören, unverantwortlich zu leben, werden wir anfangen ...

- ***Zusagen einzuhalten***
- ***uns Ziele zu setzen***
- ***Verantwortung zu übernehmen***
- ***uns im Umgang mit uns selbst wohler zu fühlen***

Wenn wir verstehen, daß Gott uns helfen will, realistische Ziele zu erreichen, fangen wir an, wirklich mit Gott partnerschaftlich an unserer Zukunft zu arbeiten.

Wir legen weniger Wert auf die Erwartungen anderer uns gegenüber und mehr Wert auf unsere eigenen Wünsche, um unsere Lebensziele zu erreichen. Wir erkennen, daß wir nur mit uns selbst im Wettkampf stehen und Gott uns befähigen wird, als Gewinner daraus hervorzugehen. Gott bringt in unser Leben Ordnung, wenn wir ihm die volle Kontrolle überlassen. So ermöglicht er uns, bedeutungsvolle Beiträge zu einem gelingenden Leben zu leisten.

Nenne konkrete Verhaltensweisen, die zeigen, daß Du jetzt verantwortungsvoller handelst.

_____

_____

_____

_____

_____

Was hoffst Du dadurch zu erreichen, wenn Du anfängst, Verantwortung zu übernehmen?

_____

_____

_____

_____

_____

1	2	3	4	5	6	7

sehr selten   *wenig*   *mittel*   *oft*   *sehr oft*

Hingabe lernen

Wenn wir unsere Sexualität annehmen, fangen wir an ...

- *offen über Sexualität zu sprechen*
- *unsere sexuelle Identität anzunehmen*
- *unsere eigenen sexuellen Bedürfnisse zu berücksichtigen*
- *intime Sehnsüchte mitzuteilen*
- *ohne Gier uns hinzugeben*

Wenn wir uns auf die immer gegenwärtige Liebe unseres Herrn verlassen, wächst unser Selbstwertgefühl, und wir sehen uns in seinen Augen – und auch in den Augen anderer – als wertvoll an. Und wenn unsere Liebe zu uns selbst und damit die Fähigkeit wächst, für uns selbst zu sorgen, suchen wir Gemeinschaft mit anderen, die sich auch selbst lieben und für sich selbst sorgen.

Wir fürchten uns weniger vor Verpflichtungen, wir sind besser darauf vorbereitet, (emotional, geistig, geistlich) gesunde Beziehungen einzugehen.

Wir fühlen uns jetzt darin sicherer, über unsere Gefühle, Stärken und Schwächen zu sprechen. Unser Selbstvertrauen wächst und erlaubt uns, verletzbar zu sein.

Das Bedürfnis nach Perfektion geben wir auf und öffnen uns dadurch für Wachstum und Veränderung.

Wir sind gegenüber unseren Kindern ehrlich bezüglich unserer eigenen Sexualität und unserer Geschlechtsrolle. Und wir akzeptieren ihr Bedürfnis nach Information und einer eigenen gesunden Geschlechtsidentität.

Nenne konkrete Verhaltensweisen, die zeigen, daß Dein sexuelles Verhalten besser wird.

_____

_____

_____

_____

_____

Was hoffst Du dadurch zu erreichen, daß Du Dich mit Deiner Sexualität wohler fühlst?

_____

_____

_____

_____

_____

1	2	3	4	5	6	7

sehr selten | *wenig* | *mittel* | *oft* | *sehr oft*

Nur für heute!®*

* aus der 12-Schritte-Literatur

1

2

3

4

5

6

7

8

9

10

11

12

Ich habe die Wahl

Nur für heute will ich versuchen, diesen einen Tag zu leben– nicht mein ganzes Lebensproblem auf einmal anzupacken. Ich kann jetzt etwas tun, vor dem ich zurückschrecken würde, wenn ich das Gefühl hätte, ich müßte es mein ganzes Leben lang durchhalten.

Nur für heute will ich versuchen, glücklich zu sein, indem ich mir klarmache, daß mein Glück nicht davon abhängt, was andere tun oder sagen oder was um mich herum geschieht. Glück stellt sich ein, wenn ich mit mir in Frieden lebe.

Nur für heute will ich versuchen, mich auf das auszurichten, was ist – nicht erzwingen, daß sich alles nach meinen Wünschen richtet. Ich will meine Familie, meine Freunde, meine Arbeit und meine Lebensumstände so annehmen wie sie sind.

Nur für heute will ich auf meine körperliche Gesundheit achten, ich will meine Verstandeskräfte üben, ich will etwas lesen, was mich weiterbringt.

Nur für heute will ich jemandem etwas Gutes tun, ohne dabei entdeckt zu werden – wenn jemand davon erfährt, zählt es nicht. Ich werde mindestens eine Sache tun, die ich nicht gerne tue, und ich will meinem Nächsten einen kleinen Liebesdienst erweisen.

Nur für heute will ich mich bemühen, zu jemandem, den ich treffe, freundlich zu sein. Ich will liebenswürdig sein, ich will so gut aussehen wie ich kann, mich kleidsam anziehen, leise sprechen und mich höflich benehmen. Ich will kein bißchen kritisieren, an keiner Sache etwas aussetzen und nicht versuchen, jemanden außer mich selbst zu verändern und niemandem Vorschriften zu machen.

Nur für heute will ich mir ein Programm erstellen. Ich will es machen, auch wenn ich es vielleicht nicht ganz genau befolge. Vor zwei Plagen will ich mich retten: Hast und Unentschlossenheit.

Nur für heute will ich aufhören zu sagen: „Wenn ich Zeit hätte …" Ich werde nie für etwas „Zeit finden"; wenn ich Zeit haben will, muß ich sie mir nehmen.

Nur für heute will ich „Stille Zeit" halten – mich dabei auf Gott, wie ich ihn verstehe, auf mich selbst und auf meinen Nächsten besinnen. Ich will mich entspannen und nach Wahrheit suchen.

Nur für heute will ich keine Angst haben. Insbesondere werde ich mich nicht davor fürchten, glücklich zu sein – und mich an den guten, schönen und liebenswerten Dingen im Leben erfreuen.

Nur für heute will ich mich annehmen und nach meinen besten Kräften leben.

Nur für heute entschließe ich mich zu glauben, daß ich hiernach einen Tag leben kann.

Die Wahl habe ich!

Gruppenarbeitsblatt zu Schritt 10

Deshalb seid vorsichtig! Gerade wenn jemand denkt: „So etwas kann mir doch nicht passieren!", muß er besonders aufpassen. (1. Korinther 10,12)

Wir setzten die Inventur bei uns fort, und wenn wir unrecht hatten, gaben wir es sofort zu.

Überdenke noch einmal Deine heutigen Gedanken, Worte und Handlungen und beschreibe Vorfälle, in denen folgendes vorherrschend war:

Selbstsucht: _____

Verleugnung: _____

Ärger, Zorn, Aggression: _____

Angst, Sorgen: _____

_____

Überdenke noch einmal Deine heutigen Gedanken, Worte und Handlungen, und beschreibe Vorfälle, in denen folgendes vorherrschend war:

Großzügigkeit: _____

Ehrlichkeit: _____

Gelassenheit: _____

Mut: _____

_____

Was ist Dein persönliches Gebetsanliegen?

_____

_____

_____

Für wen betest Du, und was sind dessen Anliegen?

_____

_____

_____

Schritt 11   Beziehung mit Gott leben

Laßt das Wort Christi seinen ganzen Reichtum bei euch entfalten. Achtet darauf, daß es bei euch richtig verkündigt und verstanden wird. (Kolosser 3,16a)

Wir suchten durch Gebet und Besinnung die bewußte Verbindung zu Gott – soweit wir ihn verstanden – zu vertiefen. Wir baten ihn, uns seinen Willen erkennbar werden zu lassen und uns die Kraft zu geben, ihn auszuführen.

Wir werden jetzt klarer erkennen, daß die Schritte 10 und 11 den Prozeß stabilisieren und vertiefen, der mit den Schritten 1-9 angestoßen worden ist. In den Schritten 1-3 ging es darum, unsere bedrohliche Lage überhaupt wahrzunehmen. Dort wurde das Fundament gelegt, um unsere Probleme zu verändern. In den Schritten 4-9 ging es an die eigentliche Arbeit. Im Bilde gesprochen: Unser Motor mußte generalüberholt werden. Dringend nötige Reparaturen wurden durchgeführt, um den Motor wieder funktionstüchtig zu machen. Alle Zeit und Kraft steckten wir in diese Arbeit hinein. Mit Schritt 10 und 11 geht es nun um die regelmäßige Wartung: Jetzt investieren wir unsere Zeit und Aufmerksamkeit auf die Pflege und Kontrolle der Funktionstüchtigkeit. Anders ausgedrückt: Wir lernen, Probleme zu erkennen, sofort richtig darauf zu reagieren, und wir üben uns in der Kunst zu wachsen, um ein wirklich erfülltes Leben zu führen. Der Gewinn an Lebensqualität hängt bestimmt von dem Grad unserer Bereitschaft zu solch einem beständig wachen Lebensstil ab.

Schon vor Schritt 11 führten uns drei Schritte in die Begegnung mit Gott:
- Mit Schritt 3 entschieden wir, unseren Willen und unser Leben Gott hinzugeben;
- mit Schritt 5 bekannten wir vor ihm alle unsere Fehler;
- und mit Schritt 7 baten wir ihn demütig, unsere Mängel von uns zu nehmen.

Mit Schritt 11 geht es nun darum, unsere bewußte Beziehung zu Gott durch Gebet und Besinnung* zu vertiefen und dabei Gottes Führung zu erspüren und darauf einzugehen. Um geistlich zu wachsen, müssen wir diese unterschiedlichen Aspekte der Begegnung mit Gott immer wieder durchleben.

* Wörtlich: „Meditation". Da der Begriff „Meditation" in der Regel so unterschiedlich gefüllt wird, benutzen wir in der Übersetzung den Begriff „Besinnung" und „Stille Zeit".
Die Art und Weise der Besinnung wird noch erklärt werden.

Beim Durcharbeiten der Schritte haben wir einen inneren Wachstumsprozeß erlebt. Nun wird uns mehr und mehr das Ziel des 12-Schritte-Programms bewußt: Um das Gelernte auf Dauer zu bewahren, müssen wir unablässig auf der Suche nach Gottes Willen für unser Leben bleiben.

Mit Schritt 11 bekommen wir quasi als Medizin eine regelmäßige „Stille Zeit" und Gebet verschrieben, in der wir lernen, uns bewußt vor Gott zu stellen und seine Worte zu reflektieren. Erleichterung von den Schmerzen der Vergangenheit ist eben gewissermaßen ein Tag-zu-Tag-Aufschub – deshalb müssen wir die Genesung unserer Persönlichkeit um so unnachgiebiger auf einer täglichen Basis verfolgen. Diejenigen unter uns, die durch ihre selbstverschuldeten Aktivitäten eine schiere Hölle und lauter Chaos hinter sich haben, begreifen nun den Grund: Sie haben falsche Götter angebetet (Drogen, Sex, Geld …) und waren meist in suchtartigen Beziehungen gefangen. Unsere Arbeit mit den 12 Schritten hat uns vielleicht nicht unbedingt direkt in den Himmel auf Erden geführt, aber es war der entscheidende Schritt aus unserer selbstverursachten Hölle heraus.

Übung führt zu Stabilität und Gewißheit

Geistliches Wachstum und Veränderungen gehen oft viel langsamer vor sich, als wir uns wünschen, und sie verlangen eine Menge Übung. Jesus hat uns ein gutes Beispiel solcher Übung im Gebet gegeben. Er betete oft: „Vater, zeige mir Deinen Willen." Im Vaterunser kommt dieses einzigartig wichtige Element in dem Satz vor: „Dein Wille geschehe, wie im Himmel so auf Erden." Wir könnten es so auslegen: „Dein Wille soll überall geschehen – überall in Raum und Zeit, bei deiner ganzen Schöpfung. Gott, wenn dein Wille getan werden soll, so liegt es ganz an dir, daß er zur Ausführung kommt." Wenn unsere Selbstachtung wächst und Jesus Christus, unsere „größere Macht", uns zu einem vertrauten Freund geworden ist, dann wird unsere Gewißheit zunehmen, daß er schon gegenwärtig ist, wenn wir nur anfangen zu beten.

Übung der Stille

Mit der Übung der „Stillen Zeit" schaffen wir uns einen wichtigen Freiraum, um über Gottes Willen für unser Leben nachzusinnen. Wir schaffen uns diesen Raum, indem wir unsere eigenen Ziele beiseitestellen und anfangen, Gottes Leitung wahrzunehmen. Die „Stille Zeit" läßt unser Denken zur Ruhe kommen und beseitigt die Begrenzungen unserer bewußten Gedanken. Wenn wir geduldig die Stille aushalten, werden wir auf diesem Weg auch gefühlsmäßig ruhig und körperlich entspannen. Wir bekommen ganz neu Energie, die wir sonst damit verbraucht haben, unsere Emotionen (meist negativ) in Höchstform zu halten und unseren Körper aufgrund von Angst zu verkrampfen.

Jeder von uns wird einen unterschiedlichen Zugang zu Schritt 11 finden. Wir werden uns in unserer Ausrichtung und Intensität unterscheiden. Das wird auch ein Indikator dafür sein, wie intensiv unser Gebetsleben ausgeprägt ist. Wenn wir in der Nähe Gottes sind und mit ihm im Gespräch sind, dann wird seine Freude in unsere Gemeinschaft und Freundschaft mit anderen einfließen. Wir werden reichlich Gutes ernten. Im Idealfall praktizieren wir die geistliche Übung dieses Schrittes täglich: morgens nach dem Aufstehen und abends vorm Zu-Bett-Gehen. Wir erinnern uns selbst damit daran, daß wir ernsthaft und demütig Gottes Willen für uns ersehnen.

Jetzt ist es wichtig, die Leitlinien zum Gebet und wachsamen Hören auf Gottes Worte kennenzulernen. Die folgenden Hilfen können Dich zum hinhörenden Beten anleiten.

Leitlinien zur Gebetspraxis: auf Gott hören lernen

Überprüfe am Anfang des Tages Deine Pläne:
- **Bitte Gott um Ausrichtung Deiner Gedanken und Handlungen,**
  - daß er Dich vor Selbstmitleid, Unehrlichkeit und Selbstsucht bewahrt,
  - daß er Dir zeigt, wie Du Problemen in einer guten Art begegnen kannst.
- **Bitte Gott um Befreiung aus Deinem eigenwilligen Zwang,**
  - daß Du nicht andere manipulieren mußt (ihnen z.B. Hilfen anbietest, bevor sie wirklich Hilfe haben wollen),
  - daß Du Dich nicht ständig um Dich selbst drehst und für eigensüchtige Anliegen betest.

Tagsüber – in Momenten, in denen Dich Unentschlossenheit, Zweifel und Ängste überkommen:
- **Bitte Gott um die richtigen Gedanken und um seine Führung.**
- **Denke über Schritt 3 nach und überantworte Dich Gott neu:**
  - Entspanne Dich und atme einige Male tief durch.
  - Sei wachsam, wo immer Du den kleinsten Wunsch spürst, gegen eine Situation oder eine Person anzukämpfen. Überlaß es Gott!
- **Bete so oft wie möglich während des Tages:**
  - „Herr, bitte nimm mir dieses Gefühl/Besessensein/Abhängigkeit/ _____ weg."
  - „Aber Herr, nicht mein Wille, sondern dein Wille soll geschehen."
- **Rufe – wenn möglich – jemanden an, und teile ihm/ihr mit, was bei Dir vor sich geht.**

Betrachte am Abend nochmal die Ereignisse des Tages und:
- **Denke über Schritt 10 nach, und führe eine persönliche „Inventur" durch.**
  Bitte Gott um Führung, wie und wo Korrektur nötig ist.
- **Bitte Gott, Dir seinen Willen zu offenbaren.**
- **Wenn nötig, bitte Gott um Vergebung.**
  Denke dabei unbedingt daran, daß es dabei nie um Selbstverdammung, Selbstanklage oder krankhaftes Grübeln und Sorgen geht.
- **Danke Gott für seine Leitung und all den Segen, den er Dir tagsüber geschenkt hat.**

Persönliche Überlegungen

1. Tag

Wir baten ihn nur, uns seinen Willen erkennbar werden zu lassen und uns die Kraft zu geben, ihn auszuführen.

In Lukas 6,35-37 heißt es: Ihr aber sollt eure Feinde lieben und den Menschen Gutes tun. Ihr sollt ihnen helfen, ohne einen Dank oder eine Gegenleistung zu erwarten ...
Seid so barmherzig wie euer Vater im Himmel!
Richtet nicht über andere ... Verurteilt keinen Menschen ... Wenn ihr bereit seid, anderen zu vergeben, dann wird Gott auch euch vergeben.

Diese Haltung wird uns helfen, unsere selbstsüchtigen Motive abzulegen und auf gute Weise mit anderen Menschen umzugehen. Immer mehr werden wir gewiß, daß er bei uns ist und daß es sein ausdrücklicher Wille ist, daß wir heil werden. In der Bibel finden wir Beispiele dazu, wie Menschen ihr Verhalten ändern, wenn sie Gott mit seinem Willen durch sich wirken lassen*. Wenn wir dieser Lehre im Lukasevangelium folgen, werden wir Frieden und Gelassenheit erleben.

Wie können Dir die Prinzipien von Schritt 11 zu einem besseren Umgang mit anderen Menschen verhelfen?

_____

_____

Wie kann Dir Beten helfen, Gott näherzukommen und Dein Herz für sein Wollen zu öffnen?

_____

_____

Also wird ein guter Mensch auch Gutes tun, eben weil er gut ist. Aber ein böser Mensch wird schlecht handeln, weil seine Absichten und Gedanken böse sind. So wie unser Wesen ist – gut oder böse –, so werden wir reden und handeln. (Lukas 6,45)

Inwiefern hat dieses Programm Dir geholfen, in Dir selbst Gutes zu entdecken?

_____

_____

Es ist wirklich so: Alles, worum ihr im festen Glauben betet, wird Gott euch geben. Aber wenn ihr ihn um etwas bittet, sollt ihr vorher den Menschen vergeben, die euch Unrecht getan haben. Dann wird euch der Vater im Himmel eure Schuld auch vergeben. (Markus 11,24-25)*

Inwieweit hat Dein Glaube Dich bestärkt, im Gebet nach Gottes Willen für Dich zu fragen?

Wörtlich: „... glaube, daß du es empfangen hast und es wird dein werden."

_____

_____

_____

_____

2. Tag

„Stille Zeit" vor Gott und mit der Bibel hilft uns, mit Gott vertrauter zu werden. Es ist dasselbe wie bei einem Menschen, den wir unbedingt besser kennenlernen wollen – wir werden möglichst viel Zeit mit ihm verbringen. „Stille Zeit" vor Gott ist anfangs nicht einfach. Wir sind gewohnt, aktiv zu sein. Wir fühlen uns wahrscheinlich unwohl, wenn wir still dasitzen sollen. Oft schwirren uns in diesen Momenten Hunderte von Gedanken durch den Kopf und lenken uns ab. Vielleicht haben wir das Gefühl, Zeit zu verschwenden und in dieser Zeit nicht produktiv genug zu sein. Wirklich, nichts anderes könnte mehr bewirken!

Was für Erfahrungen hast Du mit „Stiller Zeit" vor Gott gemacht?

_____

_____

* Alles wollen wir tun, um ihn, den Herrn, zu erkennen! So sicher, wie morgens die Sonne aufgeht und im Herbst und Frühjahr der Regen die Erde tränkt, so gewiß wird er kommen und uns helfen. (Hosea 6,3)

Welche Schwierigkeiten hast Du dabei, Gott in Dein Leben kommen* zu lassen?

_____

_____

_____

3. Tag

Bei der „Stillen Zeit" rufen wir uns unser Wissen von Gottes Wegen, seinen Zielen und Versprechen ins Gedächtnis zurück, gewichten es neu und konzentrieren unsere ganze Aufmerksamkeit darauf. Es geht bei der „Stillen Zeit" sehr aktiv um ein „heiliges Denken", das wir sehr bewußt in der Gegenwart Gottes durchführen, unter den Augen Gottes und mit der Hilfe Gottes, im Sinne eines Dialogs mit ihm.

Unsere Absicht dabei ist die: Wir wollen unseren Verstand reinigen lassen und die Sicht der Dinge aus geistlicher Perspektive klären. Gott soll so mit seiner Wahrheit wirklich Einfluß auf Kopf und Herz bekommen.

Solche Besinnung in der Stille macht uns demütig, weil wir Gottes Größe und Glanz schauen und uns durch seinen Heiligen Geist ermutigen und trösten lassen.

Wie helfen Dir solche „Stillen Zeiten" vor Gott, den bewußten Kontakt mit ihm zu verstärken?

_____

_____

Wenn du beten willst, gehe in dein Zimmer, schließe die Tür hinter dir zu, und bete zu deinem Vater. Und dein Vater, der selbst deine geheimsten Gedanken kennt, wird dich erhören. (Matthäus 6,6)

Was erlebst Du, wenn Du still vor Gott bist? Beschreibe auch Deine unangenehmen Gefühle.

_____

_____

_____

* Herr, zeige mir, welchen Weg ich einschlagen soll, und laß mich erkennen, was du von mir willst! Schritt für Schritt laß mich erfahren, daß du zuverlässig bist. Du bist der Gott, der mir hilft, du warst immer meine einzige Hoffnung. (Psalm 25,4-5)

Nenne eine Situation, in der Gott Dir den richtigen Weg gezeigt* hat, den Du gehen sollst.

_____

_____

_____

4. Tag

Wenn wir eine gewisse Übung im Beten und Stillehalten vor Gott entwickelt haben, werden wir immer wieder Zeiten und Möglichkeiten suchen, um Gottes Gegenwart wahrzunehmen und uns ihm zur Verfügung zu stellen.

Leitlinien, die uns helfen, regelmäßig zu beten und vor Gott stille zu halten:

- Alleinsein ist wichtig! Suche Dir Zeiten und Orte, in denen Du allein ungestört „Stille Zeit" halten kannst und nicht abgelenkt wirst.
- Suche Dir Orte der Ruhe! Bete still zu Gott ohne Dich unterbrechen zu lassen. Störende Außeneinflüsse zerstören die Konzentration und blockieren Deine Fähigkeit, Gott ungestört Deine Gedanken und Gefühle mitteilen zu können.
- Nimm Dir bewußt Zeit! Wähle Momente, in denen Du nicht todmüde bist oder Deine Gedanken von allem möglichen abgelenkt sind.
- Lausche sorgfältig! Gott will Dir etwas mitteilen. Genau wie Du ihm, hat auch er Dir Dinge zu sagen. In der Bibel zu lesen, wird Dir dabei helfen, ihn zu verstehen.
- Wiederhole Deine tägliche „Inventur" vor Gott! Bekenne Deine Fehler, bitte um Vergebung, und bringe Dinge wieder in Ordnung, wo es nötig ist.
- Beende Deine Gebetszeit, indem Du um die Erkenntnis Seines Willens bittest und um die Kraft, ihn auszuführen.

Wie sahen Deine bisherigen Gebetszeiten aus? Was kannst Du daran verbessern?

_____

_____

Wie sah Dein bisheriges „Stillsein vor Gott" und das Hören auf sein Reden aus? Was kannst Du daran verbessern?

_____

_____

_____

Bittet Gott, und er wird euch geben! Sucht, und ihr werdet finden! Klopft an, dann wird euch die Tür geöffnet! (Matthäus 7,7)

Nenne eine aktuelle Bitte, die Du an Gott gerichtet hast. Zeigt diese Bitte, daß Du Gottes Willen mehr suchst als Deinen eigenen?

_____

_____

5. Tag

Wenn wir mit Schritt 11 gut vorangekommen sind und täglich Zeit mit Gott verbringen, werden wir Zeichen am Wegesrand wahrnehmen :
• Wir werden in alltäglichen Dingen mehr von Gottes Frieden spüren.
• Tiefempfundener Dank über die voranschreitende Veränderung unseres unangemessenen Verhaltens wird uns tragen.
• Endlich bekommen wir das Gefühl, dazu berechtigt zu sein, einen Platz in dieser Welt zu haben.
• An die Stelle von Scham oder anderen negativen Gefühlen tritt ein neues Selbstwertgefühl.

Diese Zeichen lassen uns vertrauen, daß Gott im Blick auf unsere Heilung die Leitung behält.

Welche Veränderungen in Deinem Leben deuten Dir an, daß Du mit Erfolg an Schritt 11 arbeitest?

_____

_____

* Glücklich ist, wer nicht lebt wie Menschen, die von Gott nichts wissen wollen. Glücklich ist, wer sich kein Beispiel an denen nimmt, die gegen Gottes Willen verstoßen. Glücklich ist, wer sich fernhält von denen, die über alles Heilige herziehen. Glücklich ist, wer Freude hat am Gesetz des Herrn und darüber nachdenkt – Tag und Nacht. Er ist wie ein Baum, der nah am Wasser steht, der Frucht trägt jedes Jahr und dessen Blätter nie verwelken. Was er sich vornimmt, das gelingt. (Psalm 1,1-3)

In welchen Punkten wird bei Dir sichtbar, daß Du Dich mehr an Gottes Gesetz* ausrichtest als an Deinen eigenen Vorstellungen von richtig oder falsch?

_____

_____

_____

_____

6. Tag

Die Verbindung von Gebet, dem Nachdenken über Gottes Wort und einer Haltung der Selbstprüfung ist der Schlüssel zum erfolgreichen Arbeiten mit den 12 Schritten. So werden wir zu einem geistlichen Leben finden, das sich lohnt. Wie sehr wir auch auf dem Weg zur Besserung sind, so sehr kennen wir alle doch auch Zweifel, die uns befallen: Wir fragen uns, ob wir noch auf dem richtigen Weg sind und ob wir mit den 12 Schritten überhaupt weiterarbeiten sollen. Manchmal stehen wir in der Versuchung, in unser altes zwanghaftes Verhalten zurückzufallen. Wir sind besonders anfällig, wenn wir uns unter Druck fühlen, uns endlich radikal zu verändern und das noch nach unserem eigenen Zeitplan! In unserem Frust bemächtigen wir uns selbst der Kontrolle, die wir Gott übergeben hatten, und versuchen, mit Hilfe unseres eigenen Willens, den Prozeß zu beschleunigen. Mit dieser Einstellung folgen wir nicht mehr Gottes Führung und müssen unsere Lebens-Hingabe von Schritt 3 erneuern.

Beschreibe solche Zweifel, die Du über die richtige Richtung Deines Lebens hast!

_____

_____

_____

Beschreibe eine aktuelle Situation, in der Du unter Druck warst und versuchtest, die Kontrolle und Führung, die Du Gott gegeben hattest, zurückzunehmen.

_____

_____

_____

* Dein Wort ist wie ein Licht in der Nacht, das meinen Weg erleuchtet. Was du in deinem Wort festgelegt hast, das will ich tun, gerechter Gott!
(Psalm 119,105-106)

Wie willst Du Gott gegenüber jetzt festmachen, daß Du seinen Willen tun* willst?

_____

_____

_____

Gruppenarbeitsblatt zu Schritt 11

Laßt das Wort Christi seinen ganzen Reichtum bei euch entfalten. Achtet darauf, daß es bei euch richtig verkündigt und verstanden wird. (Kolosser 3,16a)

Wir suchten durch Gebet und Besinnung die bewußte Verbindung zu Gott – soweit wir ihn verstanden – zu vertiefen. Wir baten ihn nur, uns seinen Willen erkennbar werden zu lassen und uns die Kraft zu geben, ihn auszuführen.

Welche Gedanken beherrschen Dich und lassen Dich eigenwillig bleiben, selbst wenn Du um Gottes Führung bittest?

_____

_____

_____

Welche Formen von Gebet und Stillsein vor Gott sind für Dich am nützlichsten und wirkungsvollsten?

_____

_____

_____

In Sprüche 16,20 heißt es: „Wer auf das hört, was ihm beigebracht wird, ist erfolgreich; und wer dem Herrn vertraut, der findet Glück." Inwiefern enthält Schritt 11 eine ähnliche Aussage?

_____

_____

_____

Was ist Dein persönliches Gebetsanliegen?

_____

_____

Für wen betest Du, und was sind dessen Anliegen?

_____

_____

7. Tag

Wenn alles über uns zusammenzubrechen droht, sind wir besonders herausgefordert, Gottes Willen zu suchen. Jesus selbst ist unser Vorbild: In der größten Not seines Lebens blieb er treu und gehorsam und hat alles – ja sogar sein Leben – Gott hingegeben. Die Stärke seines Glaubens verdichtet sich in seinem Gebet im Garten Gethsemane, als die Todesfurcht ihn überwältigen wollte (Matthäus 26,39): „Mein Vater, wenn es möglich ist, so bewahre mich vor diesem Leiden! Aber nicht mein Wille soll geschehen, sondern dein Wille." In besonders schwierigen Situationen kann es uns helfen, wenn wir uns nochmals auf die Schritte 3 und 11 besinnen. So finden wir wieder zu Frieden und Freude.

Inwiefern hilft Dir Dein Glaube an Jesus Christus, den Willen Gottes auszuführen?

Macht euch keine Sorgen! Ihr dürft Gott um alles bitten.* Sagt ihm, was euch fehlt, und dankt ihm! (Philipper 4,6)

* Wörtlich: „... laßt eure Bitten in Gebet und Flehen vor Gott laut werden."

Nimmt Dir Dein Reden mit Gott Deine Ängste?*

---

8. Tag

Gebet und „Stille-Zeit" vor Gott geben uns die einzigartige Möglichkeit, Gottes Plan für uns zu erkennen. Er gab uns Verstand und unseren Willen, um zu denken und zu handeln. Wenn wir Schritt 11 richtig verstehen wollen, dürfen wir keine Entschuldigungen für unsere Passivität suchen – nach dem Motto: „Ich will nur auf den Willen Gottes warten, deshalb ...". Gottes Willen zu tun, heißt selbst aktiv zu werden und dabei darauf zu vertrauen, daß der Heilige Geist in uns am Werk ist. In unklaren Situationen ist es klug, die Hilfe von anderen Menschen zu suchen. Es gibt verschiedene Möglichkeiten, wie Gott zu uns spricht: Das kann auch durch andere Menschen oder durch neue Erfahrungen sein. Nachdem wir eine Situation sorgfältig geprüft haben, kann es sein, daß die Antwort klar oder immer noch unklar ist. Bei letzterem müssen wir geduldig bleiben – Gott will uns schließlich seinen Willen offenbaren. Er wird Klarheit schenken. Oft wird es trotzdem nötig sein, die für den Augenblick bestmögliche Lösung zu wählen und dabei Gott zu vertrauen, daß er bei uns ist und uns auf dem Weg führen wird. Glaube an seine Leitung, und Du wirst seine Führung wirklich erleben. Die Art und Weise, wie wir uns bei der Umsetzung fühlen und wie wir Dinge tun, wird uns dann zeigen, ob es Gottes Wille ist, den wir ausführen oder nicht.

Nenne eine Situation, in der Du Dein Handeln aufgeschoben hast, weil Du zu lange auf „Gottes Antwort gewartet" hast. Was für Folgen hatte es?

_____

_____

* Ihr werdet alles bekommen, wenn ihr im festen Glauben darum bittet. (Matthäus 21,22)

Nenne ein Beispiel, wie Gott Dein Gebet durch eine andere Person oder durch eine neue Erfahrung, die Du gemacht hast, beantwortet hat. *

_____

_____

_____

* Wer sich meine Worte allerdings nur anhört und nicht danach lebt, der ist wie einer, der beim Bauen auf das Fundament verzichtet und sein Haus auf weichen Boden baut. Bei einem Unwetter unterspülen die Fluten sein Haus, und es stürzt ein. Übrig bleibt nur ein Trümmerhaufen. (Lukas 6,49)

Nenne ein Beispiel, wo Du Gott gegenüber gezweifelt hast. Was hatte das für Folgen?*

_____

_____

_____

9. Tag

* So wie ihr von den Menschen behandelt werden möchtet, so behandelt sie auch. Das ist – kurz zusammengefaßt – der Inhalt der ganzen Heiligen Schrift.

Das Leben mit Gott ist – so wie Jesus es uns vorgelebt hat – ein Leben, das dazu bestimmt ist, in aller Armut doch die Fülle zu erleben. Jesus selbst hat uns gelehrt, daß dies Gottes Wille für uns ist. Wenn wir nach dem Leitsatz in Matthäus 7,12* leben, dann wird unser tägliches Leben den Sinn von Schritt 11 verdeutlichen.

Was denkst Du über Dein Leben heute? Wie hat sich Deine Lebensqualität, seit Du mit den Schritten arbeitest, verbessert?

_____

_____

_____

* Mit eigenen Augen werdet ihr ihn als euren Lehrer sehen. Und kommt ihr vom richtigen Weg ab, so hört ihr hinter euch eine Stimme: „Halt, dies ist der Weg, den ihr einschlagen sollt!" (Jesaja 30,20b.21)

Nenne ein Beispiel, das zeigt, wie Gott mit Dir auf dem Weg ist. *

_____

_____

Gruppenarbeitsblatt zu Schritt 11

Laßt das Wort Christi seinen ganzen Reichtum bei euch entfalten. Achtet darauf, daß es bei euch richtig verkündigt und verstanden wird. (Kolosser 3,16a)

Wir suchten durch Gebet und Besinnung die bewußte Verbindung zu Gott – soweit wir ihn verstanden – zu vertiefen. Wir baten ihn nur, uns seinen Willen erkennbar werden zu lassen und uns die Kraft zu geben, ihn auszuführen.

Ein Gebet von Franz von Assisi

O Herr, mache mich zum Werkzeug deines Friedens,
> **daß ich Liebe übe, wo man sich haßt,**
> **daß ich verzeihe, wo man sich beleidigt,**
> **daß ich verbinde, da, wo Streit ist,**
> **daß ich die Wahrheit sage, wo der Irrtum herrscht,**
> **daß ich den Glauben bringe, wo der Zweifel drückt,**
> **daß ich die Hoffnung wecke, wo Verzweiflung quält,**
> **daß ich ein Licht anzünde, wo die Finsternis regiert,**
> **daß ich Freude mache, wo der Kummer wohnt.**

Herr, laß du mich trachten:
> **Nicht, daß ich getröstet werde, sondern daß ich tröste!**
> **Nicht, daß ich verstanden werde, sondern daß ich verstehe!**
> **Nicht, daß ich geliebt werde, sondern daß ich liebe!**
> **Denn wer da hingibt, der empfängt;**
> **wer sich selbst vergißt, der findet;**
> **wer verzeiht, dem wird verziehen;**
> **und wer stirbt, erwacht zum ewigen Leben.**
> **Amen**

Wie spiegelt dieses Gebet von Franz von Assisi Kolosser 3,16 wieder?

_____

_____

Nenne als Beispiel ein Gebet von Dir, in dem Du Gott nach seinem Willen gefragt und ihn um Kraft zur Umsetzung gebeten hast. Was ist dabei herausgekommen?

_____

_____

Was ist Dein persönliches Gebetsanliegen?

_____

Für wen betest Du, und was sind dessen Anliegen?

_____

Schritt 12   Zum Zeugen werden

Nachdem wir durch diese Schritte ein geistliches Erwachen erlebt hatten, versuchten wir, diese Botschaft anderen weiterzugeben und unser tägliches Leben nach diesen Grundsätzen auszurichten.

Mit Schritt 12 erklimmen wir den Gipfel unseres Berges. Wenn wir an die Meilensteine unserer Reise zurückdenken, kommen uns Schmerzen und Freuden in den Sinn, die wir auf unserem Weg erlebt haben. Jeder von uns hat unterschiedliche und einzigartige Erfahrungen durchgemacht. Langsam begreifen wir: Letztlich haben alle Ereignisse unseres Lebens mitgewirkt, daß wir unsere tiefe Verbundenheit mit Gott und seiner ganzen Schöpfung wahrnehmen. Wir haben uns verändert, weil wir geistlich aufgewacht sind: Wir sind jetzt soweit, mit unserem ganzen Leben Gottes Willen Ausdruck zu geben. Im Titusbrief hat Paulus solch einen Änderungsprozeß beispielhaft zusammengefaßt:

Vergessen wir nicht: Auch wir wußten es früher nicht besser. Wir waren Gott ungehorsam, kannten den richtigen Weg nicht und wurden von allen möglichen Wünschen und Leidenschaften beherrscht. Bosheit und Neid bestimmten unser Leben. Wir haßten alle, und alle haßten uns. Aber dann haben wir Gottes Liebe und Güte erfahren durch unseren Erlöser und Retter Jesus Christus. Nicht, weil wir etwas geleistet hätten, womit wir diese Liebe verdienten, nein, seine Barmherzigkeit war es, die uns durch eine neue Geburt zu neuen Menschen gemacht hat. Das war ein Werk des Heiligen Geistes, den Gott uns durch unsern Erlöser Jesus Christus in reichem Maße geschenkt hat. So sind wir allein durch seine unverdiente Güte von aller Schuld befreit und warten voller Hoffnung auf sein himmlisches Reich, das wir als seine Kinder erben werden. Darauf können wir vertrauen. (Titus 3,3-8)

Weitersagen bringt uns weiter

Schritt 12 führt uns auf den Weg, anderen Menschen, die in Not sind, die Hilfe des 12-Schritte-Programms nahezubringen. Viele von uns wurden durch jemanden, der mit den 12 Schritten gearbeitet hatte, in das 12 Schritte-Programm eingeführt. Indem wir anderen helfen, kommen wir selbst in unserem persönlichen Wachstum weiter.

Nur so werden wir geistlich wach bleiben. Denn wenn unsere Bereitschaft wächst, von dem weiterzugeben, was wir an uns selbst erlebt haben, und wenn wir immer sensibler die Gegenwart Gottes in unserem Leben wahrnehmen, dann hält uns das wach, danach Ausschau zu halten, wo wir unsere neugewonnene Hoffnung weitergeben können. Das 12-Schritte-Programm fordert uns heraus, selbst die Verantwortung dafür zu übernehmen, jeden Tag unsere neuen Werte auszuleben. Der Apostel Petrus hat uns deutlich dazu aufgefordert, das neue Leben nicht für uns zu behalten.* Schritt 12 erinnert uns daran, daß wir mit unserer Reise noch nicht am Ende sind. Wir wollen weiter wachsen. Darum dürfen wir nicht aus den Augen verlieren, daß wir gerade erst damit angefangen haben, die Prinzipien kennenzulernen, die uns auf dem Weg mit unserem Herrn weiterbringen. Jeder einzelne der 12 Schritte ist ein lebenswichtiger Aspekt, damit Gottes Plan für unser Leben zum Ziel kommt. Wenn unsere Alltagssorgen uns ab-

lenken und von Gott wegbringen, dann dienen uns die Schritte als Hilfsmittel, um mit unseren Schwierigkeiten in konstruktiver Weise umzugehen:

- Schritt 1 erinnert uns an unsere Ohnmacht.
- Schritte 2 und 3 zeigen uns, daß wir immer und überall auf Gottes Hilfe
  angewiesen sind.
- Schritte 4-9 führen uns zur Selbstprüfung und Wiedergutmachung.
- Schritte 10 und 11 vermindern die Gefahr von Rückfällen und halten uns
  in Kontakt mit Gott.

Kompromißlos und verbindlich diesen Weg gehen

Durch gewissenhaftes Arbeiten mit den Schritten werden Liebe, Annahme, Ehrlichkeit, Selbstlosigkeit und ein innerer Frieden wachsen, wie wir es
vorher noch nie gekannt haben. Das Schwierigste war der Anfang. Doch
wir haben uns kompromißlos auf einen Veränderungsprozeß eingelassen.

Unser geistliches Erwachen ist ein Geschenk Gottes, das uns eine neue
Perspektive vermittelt hat. Unser gesamtes Wertesystem verändert sich
deutlich in eine positive Richtung. So wurden unsere weltlichen Ziele ersetzt durch geistliche Prioritäten: Wir suchen jetzt nach Erfüllung durch
Dinge, die einen wirklichen, bleibenden Wert haben.

Für viele von uns kam dieses „geistliche Erwachen" unmerklich, und erst
rückblickend entdeckten wir die Veränderungen. Selten können wir einen
deutlichen Anfang oder ein abruptes Ende festmachen. Jesus kommt zu
uns, wann und wie er will. Wir erkennen dann plötzlich, daß all dies nötig
war, um uns dahin zu bringen, wo wir jetzt stehen. Wenn wir dann – um-
geben von der Liebe Gottes – erwachen*, wird unser Leben mit einem neu-
en Sinn erfüllt sein.

** Liebt also euren Nächsten,
denn ihr wißt doch, daß es Zeit
ist, aus aller Gleichgültigkeit aufzuwachen. Bald wird Christus
wiederkommen und uns endgültig erlösen. (Römer 13,11a)*

Persönliche Überlegungen

1. Tag

„Unsere Taten sprechen lauter als unsere Worte" – das ist das Motto, nach dem wir die Botschaft der 12 Schritte zu anderen bringen. Es ist wirksamer und glaubwürdiger, Prinzipien mit dem Leben zu bezeugen, als bloße Theorien vermittelt zu bekommen. Z. B. bedeutet es anderen mehr, wenn jemand davon berichtet, wie er betet und Stille Zeit macht, als wenn jemand eine Vorlesung darüber abhält, wie wichtig das Gebet und Stille Zeit sind. Es beeindruckt andere viel mehr, wenn wir von unseren eigenen Erfahrungen und Veränderungen berichten und so den geistlichen Prozeß verdeutlichen, den wir mit dem 12-Schritte-Programm erlebt haben. Indem wir unsere eigene Geschichte erzählen, werden andere ermutigt, dazu zu stehen, daß auch sie Hilfe nötig haben, und wir selbst wachsen in der Demut. Diese guten Botschaft weiterzusagen, wird nicht nur anderen und sondern auch uns selbst deutlich machen, wie sich unser Leben während der Arbeit mit den 12 Schritten verändert hat.

Beschreibe eine Situation, die Du kürzlich erlebt hast, in der Du anderen besonders durch Dein Verhalten die Botschaft der 12 Schritte weitervermittelt hast.

_____

_____

Wie haben die 12 Schritte Dein Leben verändert und Deine Beziehung zu Gott erneuert?

_____

_____

* Schließlich, meine lieben Brüder, orientiert euch an dem, was wahrhaftig, gut und gerecht, was anständig, liebenswert und schön ist. Wo immer ihr etwas Gutes entdeckt, das Lob verdient, darüber denkt nach. Haltet an dem Evangelium fest, so wie ihr es von mir gehört und angenommen habt. Richtet euch nach dem, was ich euch gelehrt habe, und lebt nach meinem Vorbild. Dann wird Gott bei euch sein und euch seinen Frieden schenken. (Philipper 4,8-9)

Beschreibe etwas Lobenswertes, das Du getan hast. Erkläre dazu, warum Du denkst, daß es ein Beispiel dafür ist, wie Gott durch Dich gehandelt hat, und wie es anderen helfen kann, den selben Segen zu erfahren.

_____

_____

_____

2. Tag

* Wer von Herzen an Christus glaubt und seinen Glauben auch bekennt, der erlebt, was es heißt, von Christus erlöst zu sein.

Die Bibel enthält dramatische Beispiele darüber, wie Gott mit Menschen umgeht und wie ihr Leben verändert wird. In Johannes 4,28 und 9,17 finden wir Berichte von persönlichen Begegnungen mit Jesus und wie diese Menschen das Leben anderer beeinflußt haben. Weil die Zuhörer die Person kannten, waren sie durch das, was sie an Veränderungen bei diesem Menschen sehen konnten, überzeugt von der Kraft Jesu. Wir können das Arbeiten mit den 12 Schritten nicht von unserem Leben mit Christus trennen – unser ganzes Leben steht unter seiner Leitung. Die Handlungsanweisung von Schritt 12 wird in Römer 10,10 exakt beschrieben.*

Welche Verbindung besteht bei Dir zwischen den 12 Schritten und Deiner christlichen Lebensführung?

_____

_____

* Verhaltet euch klug und besonnen denen gegenüber, die keine Christen sind. Denkt daran, daß euch nicht mehr viel Zeit bleibt. Redet mit jedem Menschen freundlich, aber scheut euch nicht, die Wahrheit zu sagen. Dann werdet ihr schon für jeden die richtigen Worte finden. (Kolosser 4,5-6)

Nenne eine Situation, in der Du kürzlich erlebt hast, wie jemand sich durch Dich auf den Weg zur Lebensveränderung machen konnte.* Wie hat Gott selbst dazu beigetragen?

_____

_____

_____

* Er (Jesus) sagte: „Geh nach Hause zu deiner Familie und berichte, welch großes Wunder Gott an dir getan hat und wie barmherzig er zu dir gewesen ist!" (Markus 5,19b)

Ist Jesus mit seinem Vorbild* Dir eine Hilfe, das weiterzugeben, was Du durch diese 12 Schritte erlebt hast?

_____

_____

3. Tag

Mit Anfängern am 12-Schritte-Programm zu arbeiten, lohnt sich sehr. Viele dieser Menschen sind in ernsthaften Schwierigkeiten, verwirrt und verletzt. Sie brauchen Ermutigung und Unterstützung, damit sie begreifen können, daß das 12-Schritte-Programm eine wirkliche Hilfe sein wird und daß sich der Aufwand bei weitem mehr lohnen wird, als die jetzige Situation so zu lassen – wenn sie bereit sind, dranzubleiben und sich zu investieren.

Wir müssen Anfänger auch ermutigen, geduldig und liebevoll mit sich selbst umzugehen. Sie sollen sich nicht zuviel vornehmen, sondern Tag für Tag vorwärtsgehen („Nur-für-heute-Prinzip") Das wird auch für uns selbst eine wertvolle Erfahrung sein: Wenn wir daran denken, wo wir selbst einmal standen, als wir mit dem 12- Schritte-Programm begannen, erkennen wir, wie weit wir jetzt gekommen sind. Wenn wir andere zum Mitmachen ermutigen, müssen wir betonen, daß solche Entscheidungen gewöhnlich dann getroffen werden, wenn jemand wirklich am Boden zerstört ist, bereits viel gelitten hat und es satt hat, weiter verletzt zu werden.

Erinnere Dich an eine Situation, in der Du jemanden, der neu hinzugekommen ist, begleitet hast. Was für Gefühle hattest Du dabei?

_____

_____

* Verkündige den Menschen Gottes Wort. Setze dich dafür ein, und zwar überall und zu jeder Zeit! Rede ihnen ins Gewissen, weise sie zurecht, und ermutige sie, wo es nötig ist. Lehre sie geduldig, den richtigen Weg zu gehen. (2. Timotheus 4,2)

Was erzählst Du neu Hinzukommenden am liebsten, um sie zu ermutigen*?

_____

_____

* Weil ihr Gottes geliebte Kinder seid, sollt ihr in allem seinem Vorbild folgen. Geht liebevoll miteinander um, so wie auch Christus euch seine Liebe erwiesen hat. Aus Liebe hat er sein Leben für uns gegeben. Und Gott hat dieses Opfer angenommen. (Epheser 5,1-2)

Inwiefern helfen Dir die Prinzipien der 12 Schritte, die Liebe Christi* wirksam zu verdeutlichen und so die Botschaft weiterzutragen?

_____

_____

_____

4. Tag

* Wer fest mit Christus verbunden bleibt, der wird nicht länger sündigen. Wer aber weiter sündigt, der weiß nichts von Christus oder hat ihn nicht verstanden. (1. Johannes 3,6)

Unsere Beziehung zu Gott ist der Schlüssel zum Erfolg beim Durcharbeiten dieses Materials, aber auch für die Umsetzung in unserem Alltag. Wir können es uns nicht erlauben, gleichgültig oder sogar ablehnend zu werden gegenüber unserem Versprechen, Jesus nachzufolgen. Die Bibel erinnert uns daran, daß wir sogar das Vorrecht haben, Christus ähnlich zu werden, und sie sagt uns auch, wie wir erkennen, ob wir auf dem falschen Weg sind.* Das Leben erinnert uns ständig daran, auf Versuchungen und Prüfungen gefaßt zu sein. Mit Gottes Hilfe können wir solche Situationen zu Herausforderungen werden lassen, an denen wir wachsen. Sie können uns und anderen sogar zur Ermutigung und zum Trost dienen. Entscheidend für uns bleibt: Ohne die Gnade Gottes werden wir nie den Frieden und die Gelassenheit erleben, die wir eigentlich suchen.

Wie hat Gottes Gnade Dir beim Durcharbeiten der 12 Schritte geholfen, Frieden und Gelassenheit zu bekommen?

_____

_____

* Bist du dazu berufen, Gottes Wort auszulegen, dann soll Gott durch dich sprechen. Hat jemand in der Gemeinde die Aufgabe übernommen, anderen Menschen zu helfen, dann arbeite er in der Kraft, die Gott ihm gibt. So preisen wir Gott durch Jesus Christus mit allem, was wir sind und haben. (1. Petrus 4,11)

Wie hilft Dir Deine Beziehung zu Gott, die 12 Schritte auch im Alltag umzusetzen?

_____

_____

_____

5. Tag

    Manchmal sind wir entmutigt und verlieren unseren Fortschritt aus den Augen. Wenn dies geschieht, ist es gut, unsere Vergangenheit mit der Gegenwart zu vergleichen und uns folgende Fragen zu stellen:

• Leben wir nicht weniger isoliert und fürchten uns nicht weniger vor Autoritätspersonen?

• Sind wir nicht viel weniger auf der Suche nach Anerkennung durch andere?

• Haben wir nicht gelernt, uns selbst so anzunehmen, wie wir sind, und nicht mehr nach der Anerkennung anderer zu schielen?

• Wählen wir die Menschen nicht viel besser aus, mit denen wir Beziehungen aufbauen wollen? Und gelingt es uns nicht besser, in diesen Beziehungen ganz „wir selbst" zu bleiben?

• Haben wir nicht eine positive Entwicklung durchgemacht, so daß wir unsere Gefühle ausdrücken können?

• Sind wir nicht viel weniger dabei, andere zu manipulieren und zu dirigieren als früher?

• Haben wir nicht aufgehört, kindisch zu sein, indem wir Freunde oder Ehepartner in die Rolle eines beschützenden Elternteils drängten und so von ihnen übertrieben abhängig waren?

• Haben wir nicht gelernt, unsere eigenen Bedürfnisse zu erkennen und ihnen nachzukommen?

    Wenn Du die Fragen mit „Ja" beantworten kannst, beweist das, daß Du auf dem Weg zu einem gesünderen und besseren Leben weitergekommen bist.

Mit welchen der oben genannten Punkte hast Du noch immer Schwierigkeiten? Erkläre es:

_____

_____

In welchen der oben genannten Punkte ist ein deutlicher Fortschritt sichtbar?

_____

_____

Liebe Brüder! Wenn sich aber einer von euch etwas zuschulden kommen läßt und sündigt, dann sollt ihr ihn als Menschen, die Gottes Geist leitet, verständnisvoll wieder zurechtbringen. Seht aber zu, daß ihr dabei nicht in dieselbe Gefahr geratet. (Galater 6,1)

Nenne ein Beispiel, wie sich jemand unangemessen verhalten hat und Du ihm/ihr in Liebe* helfen konntest, sich zu ändern.

_____

_____

_____

6. Tag

Wir haben viel erreicht, wenn wir uns daran gewöhnt haben, wie selbstverständlich die 12 Schritte zu leben. Wenn wir z.B ein Problem gewohnheitsmäßig nach den Schritten angehen und uns dabei bewußt sind, wie sehr wir auf Gottes Hilfe und Führung angewiesen sind. Wir packen dann aus der Gelassenheit heraus viel kompetenter die Aufgaben direkt an. Alles, was wir tun, wird dann klar von Gott her und von unserem ehrlichen Abwägen der Folgen geleitet. Wir können vertrauensvoll und ohne Furcht handeln und wissen: „Der Herr ist mein Licht, er rettet mich. Vor wem sollte ich mich noch fürchten? Bei ihm bin ich geborgen wie in einer Burg. Vor wem sollte ich noch zittern und zagen?" (Psalm 27,1)

Nenne ein Beispiel, wie Du die 12 Schritte im Alltag gewohnheitsmäßig umsetzt.

_____

_____

_____

Nenne ein Problem, das Du kürzlich hattest, und beschreibe, wie Du es mit Hilfe der 12 Schritte bewältigt hast.

_____

_____

_____

Zwei haben es besser als einer allein, denn zusammen können sie mehr erreichen. Stürzt einer von ihnen, dann hilft der andere ihm wieder auf die Beine. Doch wie schlecht steht es um den, der alleine ist, wenn er hinfällt! Niemand ist da, der ihm wieder aufhilft. (Prediger 4,9-11)

Beschreibe eine Situation, in der Du mit einem anderen zusammen jemandem von der Botschaft der 12 Schritte erzählt hast. Welche Auswirkungen hatten eure gemeinsamen* Bemühungen?

_____

_____

_____

7. Tag

Jetzt fangen wir an zu verstehen, wieviele Bereiche in unserem Leben von der Arbeit mit den 12 Schritten berührt sind. Neu aufkommende Probleme erfolgreich zu bewältigen, hängt von zwei Faktoren ab: Wie bereit wir sind, besonnen zu handeln, und wie es uns gleichzeitig gelingt, die Dinge Gott zu überlassen. Unser Glaube wird in dem Maße zunehmen, wie wir lernen, die Kontrolle abzugeben und Gott die Herrschaft über unser Leben zu übertragen. Dies ist ein lebenslanger Prozeß, der uns schrittweise verändert. Langsam wird unser Leben mehr auf Gott ausgerichtet, während wir die wahre Bedeutung von Liebe, Frieden und Gelassenheit zu begreifen beginnen. Paulus erfaßte die Dynamik dieses 12-Schritte-Prozesses, als er sagte: „… ich weiß genau: Noch habe ich den Preis nicht in der Hand. Aber eins steht fest, daß ich alles vergessen will, was hinter mir liegt. Ich konzentriere mich nur noch auf das vor mir liegende Ziel. Mit aller Kraft laufe ich darauf zu, um den Siegespreis zu gewinnen, das Leben in Gottes Herrlichkeit. Denn dazu hat uns Gott durch Jesus Christus berufen." (Philiper 3,13-14)

Beschreibe eine aktuelle Situation aus Deinem Leben, in der Du wahrnimmst, wie Gottes den Kurs deines Handelns bestimmt.

_____

_____

_____

** Niemand zündet eine Lampe an und versteckt sie dann unter einem Eimer oder stellt sie unter ein Bett. Im Gegenteil: Man stellt die Lampe so auf, daß jeder, der hereinkommt, das Licht sieht. Alles, was jetzt noch verborgen ist, kommt einmal ans Licht, und was jetzt noch ein Geheimnis ist, wird jeder verstehen. Entscheidend ist, wie ihr mir zuhört. Denn wer viel hat, der bekommt noch mehr dazu: Wer meine Botschaft versteht, der wird einmal alles verstehen. Wer sie aber nicht begreift, dem wird noch die geringe Kenntnis, die er zu besitzen meint, verlorengehen.
(Lukas 8,16-18)*

* siehe Einleitung

Wie erlebst Du, daß der Heilige Geist Dich in Deinem neuen Verhalten führt? Und inwiefern werden andere durch Dich positiv beeinflußt?*

_____

_____

_____

_____

_____

Jeder Tag ist ein Geschenk von Gott, den wir als Geschenk und auch als eine Antwort auf unser „Gelassenheits-Gebet"* annehmen dürfen.

Gruppenarbeitsblatt zu Schritt 12

Liebe Brüder! Wenn sich aber einer von euch etwas zuschulden kommen läßt und sündigt, dann sollt ihr ihn als Menschen, die Gottes Geist leitet, verständnisvoll wieder zurechtbringen. Seht aber zu, daß ihr dabei nicht in dieselbe Gefahr geratet.
(Galater 6,1)

Nachdem wir durch diese Schritte ein geistliches Erwachen erlebt hatten, versuchten wir, diese Botschaft anderen weiterzugeben und unser tägliches Leben nach diesen Grundsätzen auszurichten.

Was ist der bleibende Wert und Nutzen davon, die 12 Schritte im Alltag anzuwenden?

_____

_____

_____

Wie hat die 12-Schritte-Abschlußübung dich befähigt, einer schwierigen Lebenssituation in einer guten Art und Weise zu begegnen?

_____

_____

_____

* Stürzt einer von ihnen, dann hilft der andere ihm wieder auf die Beine ...

Wie bringst Du Prediger 4,10* mit Schritt 12 in Verbindung?

_____

_____

_____

Was ist Dein persönliches Gebetsanliegen?

_____

_____

_____

Für wen betest Du, und was sind dessen Anliegen?

_____

_____

_____

12-Schritte-Abschlußübung

Beschreibe eine Situation oder Umstände in Deinem Leben, die in Dir immer wieder Gefühle wie Groll, Furcht, Trauer oder Ärger hervorrufen. Dies kann Beziehungen betreffen (innerhalb der Familie, bei der Arbeit oder auch im sexuellen Bereich), Umstände oder Deine körperliche oder psychische Gesundheit. Beschreibe in wenigen Worten die Situation und das Problem.

_____

_____

_____

Schritt 1: In welchem Sinn bist Du selbst hier machtlos? Wie zeigt Dir diese Situation, daß Du Dein Leben nicht im Griff hast?

_____

_____

_____

Schritt 2: Welche Rolle spielt Gott als Deine „Höhere Macht" auf Deinem Weg, gesund zu werden? Was kann er in dieser Situation bewirken?

_____

_____

_____

Schritt 3: Schreibe ein Bekenntnis, in welchem Du erklärst, daß Du die Entscheidung getroffen hast, diese Situation Gott zu überlassen (z.B.: „Ich will mich nicht mehr länger über das Verhalten meines Vorgesetzten innerlich zerfressen lassen. Ich entscheide mich jetzt, meine Furcht, meine Sorgen und mein Sicherheitsbedürfnis Gott zu übergeben!").

_____

_____

_____

Schritt 4: Welche Charakterschwächen spielen bei diesem Beispiel eine Rolle (z.B. Furcht, ausgeliefert zu sein, oder vor Autoritätspersonen, Suche nach Anerkennung, besitzergreifendes Verhalten, übermäßiges Verantwortungsgefühl, unausgedrückte Gefühle)?

_____

_____

_____

_____

Schritt 5: Bekenne Deine Fehler und Schwächen Gott und Dir selbst und einem anderen Menschen gegenüber.

_____

_____

_____

_____

Schritt 6: Bist Du wirklich bereit, Dir von Gott diese Charakterschwächen und -fehler, die Dir bewußt geworden sind, nehmen zu lassen? Wenn nicht – was steht dem noch im Wege?

_____

_____

_____

_____

Schritt 7: Schreibe ein Gebet auf, in dem Du demütig Gott bittest, die speziellen Mängel (im Blick auf diese Situation) wegzunehmen. (Bedenke: Je ehrlicher Du gegenüber Deinen Mängeln und Bedürfnissen bist, desto demütiger kannst Du sein.)

_____

_____

_____

_____

Schritt 8: Stelle eine Liste der Menschen auf, denen Du damit Unrecht getan hast und die Du verletzt hast.

_____

_____

_____

_____

Schritt 9: Wo ist Wiedergutmachung nötig und angebracht, und wie willst Du sie angehen?

_____

_____

_____

Schritt 10: Gehe die vorigen Schritte nochmals durch, und prüfe, ob Du nichts übersehen hast. Welche neuen Aspekte sind aufgetaucht, die Du beachten solltest?

_____

_____

_____

Schritt 11: Halte einen Moment inne, werde still vor Gott und bitte ihn, seinen Willen für Dich erkennbar werden zu lassen. Wie verstehst Du Gottes Willen für diese aktuelle Situation?

_____

_____

_____

Schritt 12: Hast Du in Hinblick auf diese Situation eine Ahnung bekommen, was „geistliches Erwachen" hier für Dich bedeutet? Wer trägt jetzt die Verantwortung: Du oder Gott? Erläutere Deine Antwort. (Deine Haltung und Gefühle sind gute Hilfen zur Selbstwahrnehmung!)

_____

_____

_____

Gruppenarbeitsblatt zu Schritt 12

Liebe Brüder! Wenn sich aber einer von euch etwas zuschulden kommen läßt und sündigt, dann sollt ihr ihn als Menschen, die Gottes Geist leitet, verständnisvoll wieder zurechtbringen. Seht aber zu, daß ihr dabei nicht in dieselbe Gefahr geratet. (Galater 6,1)

Nachdem wir durch diese Schritte ein geistliches Erwachen erlebt hatten, versuchten wir, diese Botschaft anderen weiterzugeben und unser tägliches Leben nach diesen Grundsätzen auszurichten.

Dies ist die letzte schriftliche Übung zu den 12 Schritten. Sie soll Dir die Möglichkeit geben zu erkennen, daß Du jetzt das Handwerkszeug hast, um anderen Menschen zu einem reiferen Leben zu verhelfen.

Blicke auf Dein jetziges Leben, und ergänze die folgenden Aussagen:

Als ich ein Kind war, da _____

_____

Als ich erwachsen wurde, da _____

_____

Als ich meine schwierigen Verhaltensmuster erkannte, da _____

_____

Jetzt, wo ich das 12-Schritte-Programm beendet habe, da _____

_____

Wenn wir jetzt auf unser Leben blicken, so sehen wir, wie Gott durch uns unsere Lebensgeschichte schreibt. Das Arbeiten mit den 12 Schritten und der Austausch in der Gruppe haben uns in eine tiefere Beziehung zu Gott gebracht. Der gemeinsame Erfahrungsaustausch und die Kraft und Hoffnung der anderen haben uns geholfen, Gott immer noch mehr zuzutrauen und bedingungslose Liebe zu erfahren.

Was möchtest Du den anderen in der Gruppe noch mitteilen ...

in bezug auf Dein „geistliches Erwachen": _____

_____

in bezug auf Deine Dankbarkeit ihnen gegenüber: _____

_____

in bezug auf Dein Weitermachen mit der Arbeit an den 12 Schritten: _____

_____

Gruppenarbeitsblatt zum Abschluß

Beim abschließenden Treffen

Jeder und jede soll die Möglichkeit haben, sich bei den anderen in Liebe zu verabschieden. Es ist sehr hilfreich, wenn wir uns die Zeit nehmen, auch schriftlich ein paar Dinge festzuhalten. Jedem einzelnen „Dankeschön" zu sagen, ist vielleicht nicht nötig, aber es ist lohnenswert, sich gegenseitig Wertschätzung auszudrücken.

Ich möchte noch erwähnen, daß diese Gruppe und das Arbeiten mit diesem Material folgende Bedeutung für mich hatte:

_____

_____

Beim Abschluß in dieser Gruppe und beim Verabschieden fühle ich mich:

_____

_____

Abschließendes Gebet in der Gruppe

Vater im Himmel, ich gebe mich der unendlichen Liebe und Fürsorge Jesu hin. Alle heilende Veränderung ist mit seiner Hilfe ausgeführt worden. Ich erkläre verbindlich: Ich will dir alle großen und kleinen Dinge anvertrauen. Mit deiner Hilfe glaube ich, daß mein Eigenwille nie mehr meine Überzeugungen, Gedanken und Taten kontrollieren muß.
Täglich will ich dir für den Heiligen Geist danken, der mir beisteht und bis in die Tiefe Heilung bewirken wird. Ich bin auch bereit, meinen Teil dazu beizutragen und mich dem gefürchteten Schmerz zu stellen, weil ich weiß: Du bist bei mir! Ich weiß, daß meine Heilung Menschen die Macht deiner Gnade bezeugt. Mir ist sie die Quelle meiner Freude und Gelassenheit. Immer werde ich für die Gelegenheit offen sein, die Wahrheit und Freude meiner Veränderung wenigstens einmal täglich weiterzugeben.

Persönliche Ergänzungen zum Gebet in der Gruppe:

_____

_____

_____

Amen

Der 12-Schritte-Prozeß – eine Lebensschule: Abhängigkeiten überwinden lernen

Die Wiege des Programms: Die Oxford-Gruppe um Frank Buchmann

Die Entstehung des 12-Schritte-Programms ist nicht einem klugen Kopf zu verdanken, sondern war ein geistlicher Prozeß während eines christlichen Aufbruchs in den Anfängen dieses Jahrhunderts.

Die Anonymen Alkoholiker („AA" abgekürzt) sind die weltweit bekannteste und am weitesten verbreitete Selbsthilfebewegung für Alkoholiker. Sie waren es, die den 12 Schritten zu ihrem Siegeszug durch die Welt verhalfen.

Die Wurzel: geistliche Erfahrungen

Gegründet wurde die Gemeinschaft 1935 durch Bill Wilson, der durch einen Freund beeindruckt worden war. Dieser Freund hatte durch die Treffen und Prinzipien der Oxford-Gruppe, einer überkonfessionellen, evangelikalen Bewegung, zum Glauben an Jesus Christus gefunden und wurde in der Folge von seinen Alkoholproblemen befreit. In diesen Treffen erlebten die Teilnehmer durch Bekenntnis ihrer Sünden, Erzählen der eigenen Lebensgeschichte, Gebet, Suche nach Gottes Führung sowie Wiedergutmachungen Veränderung und Hilfe. Frank Buchmann, der Gründer der Oxford-Gruppe, wollte die Welt verändern, indem der einzelne sich von Gott verändern läßt. Bill Wilson erlebte im Krankenhaus, wo er im Moment größter Niedergeschlagenheit und Depression nach Gott rief, eine außergewöhnliche Gottesbegegnung. Durch diese Erfahrung bewegt hörte er für immer auf zu trinken. Beeinflußt von dem Buch „Varieties of Religious Experience" von William James (1902) konnte er seine Erfahrung besser verstehen und kam zusammen mit anderen Weggefährten zu der Formulierung der 12 Schritte. Der Schlüssel für die Genesung war sein religiöses Erlebnis. 1939 lösten sich die Gruppen der AA von der Oxford-Gruppen-Bewegung, weil sie ihr eigenes Konzept unabhängiger gestalten wollten.*

* Vgl. die unterschiedlichen Biographien über die Entstehung der 12-Schritte-Bewegung. Hauptquelle der Selbstdarstellung: Anonyme Alkoholiker: Das Blaue Buch, o. O. Alcoholics Anonymous World Service, 1980.

Die Oxford-Gruppe als gesellschaftlicher Gegentrend

In den 20er und 30er Jahren entstand die Oxford-Gruppe als eine revolutionäre Antwort auf die antireligiöse Reaktion seit dem 1. Weltkrieg. Ihr Ziel war es, den lebendigen Glauben wieder in einer Kirche zu entzünden, die durch Institutionalisierung erstarrt war. So verstand sich die Oxford-Gruppe eher als eine Bewegung denn als eine Organisation. Ihre Mitglieder trafen sich in Privathäusern und Hotels, wo sie den christlichen Glauben im Rahmen von Einladungen zum Essen auf eine sehr natürliche Weise einbrachten. Trotz ihrer inneren Freiheit von institutionellen Bindungen war die Oxford-Gruppe ausdrücklich kirchlich orientiert und sah sich in die verfaßten Kirchen als eine überkonfessionelle Bewegung eingeordnet.

Der geistliche Schlüssel – Abhängig von Gott leben

* Garth Lean: Der vergessene Faktor. Vom Leben und Wirken Frank Buchmanns, Brendow 1991.

Dr. Frank N. D. Buchmann*, ein lutherischer Pastor deutscher Abstammung, wurde meist als Leiter der Oxford-Bewegung zitiert. Doch wenn man jemanden aus dem Umfeld der Oxford-Gruppen fragte: „Wer ist euer Leiter?" hätte die Antwort gelautet: „Der Heilige Geist."

Buchmann betonte die Notwendigkeit, sich Gott hinzugeben, um Vergebung und Gottes Führung zu empfangen, und sich gegenseitig und Gott die Sünden zu bekennen. Gruppenmitglieder der Oxford-Bewegung legten viel Wert darauf, Dinge, die sie falsch gemacht hatten, wiedergutzumachen und ihr verändertes Leben zu bezeugen, um dadurch anderen zu helfen, auch ihr Leben zu verändern.

Das Glaubensbekenntnis der Oxford-Gruppe

Die theologische Lehre der Oxford-Gruppe gründete sich auf sechs wesentliche Annahmen:
1. Menschen sind Sünder
2. Menschen können verändert werden
3. Sündenbekenntnis ist Voraussetzung für Veränderungen
4. Der veränderte Mensch hat einen direkten Zugang zu Gott
5. Gott wirkt auch heute noch Wunder
6. Solche, die verändert wurden, haben die Aufgabe, andere zur Veränderung anzuleiten

Bob Wilson fügte folgende fünf Grundsätze der Oxford-Gruppen-Bewegung in die Philosophie der AA-Bewegung ein:
1. Sich Gott geben
2. Auf Gottes Weisungen hören
3. Eine Selbstprüfung im Blick auf die Lebensführung
4. Innere Wiederherstellung und Veränderung
5. Die Veränderung durch Bekenntnis anderen mitteilen

Die 12 Schritte – ein Programm für viele

Das Konzept der AA, das sogenannte 12-Schritte-Programm (1939 erstmals in dem Buch Alcoholics Anonymous zusammengefaßt dargestellt), hat darüber hinaus die Arbeit vieler anderer Selbsthilfegruppen inspiriert.

Bald stellte sich heraus, daß das Programm der 12 Schritte nicht nur für Alkoholiker und deren Angehörige geeignet war: 1967 wurde in St. Paul, Minnesota, eine Gruppe für Männer und Frauen gegründet, die ihre seelischen Störungen und emotionalen Probleme lösen wollten. Sie nannten sich „Emotions Anonymous", und die Basis dieser Gruppen war ebenfalls das 12-Schritte-Programm.

„Ich glaube, daß viele von uns ihr Leben allein nicht mehr meistern können, ja daß wir alle auf verschiedene Weise machtlos sind. Und was dem Alkoholiker so schwer fällt, nämlich seine eingebildete Größe und seinen Stolz aufzugeben, das fällt uns noch schwerer. Denn wer seine Ohnmacht nicht so unausweichlich erlebt wie der Alkoholiker, hat es ent-

*sprechend leichter, sich und anderen länger etwas vorzumachen. Eigent-
lich müßte es gegen alle Mächte, denen wir ausgeliefert sind, Gruppen
geben, in denen wir alles zugeben könnten: unsere Ängste, unsere Unfähigkeit, die eigenen Gefühle zu beherrschen, unsere Ehe- und Er-
ziehungsnöte, unsere Hilflosigkeit angesichts von Krankheit und Tod,
um nur einiges zu nennen. Ganz sicher würde man die gleiche Erfahrung machen wie bei den AA, daß gerade dort, wo wir zugeben, am
Ende zu sein, die Chance beginnt, neu anzufangen.* *

Eine Lebensschule im christlichen Geist

Das vorliegende 12-Schritte-Programm wird nun aus einer christlichen
Sicht beschrieben. Es ist darum nicht in allen Dingen identisch mit den Auffassungen und Erfahrungen der AA-Bewegung. Es enthüllt aber auf beste-
chende Weise neu die Wurzeln der ursprünglich christlich geprägten Anfänge der Anonymen Alkoholiker.

Wenn die 12 Schritte, wie sie von der Anonymen-Süchtigen-Bewegung
formuliert wurden, im Zusammenhang mit der biblischen Tradition gebraucht werden, sind sie ein erstaunlich hilfreiches Werkzeug, das Gott die
Möglichkeit gibt, seelisch verletzte Menschen zu heilen und zu erstaunli-
chen Lebensveränderungen zu führen.

*Den seelisch-geistlichen Zusam-
menhang beschreibt in erhellen-
der Weise: Gerald May: Sehnsucht, Sucht und Gnade. Aus der
Abhängigkeit zur Freiheit, 1993
(Claudius).*

Dieses Buch ist also eine biblisch orientierte Lebensschule, die jedem
hilft, sein inneres Gleichgewicht zu finden. Sie führt zugleich zu seelischer
wie zu geistlicher Reife, so daß psychische Gesundheit und eine erneuerte
Beziehung zu Gott erreicht werden können.

Das Typische am 12-Schritte-Prozeß

Dieses 12-Schritte-Programm braucht Zeit. Der Prozeß der Genesung
und Veränderung wird deshalb eine geistliche Reise genannt. Sie nimmt
uns heraus aus einem Leben, das von Verwirrung und Kummer geprägt
war, und bringt uns in eine bisher ungekannte Gelassenheit. Viele Veränderungen können und werden auch geschehen, aber sie werden nicht unbedingt alle auf einmal geschehen. Der Prozeß braucht einfach Zeit und
Geduld.

Ein wichtiges Zeichen von wachsender seelischer Gesundheit zeigt sich
darin: Die Teilnehmer werden in der Gruppe ehrlicher und mitteilsamer,
wenn sie anfangen, sich zu hinterfragen und ihre Lebenseinstellungen zu
verändern, weil sie auf die Erfahrungen anderer hin zu vertiefter Selbsterkenntnis kommen.

Menschen, die mit diesem Programm arbeiten, werden sich gegenseitig
bei diesem Prozeß helfen. Wir werden einander zum Spiegel. Der
Religionsphilosoph Martin Buber hat das treffend zusammengefaßt: *„ICH
werde am DU – ICH werdend spreche ich DU."*

Manche Gewohnheiten machen kaputt

Manche Lebensgewohnheiten sind selbstzerstörerisch. Sie werden im Laufe des Prozesse korrigiert und neue Fähigkeiten zum gesunden Umgang mit sich selbst und anderen Menschen erlernt. Durch die Herkunfts-Familien lernten wir, daß es in bestimmten emotional schwierigen Situationen besser wäre, Gefühle zu verstecken und alles in sich zu verschließen. Wir lernten schmerzvoll in der Kindheit, daß wir zurückgestoßen wurden, wenn wir unsere eigenen Wünsche und Bedürfnisse zum Ausdruck brachten. Auf diese Weise mußten wir zwangsläufig lernen, unseren Schmerz und unser Unwohlsein zu leugnen.

Der Psychiater Peck arbeitet mit seinen Klienten besonders an diesen Lebenslügen, die geistliches wie menschliches Wachsen verhindern, siehe in: M. Scott Peck, Der wunderbare Weg, 1992⁵ (Goldmann).

Diese Verhaltensweise setzten wir als Erwachsene fort: Wir bleiben deshalb unfähig, Schmerz, Angst und Wut in angemessener Weise auszudrücken. Wir unterdrückten statt dessen unsere wahren Gefühle (die wir nicht wahrnahmen), weil wir weiterhin unsere Umgebung so sahen, wie wir es in der Kindheit erlernt hatten.*

Ein Leben mit Lügen

Statt möglicherweise Ablehnung zu erfahren oder zurückgewiesen zu werden, kompensieren viele von uns die unterdrückten Gefühle, indem sie etwas Extremes tun. Solche Extreme werden oft als zwanghafte Verhaltensweisen erlebt, die wir immer wieder tun müssen, auch wenn wir eigentlich nicht mehr wollen. Bestimmte Dinge in übertriebener Weise tun zu müssen könnte z.B. sein:

zwanghaft arbeiten, essen, putzen, einkaufen, zwanghafte Formen des Umgangs mit Menschen, mit der Sexualität usw. Einige benötigen, um sich wohlzufühlen, Substanzen, die die Stimmung verändern bzw. verbessern sollen: z.B. Alkohol, Medikamente oder andere Drogen.

Für viele von uns ist die Leugnung ein wichtiges Hilfsmittel gewesen, um zu überleben. Leugnung der wahren Gefühle ist ein erlerntes Verhaltensmuster und als solches unglaublich tückisch. Um Schmerz zu vermeiden, ziehen wir es oft lieber vor:

• vor uns oder anderen das Gesicht zu wahren
• uns und andere von unseren wahren (schmerzhaften) Gefühlen fernzuhalten
• Isolation und Einsamkeit zu riskieren
• nach außen eine scheinbar heile Welt zu zeigen
• uns übermäßig um unsere Familien, unsere Gemeindearbeit oder unsere Jobs zu kümmern.

Daß die „Lüge" ein Grundproblem der seelischen Heilung ist, wird sehr deutlich vorgeführt von M. Scott Peck in: Die Lügner. Eine Psychologie des Bösen – und die Hoffnung auf Heilung, 1990 (Claudius).

Ein solcher Aktivismus erlaubt uns auch, unsere wahren Gefühle zu ignorieren. Diese Leugnung* wird durch das 12-Schritte-Programm aufgelöst: endlich leben!

Ehrlich werden

Wenn wir uns auf den Weg zur seelisch-geistlichen Gesundheit machen, werden wir ehrlich werden und den Schaden ansehen, den wir uns und anderen mit diesen Verhaltensweisen zufügen. Es wird uns möglich, einige unserer heimlichen Leitsätze, die wir seit der Kindheitszeit gelernt haben, beiseitezuschieben und nach neuen Verhaltensmustern zu suchen, mit Situationen und Menschen umzugehen. Wir werden lernen, daß wir die Vergangenheit annehmen und ehrlich mit ihr umgehen müssen, um uns tiefgreifend zu ändern. Wir haben erfahren: Äußerliche Veränderungen halten nicht lange und machen uns müde. Viele von uns haben schon alles mögliche versucht und haben fast schon resigniert. Einige hatten geglaubt, wenn sie Christen werden, würde ihr Leben automatisch in Ordnung kommen, sie würden fast wie auf magische Weise Frieden, Glück und Freude erleben.

So ermutigend ein Leben mit Christus ist, so werden die eingebrannten Verhaltensnormen und erlernten Charakterzüge nicht von selbst verändert. Einige sind sogar durch die neuen moralischen Maßstäbe des christlichen Glaubens, die sie nun anerkennen wollten, in noch größere Verwirrung gestoßen worden. Wir fühlen uns nun noch mehr schuldig, weil wir erkennen müssen, daß unsere Lebensweise chaotisch ist. Unsere Unvollkommenheit aber zuzugeben, würde ja bedeuten, daß wir keine „guten Christen" sind, ja nicht nur von Menschen, sondern jetzt sogar von Gott selbst abgelehnt werden. Hier schnappt die Falle der Verleugnung zu.

In vielen christlichen Gruppen scheint es schwierig zu sein, sein wahres Gesicht zu zeigen, und es ergeben sich „fromme" Verleugnungsmechanismen. Dem soll das 12-Schritte-Programm entgegenwirken.

Veränderung ohne neuen Zwang

Genau das Gegenteil von Verleugnung ist nötig: Wenn wir unsere Unzulänglichkeit zugeben, Fehlverhalten nicht mehr verstecken, sondern ehrlich werden, beginnt mit Gottes Hilfe ein Prozeß, der wirkliche Heilung bedeutet. Darum ist der erste und wichtigste Schritt innerhalb der 12 Schritte die Kapitulation vor sich selbst: „Ich gebe zu, daß ich bin wie ich bin und damit nicht mehr zurechtkomme."

Wir müssen – oft schmerzhaft – lernen, unsere negative Natur anzuerkennen, so als stünden wir im Sonnenlicht und würden einen Schatten werfen. Wir werden lernen, furchtlos auf unseren Schatten zu blicken, und unsere ungewollten Tendenzen wie Ärger, unangemessenes Sexualverhalten, Feindseligkeit, Aggression, Schüchternheit und Minderwertigkeitsgefühle anzuerkennen.

Eine großartige Einladung

Zum Herzstück des 12-Schritte-Prozesses gehört die Einladung an Jesus, uns zu helfen, die Grenzen, die wir uns selbst gesetzt haben, zu durchbrechen. Dies geschieht mit Schritt 3 in einer vertrauensvollen Lebenshingabe an Jesus Christus. Die Reise, zu der wir uns damit aufmachen, ist nicht immer einfach, aber lohnenswert. Wir werden endlich zu den Geschöpfen Gottes, zu denen wir bestimmt waren. Gott wird uns helfen, unsere verletzten Gefühle zu heilen. Gefühle wie Angst, Minderwertigkeit und Niedrigkeit werden verschwinden. Die Konzentration auf unsere neue Beziehung zu Gott wird unser quälendes Suchen nach Anerkennung durch andere Menschen beenden.

Das 12-Schritte-Programm in christlichen Gemeinden

Die Basis der Gnade Gottes wiederfinden

Jede Gemeinde kann das Programm in ihren konzeptionellen Rahmen integrieren und an ihre eigenen Bedürfnisse anpassen. Damit wird das 12-Schritte-Programm zu einem hilfreichen Baustein für jede Gemeinde.

Die theologische Erkenntnis des Apostels Paulus, daß alles christliche Leben auf der Gnade Gottes aufgebaut sein muß, wird auf eine sehr konkrete Weise durch dieses Programm in den Lebensalltag zurückgeholt. Die befreiende Botschaft Gottes fällt ins Herz und verwandelt den Menschen von innen her – grundsätzlich und langfristig. Damit werden Menschen wirklich verändert.

Ein Baustein neben vielen für den Gemeindebau

Das 12-Schritte-Programm ist die ideale Ergänzung zu den bestehenden Formen des Gemeindebaus, wie z.B. Gruppen, in denen in der Bibel gelesen oder in Gebet und christliche Lebensformen eingeführt wird. In dem 12-Schritte-Programm ist ausdrücklich der Mensch mit seiner Lebensgeschichte das Thema. Mit Gottes Hilfe darf er sich selbst ehrlich kennen – und realistisch einschätzen lernen. Hier darf jeder zugeben: „Ich bin noch auf dem Weg, noch lange nicht so, wie ich es mir wünschte." Gott verändert, heilt und befreit. Das Leben wird lebenswert.

Unterschiedliche Verwendungsmöglichkeiten

Nach unserer Erfahrung bietet das Programm eine gute Möglichkeit, Suchende abzuholen und sie auf einem praktischen und überzeugenden Weg zu einer persönlichen Beziehung zu Gott durch Jesus Christus hinzuführen. Auch profitieren viele langjährige Christen davon, weil ihr Glaube neu herausgefordert wird, sich lebendig und konkret in ihrem Alltag zu bewähren.

Offen für suchende Menschen

Durch die offenen Formulierungen in den 12 Schritten wollen wir folgendes Ziel erreichen: Hilfesuchende sollen bei ihren persönlichen Erfahrungen abgeholt und weiterbegleitet werden. Wenn wir z.B. die Formulierung „Gott – soweit wir ihn verstanden" verwenden, so wollen wir damit ausdrücken, daß wir alle immer wieder neue Seiten von Gott kennenlernen und ihn nie ganz erfassen können. Er ist der Gott, der sich in der Menschwerdung Jesu greifbar und erreichbar gemacht hat. Selbst wenn wir ihn noch nicht vollkommen begriffen haben – ergriffen sind wir doch von ihm, und das trägt uns auf dem Weg hin zu ihm.

Zeitfaktoren für das Programm

Es ist möglich, mit dem Programm auch in Gruppen zu arbeiten, die sich alle 14 Tage treffen. Damit dauert es zwar länger, paßt aber oft besser in den Terminplan vieler Menschen. Der wöchentliche Rhythmus wäre zwar auf Dauer bestimmt hilfreicher, weil so eine viel intensivere Begleitung gewährleistet ist, aber die Vorteile des 14tägigen Rhythmus helfen manchen, überhaupt an solch einem Programm teilnehmen zu können.

Beide Zeitmodelle sind in der Praxis erprobt worden und haben ihre jeweiligen Stärken. Schade wäre es, wenn die Durchführung des Programms allein aus Zeitgründen scheitern sollte. Wenn es von der Sache her nötig ist, werden sich Zeitfragen klären lassen.

Gemeinden werden zu sicheren Zufluchtsorten

Mit dieser Arbeitsform werden Gemeinden für viele Menschen, die durch das Leben zerbrochen wurden, zu einem Zufluchtsort. An wen sollen sich sonst Menschen wenden, die in vielgestaltigen Nöten stecken? Unsere Hoffnung wäre, daß immer mehr Gemeinden sich dafür öffnen, eine „Kirche für andere" zu werden, die anderen Heilung, Veränderung und die ersehnte Gelassenheit vermitteln kann.

Anleitung für Gruppenleiter

Die Arbeit mit den 12 Schritten ist für den Austausch in kleinen überschaubaren Gruppen angelegt (ca. 7 Personen). Darum empfehlen wir unbedingt, daß jeder, der mit diesem Programm arbeitet, sich eine Gruppe sucht, in der er sich mit seinen Erkenntnissen und Erfahrungen einbringt und von den anderen lernt. Die Arbeitsgemeinschaft Christlicher 12-Schritte-Gruppen wird alle, so gut es geht, unterstützen, die solche Gruppen suchen oder aufbauen wollen. Zusätzliche Literatur zur Vertiefung des Verständnisses dieses Themas ist im Literaturverzeichnis zu finden.

Orientierungshilfen für die Gruppenleiter

Wir haben gute Erfahrungen damit gemacht, wenn eine Person die Leitung der Treffen übernimmt, die selbst schon einmal das Programm durchgemacht hat. Die Aufgabe des Gruppenleiters besteht vor allem darin, die Gruppe in ihrer Arbeit zu unterstützen, Gesprächsleiter zu sein und Menschen zum Durchhalten des Prozesse zu ermutigen.

Es ist sehr wichtig, sich immer wieder zu vergegenwärtigen: Es geht nicht um Gruppentherapie, wo professioneller Rat gefragt ist. Die Gruppe ist ein Ort, wo Personen ihre eigenen Erfahrungen, ihre Stärke und Hoffnung miteinander teilen können.

Die Rolle des Leiters schließt folgendes ein:
- in bezug auf die Arbeit mit den Schritten zu moderieren
- eigene Erfahrungen beispielhaft einzubringen
- der Gruppe eine gewisse Sicherheit zu bieten, indem die Traditionen und Regeln der 12-Schritte-Arbeit vermittelt werden
- der Gruppe die nötigen Hilfen geben, wenn sich Probleme oder Fragen ergeben

Die Kommunikation unter den Teilnehmern wird durch folgendes unterstützt:
- Höre aufmerksam zu
- Ermutige, Vorstellungen und Gefühle auszudrücken
- Übe Geduld und Einfühlungsvermögen ein
- Belohne Ehrlichkeit und Offenheit mit Bestätigung

Fördere den Zusammenhalt und die Einheit innerhalb der Gruppe durch folgendes:
- Stehe den Teilnehmern darin bei, sich auf Jesus zu verlassen
- Achte auf Harmonie als eine Priorität in der Gruppe
- Ermutige zu angemessenem Vertrauen und Loyalität
- Fördere ein Klima von gegenseitiger Wertschätzung und Respekt

Übe den Umgangsstil in der Gruppe durch folgendes:
- Stelle Dich im Umgang mit Teilnehmern auf ihren Genesungs-Stand ein
- Benutze Deine eigenen Erfahrungen als ein Mittel, Vorstellungen und Gefühle mitzuteilen

Strebe an, Konflikte folgendermaßen zu lösen:

- Sei in einer liebevollen Weise konfrontativ
- Ermutige zu ehrlicher und offener Kommunikation
- Sorge für eine angstfreie Atmosphäre, damit jeder sein Unbehagen mitteilen kann
- Bespreche offen die Schwierigkeiten, die dadurch entstehen, daß Teilnehmer nicht zu ihrer Selbstverpflichtung stehen

Der 12–Schritte-Prozeß ist in dem Glauben gegründet, daß Jesus den ganzen Prozeß führt und letzte Autorität ist. Deine Aufgabe als Gruppenleiter kann Deine eigene Genesung weiterbringen sowie als ein Modell für die Gruppe wirken, was Schritt 12 in der Praxis bedeutet, nämlich: „die Botschaft weiterzugeben."

Als Gruppenleiter solltest Du Dich selbst verpflichten, daß Du

- mit Deiner Hingabe an Jesus Christus ein Vorbild bist
- aus dem Glauben lebst: Jesus ist in meiner Schwachheit mächtig
- nicht aus Deinen klugen Gedanken, sondern durch das gemeinsame Hören auf Jesus Christus die Gruppe weiterbringen willst
- Dich mit Hilfe von Literatur und Seminaren* fortbilden willst!

In Zukunft wird es überregionale Schulungsangebote geben!

Tips für das Gruppentreffen

1 Gebet vor dem Treffen (Gebetsgemeinschaft mit Leiter/in und Co-Leiter/in)
2 Vorbereitung der Dienste, Klärung der Verantwortlichkeiten (Vor- und Nachbereitung des Raumes, Getränke, Kasse, Lobpreis/Anbetung, Leitung, Schritt/Einleitung vorbereiten)
3 Durchführung: Ein Beginn mit Gebet im Plenum hat sich als sehr wertvoll erwiesen, um die Tageslasten abzulegen und vor Gott auf Empfang zu sein. Diese Ausrichtung auf Gott ist ein wesentlicher Aspekt der christlichen 12–Schritte–Gruppenarbeit.

Damit das Vertrauen in den Gruppen wachsen kann, ist die Aufteilung in verbindliche Kleingruppen sehr wichtig. Die Kleingruppengröße sollte idealerweise ca. 5-8 Personen betragen. Als Regeln gelten die in der Einleitung aufgeführten „Regeln für die Gruppenarbeit" (siehe S. 21).

Der bekannte englische Schriftsteller Adrian Plass erfaßt und unterstreicht den Geist dieses 12-Schritte-Programms in seinem Andachtsbuch: „Gesprengte Mauern". Seine Gebete und Auslegungen von Bibeltexten sind eine hilfreiche Ergänzung zur Arbeit an den 12 Schritten. Es lebt von der Kraft der ehrlichen Konfrontation mit uns selbst.

Nachbereitung des Gruppentreffens

Die folgende Checkliste kann eine Hilfe sein, um Dir noch einmal Rechenschaft über den Ablauf des Abends und die Reaktionen der Gruppenteilnehmer zu geben. Sie soll Dir auch Dein eigenes Verhalten bewußtmachen.

12-Schritte Nachbereitungs-Checkliste

Gruppenleiter: ....

Datum: ....

Teilnehmerzahl: ....

Thema: ....

Herausragendes Ereignis während des Meetings: ....

....

Einzelbeurteilung

Gruppenteilnehmer: ....

Ergebnis des Gesprächsverlaufs: ....

....

Erlebte Gefühle (Liebe, Ärger, Schmerz, Unterstützung, Anerkennung):

....

Vertrag/Selbstverpflichtung/Gebet: ....

....

Einzelbeurteilung

Gruppenteilnehmer: ....

Ergebnis des Gesprächsverlaufs: ....

....

Erlebte Gefühle (Liebe, Ärger, Schmerz, Unterstützung, Anerkennung):

....

Vertrag/Selbstverpflichtung/Gebet: ....

....

Einzelbeurteilung

Gruppenteilnehmer: ....

Ergebnis des Gesprächsverlaufs: ....

....

Erlebte Gefühle (Liebe, Ärger, Schmerz, Unterstützung, Anerkennung):

....

Vertrag/Selbstverpflichtung/Gebet: ....

....

Einzelbeurteilung

Gruppenteilnehmer: ....

Ergebnis des Gesprächsverlaufs: ....

....

Erlebte Gefühle (Liebe, Ärger, Schmerz, Unterstützung, Anerkennung):

....

Vertrag/Selbstverpflichtung/Gebet: ....

....

Einzelbeurteilung

Gruppenteilnehmer: ....

Ergebnis des Gesprächsverlaufs: ....

....

Erlebte Gefühle (Liebe, Ärger, Schmerz, Unterstützung, Anerkennung):

....

Vertrag/Selbstverpflichtung/Gebet: ....

....

Gruppenleiter-

inventur

(im Sinne von Schritt 4-7)

Datum: ....

• aktiv agiert? ....

• *Überreaktionen?* ....

• *reaktiv verhalten?* ....

• *eigene Ängste, co-abhängiges Verhalten?* ....

• *mutiges, verantwortliches Eingreifen?* ....

• *Gutes, das heute geschehen ist:* ....

....

....

....

....

....

....

....

Regelmäßiger Austausch der Leiter & Co-Leiter

Wir empfehlen: GruppenleiterInnen sollen mit ihren positiven und negativen Erfahrungen in der Gruppenleitung eine Austauschmöglichkeit haben.

Solche Gruppen für LeiterInnen und Co-LeiterInnen können als Intervisionsgruppen (ohne geschulten Supervisor) oder als Supervisionsgruppen (mit ausgebildeter SupervisorIn als LeiterIn) eingerichtet werden. Das wäre auch der Ort für eine Weiterbildung (learning by doing, Reflektion der eigenen Erfahrungen). In diesem Rahmen kann auch entschieden werden, ob für ein Gruppenmitglied professionelle fachliche Hilfe angebracht wäre.

LeiterInnen sollten auch durch entsprechende Literatur (siehe Literaturverzeichnis S. 240) oder indem fachliche Hilfe in Anspruch genommen wird (z.B. Supervision) ihre Fähigkeiten erweitern. Es ist wichtig, daß gerade die verantwortlichen LeiterInnen und Co-LeiterInnen sich immer wieder ihrer eigenen Grenzen bewußt werden. Stolz kann verhindern, Hilfe und Rat von Dritten in Anspruch zu nehmen.

Selbstverpflichtung

Wenn sich Menschen versammeln, um an einem so persönlichen und herausfordernden Prozeß teilzunehmen, ist es wichtig, einen klaren Vertrag miteinander zu schließen. Solch ein Übereinkommen ist in der Teilnehmer-Selbstverpflichtung ausformuliert (siehe Einleitung S. 25-26).

Die Teilnehmer sollen ehrlich sich selbst und der Gruppe gegenüber ausdrücken, mit welcher Haltung sie an diesem Programm teilnehmen.

Die Kämpfe, die innerhalb einer solchen Kleingruppe stattfinden können, werden oft als Wiederholungen ursprünglicher Familiensituationen erkannt. Gelingt es, diesen Kampf (eigentlich handelt es sich um innere Konflikte) in der Gruppe auszutragen und zu lösen, wird das Wachstum gefördert und die Verbundenheit innerhalb der Gruppe gestärkt.

Der geeignete Zeitpunkt für eine solche Selbstverpflichtung wird ungefähr das 3. Treffen sein. Dann werden die Teilnehmer einen Eindruck davon haben, worum es geht, wer mitmacht und was sie wahrscheinlich erwarten wird.

Nach diesem Zeitpunkt sollten die Gruppen in der Regel geschlossene und verbindliche Treffen sein. Wer nicht kommen kann, möge sich zu seiner eigenen Hilfe abmelden (siehe Einleitung S. 24).

Grenzen und Möglichkeiten des 12-Schritte Programms

- **Die 12-Schritte-Gruppen sind kein Ersatz für fachliche Therapie, sie sind meist keine Therapiegruppen mit fachlich ausgebildeter Leitung.**
- **Als Vorbereitung für stationäre Therapie und Nacharbeit für Menschen, die aus einer Therapie kommen, sind die 12-Schritte sehr hilfreich.**
- **12-Schritte-Gruppen sind überfordert, wenn psychische Probleme auftauchen, die eine fachlich ausgebildete Begleitung brauchen.**

Kontakte und Hilfe für die Praxis

Das Endlich-leben-Netzwerk

Gruppen, die auf der Grundlage dieses Arbeitsbuches ihre 12-Schritte-Gruppen durchführen, haben sich zu einem Netzwerk zusammengetan: dem „Endlich-leben-Netz". Durch diese Vernetzung soll die Qualität von 12-Schritte-Gruppen gefördert werden. Dafür stehen folgende Angebote zur Verfügung:

- Zentrale Schulungsveranstaltungen für zukünftige Gruppenleiter werden angeboten und können im Internet oder bei den unten genannten Koordinierungsstellen erfragt werden.
- Weiteres Schulungsmaterial wird von dort empfohlen oder erstellt.
- Wenn Gemeinden oder Organisationen das 12-Schritte-Programm bei sich einführen oder sich über dieses Konzept informieren wollen, können nach Absprache Referenten mit Teams eingeladen werden.

In Deutschland:
Endlich-leben-Netz
z.H. Pfr. Helge Seekamp
Ev.-ref. St. Pauli-Gemeinde
Am Niedernfeld 3
D-32657 Lemgo

Telefon: +49-(0)5261-93 44 66
Fax: +49-(0)5261-93 44 67
eMail: Helge.Seekamp@t-online.de

In der Schweiz:
Endlich-leben-Netz
z.H. Gero Herrendorff
Vineyard Bern
Stockerenweg 6
CH-3000 Bern 22

Telefon: +41-(0)31-333-0430
Fax: +41-(0)31-333-1519
eMail: Gero.Herrendorff@vineyard-bern.ch

Arbeitsgemeinschaft Christlicher 12-Schritte-Gruppen

Unterschiedliche Organisationen im deutschsprachigen Raum, die mit den 12-Schritten auf christlicher Basis arbeiten, haben sich in dieser Arbeitsgemeinschaft zusammengetan, um den Erfahrungsaustausch über ihre verschiedenen 12-Schritte-Traditionen zu fördern.

Gemeinsam liegt es ihnen am Herzen, dass die heilende und vergebende Kraft Gottes in Jesus Christus durch die Gemeinden in die Brennpunkte dieser Welt hinausgetragen wird. Gleichzeitig arbeiten sie daran, daß die Gemeinden Jesu Christi zu einem geschützten Raum für verletzte und suchende Menschen werden, die ihr Leben mit Gottes Hilfe verändern wollen.

Kontakt zu diesem Netzwerk können 12-Schritte-Arbeiten aufnehmen, die von den unterschiedlich geprägten christlichen 12-Schritte-Organisationen herkommen und zur Koordination im deutschsprachigen Raum bereit sind.   Kontakt:

ACH 12-Schritte! z.H. Pfr. Helge Seekamp, Am Niedernfeld 3, D-32657 Lemgo, Telefon: +49-(0)5261-93 44 66, Fax: +49-(0)5261-93 44 67.
eMail: Helge.Seekamp@t-online.de

Im Internet:

http://www.endlich-leben.net
eMail: info@endlich-leben.net
http://www.Christliche-12-Schritte-Gruppen.de
eMail: info@Christliche-12-Schritte-Gruppen.de

Unter diesen Internet-Seiten können weitere Informationen zum End-lich-leben-Netz oder zu der Plattform der Arbeitsgemeinschaft abgerufen werden. Außerdem finden Sie

- Hinweise zu christlichen 12-Schritte-Gruppen in den verschiedenen Bundesländern
- Adressen von Verantwortlichen
- Lebensberichte von Gruppenteilnehmern aus Deutschland/Schweiz
- Informationen über die Herausgeber des 12-Schritte-Programms
- Links zur AA-Bewegung (national und international)
- Informationen für GruppenleiterInnen
- Schulungstermine / Anmeldung / Wegbeschreibung
- Literaturverzeichnis
- Intervisions-Netzwerk über eMail (für LeiterInnen)
- 12-Schritte-online-Gruppen (für Gruppenteilnehmer, die zur Zeit noch keine Gruppe vor Ort gefunden haben)
- Bilder und Entstehungsgeschichte der Arbeitsgemeinschaft „Christliche-12-Schritte-Gruppen" im deutschsprachigen Raum

Das „Endlich-leben-Netz" ist Mitglied der internationalen christlichen 12-Schritte-Bewegung NACR (National Association of Christian Recovery-Groups)

NACR, P.O. Box 922,
Yorba Linda,
CA 92885-0922
Telefon: +1-714-528-NACR Fax: +1-714-528-6558.

eMail: hopehappens@earthlink.net
homepage: http://www.christianrecovery.com/cri.htm

Das „Endlich-leben-Netz" ist Mitglied von ACC (Association of Christian Counsellors Deutschland e.V.) Vereinigung christlicher Berater und Seelsorger

- ACC baut ein Netzwerk von christlichen Beratern, Seelsorgern und Seelsorgearbeiten auf.
- ACC fördert und hilft bei der Gründung von Intervisions- und Supervisionsgruppen.
- ACC entwickelt und hilft bei der Einhaltung fachlicher Standards in der Beratungs- und Seelsorgearbeit.
- ACC bietet Schulungen, Fachkonferenzen und Hilfsmittel für fachlich qualifizierte Seelsorgearbeit an.
- ACC strebt einen hohen Trainingsstandard für christliche Berater und Seelsorger an.

Literatur

Weiterführende Literatur

- Cook, Jerry: Liebe, Annahme & Vergebung – Impulse für das Leben in der Gemeinde, (Aquila) 1990
- Cloud, Dr. Henry und Dr. John Townsend: Nein sagen ohne Schuldgefühle. Wie man sich gegen Übergriffe schützt, (Edition Trobisch) 1995
- Copray, Dr. Norbert (Hrsg.), in: Zeit & Geist 4: Immer mehr? (Kösel) 1991
- Lean, Garth: Der vergessene Faktor, Vom Leben und Wirken Frank Buchmans, (Brendow) 1991
- Peck, M. Scott: Der wunderbare Weg, (Goldmann) ^{5}1992
- Peck, M. Scott: Die Lügner. Eine Psychologie des Bösen – und die Hoffnung auf Heilung, (Claudius) 1990

Grundlagen-Literatur der AA-Bewegung („Alkoholics Anonymus")

- Das Blaue Buch. (Die deutsche Übersetzung des ursprünglichen Manuskripts von 1938) o. O. Alcoholics Anonymous World Service, 1980, 1. Auflage 1938. Ein Bericht, wie mehr als hundert Männer und Frauen vom Alkoholismus genesen sind.

  Der Text, auf dem alle 12-Schritte-Gruppen basieren

Vertiefung für TeilnehmerInnen und MitarbeiterInnen

- Frielingsdorf, Karl: Vom Überleben zum Leben, Wege zur Identitäts- und Glaubensfindung, (Grünewald) ^{2}1993
- Harsch, Helmut: Hilfe für Alkoholiker und andere Drogenabhängige, (Kaiser) ^{8}1991
- Hemfelt, R., Minirth, F. und Meier, P.: Mut zur Liebe, (Schulte & Gerth) 1993
- May, Gerald: Sehnsucht, Sucht und Gnade – aus der Abhängigkeit zur Freiheit, (Claudius) 1993
- Neuendorff, Steffen-Luis und Schiel, Jürgen: Die Anonymen Alkoholiker, Portrait einer Selbsthilfeorganisation, ^{2}1989
- Plass, Adrian: Gesprengte Mauern, Andachten bis zur Auferstehung, (Brendow) 1995
- Pytches, Mary: Schritte zur Reife: Schutzmechanismen, die wir als Kinder lernten, behindern unser Leben, (Aussaat) 1993

Aktuelle Titel im Internet

- http://www.endlich-leben.net

Unter dieser Adresse gibt es eine Literaturliste mit einer Kurzbeschreibung über die oben angegebenen Bücher und weitere Hinweise auf aktuelles Schulungsmaterial.